教育部教师工作司委托课题（2018JSSKT001）

新时代地方本科师范院校改革发展方略研究

王洪彬 著

中国社会科学出版社

图书在版编目(CIP)数据

新时代地方本科师范院校改革发展方略研究/王洪彬著.—北京：中国社会科学出版社，2021.10
　ISBN 978 – 7 – 5203 – 8870 – 2

　Ⅰ.①新⋯　Ⅱ.①王⋯　Ⅲ.①地方高校—高等师范院校—师资培养—研究　Ⅳ.①G655.1

　中国版本图书馆 CIP 数据核字（2021）第 162807 号

出 版 人	赵剑英
责任编辑	周晓慧
责任校对	刘　念
责任印制	戴　宽

出　　版	中国社会科学出版社
社　　址	北京鼓楼西大街甲158号
邮　　编	100720
网　　址	http://www.csspw.cn
发 行 部	010 – 84083685
门 市 部	010 – 84029450
经　　销	新华书店及其他书店
印刷装订	三河弘翰印务有限公司
版　　次	2021年10月第1版
印　　次	2021年10月第1次印刷
开　　本	710×1000　1/16
印　　张	15.25
插　　页	2
字　　数	224千字
定　　价	88.00元

凡购买中国社会科学出版社图书，如有质量问题请与本社营销中心联系调换
电话：010 – 84083683
版权所有　侵权必究

目 录

前言 ………………………………………………………………… (1)

第一章 绪论 ……………………………………………………… (1)
第一节 世界教师教育质量管理发展概述 ………………… (1)
一 国际社会发展对传统教师教育形成了新挑战 ………… (2)
二 全球基础教育改革对教师教育提出了新要求 ………… (3)
三 建设高质量的未来教师队伍已成国际共识 …………… (3)
四 多国教师教育课程有了新规范 ………………………… (4)
五 国际教师教育质量保障体系已基本建立 ……………… (5)

第二节 中国教师教育质量管理现状与存在的问题 ……… (6)
一 新时代对教师教育提出新要求 ………………………… (6)
二 地方师范院校教师教育外部环境面临新挑战 ………… (9)
三 地方师范院校自身发展出现新问题 …………………… (12)

第三节 研究的逻辑前提与科学方法论 …………………… (15)
一 研究的逻辑前提 ………………………………………… (15)
二 科学方法论 ……………………………………………… (19)

第二章 区域教师教育布局和发展现状调查分析 ……………… (22)
第一节 区域教师教育体系现状调查分析 ………………… (22)
一 区域教师教育建设体系 ………………………………… (23)
二 区域师范院校人才培养体系 …………………………… (29)

1

三　区域师德师风建设体系 ……………………………… (44)

第二节　区域教师教育满意度现状的调查分析 ……………… (47)

　　一　教师教育专业学生对区域教师教育满意度调查 …… (47)

　　二　教师教育专业教师对区域教师教育效能感调查 …… (53)

　　三　聘用学校对教师教育质量满意度情况 ……………… (56)

第三节　区域教师教育发展面临的问题及挑战 ……………… (57)

　　一　区域教师教育缺乏合理规划和布局 ………………… (58)

　　二　区域教师教育培养层次单一 ………………………… (58)

　　三　区域地方本科师范院校教师教育地位弱化 ………… (59)

　　四　区域教师教育资源配置失衡 ………………………… (60)

本章小结 ………………………………………………………… (60)

第三章　地方本科师范院校的改革发展实践 ……………… (62)

第一节　地方本科师范院校发展现状调查 …………………… (62)

　　一　新时代背景下地方本科师范院校面临的挑战 ……… (62)

　　二　地方本科师范院校发展中自身存在的主要问题 …… (65)

第二节　地方本科师范院校发展困境 ………………………… (69)

　　一　师范院校定位困境 …………………………………… (69)

　　二　师范院校生源困境 …………………………………… (70)

　　三　师范院校人才培养困境 ……………………………… (70)

　　四　师范院校师范生就业困境 …………………………… (71)

　　五　师范院校教育教学困境 ……………………………… (71)

　　六　低水平科学研究困境 ………………………………… (73)

　　七　服务社会发展能力不足的困境 ……………………… (74)

第三节　地方本科师范院校发展经验与成效 ………………… (75)

　　一　吉林省地方师范院校改革与发展 …………………… (75)

　　二　湖南省、广西壮族自治区地方师范院校改革与发展 … (83)

　　三　贵州省地方师范院校改革与发展 …………………… (89)

　　四　河南省地方师范院校改革与发展 …………………… (97)

本章小结 …………………………………………………… （103）

第四章　地方本科师范院校教师教育现状的调查分析………… （104）
　　第一节　教师教育组织机构设置现状调查分析 ……………… （104）
　　第二节　教师教育学科建设的调查分析 ……………………… （105）
　　　　一　地方本科师范院校教师教育学科建设现状 ………… （105）
　　　　二　教师教育学科建设与教师培养 ……………………… （108）
　　第三节　教师教育师资状况的调查分析 ……………………… （109）
　　第四节　师范专业课程设置的调查分析 ……………………… （110）
　　　　一　地方本科师范院校教师教育课程设置现状 ………… （110）
　　　　二　地方本科师范院校教育类课程存在的突出问题 …… （112）
　　　　三　地方本科师范院校教师教育课程教学改革实践 …… （117）
　　第五节　教育教学实践的调查分析 …………………………… （120）
　　　　一　地方本科师范院校教育教学实践现状 ……………… （120）
　　　　二　师范生实践能力培养现状 …………………………… （124）
　　第六节　教师教育能力习得状况的调查分析 ………………… （126）
　　　　一　地方本科师范院校教师专业发展现状 ……………… （126）
　　　　二　师范生教学能力培养现状 …………………………… （130）
　　第七节　师范生就业意向的调查分析 ………………………… （132）
　　　　一　师范生性别比例现状 ………………………………… （132）
　　　　二　师范生性别比例失衡的原因 ………………………… （133）
　　　　三　师范生就业意向选择现状 …………………………… （135）
　　本章小结 …………………………………………………… （137）

第五章　国外教师教育的改革及其启示 ……………………… （138）
　　第一节　美国教师教育经验及借鉴 …………………………… （138）
　　　　一　美国教师教育经验 …………………………………… （138）
　　　　二　美国教师教育对我国的启示 ………………………… （140）
　　第二节　法国教师教育经验及借鉴 …………………………… （142）

3

一　法国教师教育经验 …………………………………（142）
　　二　法国教师教育对我国的启示 …………………………（143）
第三节　英国教师教育经验及借鉴 …………………………（145）
　　一　英国教师教育经验 …………………………………（145）
　　二　英国教师教育的经验借鉴 ……………………………（149）
第四节　芬兰教师教育经验及借鉴 …………………………（152）
　　一　芬兰教师教育经验 …………………………………（152）
　　二　芬兰教师教育的经验借鉴 ……………………………（155）
第五节　新加坡教师教育经验与借鉴 ………………………（157）
　　一　新加坡教师教育经验 ………………………………（157）
　　二　新加坡教师教育对我国的启示 ………………………（160）
本章小结 ……………………………………………………（161）

第六章　新时代师范院校发展的宏观政策建议 …………（163）
第一节　创新教师教育体系 …………………………………（163）
　　一　加强教师教育机构的供给侧改革 ……………………（164）
　　二　推进教师教育人才培养的供给侧结构性改革 ………（165）
第二节　强化教师教育制度供给 ……………………………（165）
　　一　完善教师教育制度建设 ……………………………（165）
　　二　落实地方政府责任，加强教师教育政策支持 ………（166）
　　三　实施精英化的教师教育制度 ………………………（166）
　　四　加强教师教育智库建设 ……………………………（166）
第三节　加大对地方师范院校发展的扶持力度 ……………（167）
　　一　加大对地方师范院校的经费支持 …………………（167）
　　二　实施中西部地区师范院校基础能力提升工程 ………（168）
　　三　完善学位授权点布局 ………………………………（168）
第四节　推进教师教育一体化 ………………………………（168）
　　一　建立统筹实施的长效机制 …………………………（168）
　　二　加强教师教育资源整合 ……………………………（169）

三　推动教师教育创新实验区建设……………………（169）
　　　四　落实绩效评估的问责制度………………………（169）
　第五节　促进教师教育供给侧改革………………………（170）
　　　一　优化基础教育师资供给结构……………………（170）
　　　二　建立教师教育与教师需求有效衔接的培养新机制……（170）
　　　三　建立教师教育供需预警机制……………………（170）
　本章小结…………………………………………………（171）

第七章　新时代地方本科师范院校改革发展的战略抉择………（172）
　第一节　发展的定位——错位发展，明确发展目标定位……（172）
　　　一　办学目标定位：以师范教育为特色，办特色鲜明的
　　　　　地方高水平师范大学………………………………（172）
　　　二　培养目标定位：以服务区域经济社会发展和基础教育
　　　　　为宗旨，培养具有创新精神的高级应用型人才……（174）
　　　三　学科发展定位：坚持应用型转向，优先发展服务区域
　　　　　经济和基础教育发展的学科群………………………（175）
　第二节　发展的走向——强化特色，做精做优教师教育……（176）
　　　一　打造师范特色，做精做优教师教育……………（176）
　　　二　打造区域特色，构建城乡一体化的教育公共服务
　　　　　体系…………………………………………………（177）
　　　三　打造校本特色，培养卓越教师…………………（178）
　第三节　发展的路径——提高质量，有力地服务地方
　　　　　发展………………………………………………（179）
　　　一　提高培养质量，改进地方基础教育师资薄弱状况……（179）
　　　二　提高教学质量，转变课堂教学重"术"轻"道"之
　　　　　态势…………………………………………………（180）
　　　三　提高研究质量，推动地方基础教育教学改革……（181）
　第四节　发展的保障——促进大学之治，为高质量发展
　　　　　提供坚强的制度保障……………………………（182）

一　把握高校治理体系和治理能力现代化的基本点………（182）
　二　聚焦高校治理体系和治理能力现代化的重要路径……（183）
　三　抓住高校治理体系和治理能力现代化的关键点………（183）
本章小结………………………………………………………（184）

附录A　中共中央、国务院关于全面深化新时代教师队伍建设改革的意见 ………………………………（185）

附录B　教师教育振兴行动计划（2018—2022年）…………（198）

附录C　我国高等师范院校师范生培养现状调查问卷…………（206）

附录D　教师专业发展状况及对师范教育满意度调查问卷……（214）

附录E　访谈提纲………………………………………………（223）

参考文献………………………………………………………（226）

后记……………………………………………………………（234）

前　　言

习近平总书记在全国教育大会上提出了推进我国教育改革发展的"九个坚持"，对当前和今后一个时期教育工作作出了重大部署，为加快推进教育现代化、建设教育强国、办好人民满意的教育提供了根本遵循。随着《中共中央、国务院关于全面深化新时代教师队伍建设改革的意见》和《教师教育振兴行动计划（2018—2022年）》等一系列政策文件的实施，我国师范院校的发展面临改革的关键期，作为教师教育主力军的地方本科师范院校发展问题显得尤为突出，亟须以改革促发展。

本课题组成员分赴福建、湖南、贵州、吉林、广西、河南六省（区）深入开展调研，与六省（区）教育厅负责同志及有关处室负责人、贵州师范大学等12所地方本科师范院校进行了座谈，对10917名在校师范生和11967名中小学教师进行了问卷调查，深入考察了六省（区）教师教育体系建设和本科师范院校发展现状。

本书对区域教师教育布局和发展现状进行了系统的调查分析，从区域发展理论的视角剖析区域教师教育发展的现存问题及面临的挑战；通过全面考察地方本科师范院校改革发展的实践，深入分析制约地方本科师范院校高质量发展的瓶颈问题，并凝练新时代地方本科师范院校改革发展的经验；追踪分析美国、法国、芬兰、新加坡等国教师教育改革新趋势，以期对我国地方本科师范院校改革发展有所启示；从宏观层面尝试为地方本科师范院校发展提出政策建议，从微观层面提出地方本科师范院校新时代改革发展的战略抉择。

本书研究创新之处：基于实证调查以及国际比较从宏观和微观两个

层面提出了具有创新性的政策建议和发展策略。在宏观层面，基于对地方本科师范院校教师教育课程改革、培养模式改革、学科专业建设、师资保障、质量保障体系等方面的调查分析，以及对美国、法国、芬兰、新加坡等国教师教育改革新趋势的追踪分析，向中央和地方教育行政部门提出创新教师教育体系、强化教师教育制度供给、加大对地方尤其是中西部地区师范院校发展的扶持力度、推进教师教育一体化、促进教师教育供给侧改革等政策建议。在微观层面，以习近平新时代中国特色社会主义思想和全国教育大会精神为指导，从发展定位、发展走向、发展路径及发展保障四个方面提出地方本科师范院校新时代改革发展的策略。其一，办学目标定位要与综合性大学错位发展，坚守师范教育的主业主责；人才培养目标定位为以服务区域经济社会发展和基础教育为宗旨，培养具有创新精神的高级应用型人才；学科发展定位为坚持应用型转向，优先发展服务区域经济和基础教育发展的学科群。其二，发展的走向是强化特色，通过打造师范特色做精做优教师教育，通过打造区域特色构建城乡一体化体系，服务地方基础教育，通过打造校本特色培养卓越教师。其三，发展的路径是提高质量，积极服务地方经济社会发展，通过提高培养质量改进地方基础教育师资薄弱的困境，通过提高教学质量转变课堂教学重"术"轻"道"之态势，通过提高研究质量，推动地方基础教育教学改革。其四，促进大学之治，为高质量发展提供强有力的制度保障，把握高校治理体系和治理能力现代化这一基本点，强化党对地方师范院校的全面领导，聚焦高校治理体系和治理能力现代化的重要路径，建设和完善大学章程；抓住高校治理体系和治理能力现代化的关键点，健全内部治理结构。

  本书所进行的新时代地方本科师范院校改革发展方略研究，是在中共中央、国务院颁布的《深化新时代教育评价改革总体方案（2020年）》之大背景下进行的，可为中国地方本科师范院校的内涵式发展、提高基础教育师资人才培养质量改革提供借鉴与参考。

作者

2021年1月

第一章　绪论

习近平总书记在党的十九大报告中指出："经过长期努力，中国特色社会主义进入了新时代，这是我国发展新的历史方位。"这是对我国发展方位与坐标所做的新的历史标注。新时代中华民族伟大复兴中国梦的实现，关键在人才，基础在教育，根本在教师。鉴于此，教育部提出要推进师范教育综合改革，加大师范院校支持力度，办好师范院校和师范专业，构建现代师范教育体系。从现实来看，数量众多的地方本科师范院校承载着引领区域教师教育发展的核心使命，是推进师范教育综合改革的中坚力量。[①] 为了实现高质量发展，有必要深入研判新时代地方本科师范院校发展所面临的机遇与挑战，为新时代地方本科师范院校实现高质量发展奠定坚实基础。

第一节　世界教师教育质量管理发展概述

随着科技的进步和教育事业的发展，人才的培养在提高民族素质和提升国际竞争力中显得尤为重要，世界各国政府纷纷把旨在提高全民素质的教育事业放在非常重要的位置上。鉴于教师在教育中所发挥的作用越来越重要，教师教育也就受到了前所未有的关注，而作为教师教育不容忽视的一个重要环节，职前教师教育也被提升到了突出的

---

① 赵国祥、罗红艳：《新时代促进地方师范大学跨越发展的整体构想与特色彰显》，《中国高教研究》2018年第5期。

位置上。政府开始考量职前教师教育中所存在的问题，各国相继掀起了职前教师教育课程改革的热潮。各国政府不仅出台相关政策文件来鼓励和发展职前教师教育，而且积极参与职前教师教育理论研究和改革实践，发表相关研究报告来指导职前教师教育改革，希望通过提高教师培养的质量以达到提高民族素质的目的。[①]

一 国际社会发展对传统教师教育形成了新挑战

20世纪中后期以来，科技、经济和社会的发展对学校教育尤其是教师教育形成了诸多新挑战。其一，传统教师教育的文化定位受到挑战。随着全球化进程的加快，学生文化背景、家庭背景日益复杂，来自多元文化背景的、移民家庭的学生日益增多，社会发展和文化变革日益加快，要求教师教育帮助教师们做好面对日益多样化的学生的准备[②]，原本聚焦于本国文化的教师教育已经不适应新时代学生的需求了。其二，传统教师的知识结构受到挑战。从学生的身心发展特点来看，新时代需要具备综合性知识结构的教师。学生面对的生活世界是一个完整的、统一的、不可分割的整体，因此不宜在小学阶段就将教学分科化，将评价割裂化。[③] 为了适应时代的发展，促进学生全面、整体进步，实施教师教育课程内容改革势在必行，这种变化极大地提高了教师教育的复杂程度和创造性质。其三，信息时代的经济与社会发展也对教师教育提出了越来越高的要求，提高教师教育的质量既是历史进步使然，亦是信息时代教育改革的必然；传统的教师教育仅注重向学生传授教育学和道德修养方面的知识，忽视了学科课程教学和教育研究[④]，各国的教师培训计划侧重于未来教师的普通教育，关于如何让教师适应学生多样化的需求思考得较少。因此，世界各个国家

[①] 钟启泉、张文军、王艳玲：《教师教育课程标准的国际比较研究》，《全球教育展望》2008年第9期。
[②] 贺晔：《英国职前教师教育课程研究》，学位论文，华东师范大学，2010年。
[③] 田振华：《小学全科教师的内涵、价值及培养路径》，《教育评论》2015年第4期。
[④] 钟启泉、张文军、王艳玲：《教师教育课程标准的国际比较研究》，《全球教育展望》2008年第9期。

（地区）都在反思教师教育，得出的普遍结论是，如果不对传统的教师教育进行改革，社会各领域的发展都将受阻。

二 全球基础教育改革对教师教育提出了新要求

在全球化和知识经济时代，随着对教育投入与产出关系的深入研究，发达国家政府越来越注重教师教育改革，无一例外地都将提高教育质量作为制定本国教师教育政策的首要考虑因素。教师教育的质量已成为决定孩子是否拥有值得他们尊重的教师并享受优质教育的关键因素，也是21世纪国家制定教师教育政策以促进教育转型的终极目标。尤其是美、英、澳三国，相继颁布了实施卓越教师、优质教育目标的计划和方案，结合基础教育改革，完善教师教育培养体系；通过优质生源吸引、学术能力提升、奖助学金激励、技能测试等手段提高教师队伍质量，推动卓越教师的培养，引起全球各国的广泛关注。从实践中吸取的教训和教育理论研究的发展再一次昭示：推进教师教育改革是提升基础教育质量的关键。

三 建设高质量的未来教师队伍已成国际共识

2012年，著名学者琳达·达林—哈蒙德教授和安·利伯曼教授在《教师教育和世界：变化中的政策和实践》一书中指出，教师队伍质量是21世纪教育质量的核心要素，提供高质量、专业化的教师教育正在成为世界各国提高教育质量的重要政策工具。[1] 联合国教科文组织（United Nations Educational, Scientific and Cultural Organization, UNESCO）、经合组织（Organization for Economic Co-operation and Development, OECD）都出台了相关文件，阐明了对21世纪教师的新要求，涉及开发教师专业发展课程、更新教师的教学实践、鼓励教师合

---

[1] L. Darling-Hammond, A. Lieberman, *Teacher Education around the World: Changing Policies and Practices*, London and New York: Routledge, 2012, pp. 151-169.

作等。① 英国教育部在《教学和学校领导：2010—2015 年政策》中特别指出，要提高教师专业地位，吸引优秀毕业生加入教师队伍，为教师提供有质量的、持续的专业支持。美国联邦教育部在 2013 年发布的《提升和转变教学专业蓝图》中提出要"建设共享责任和领导力的学校文化氛围""提供专业化的职业组织和有竞争力的待遇"② 等多项建议，以促进教师发展；中国在《教师教育振兴行动计划（2018—2022 年）》中主张通过教师培养层次提升行动、师范生生源质量改善行动、教师教育师资队伍优化行动、教师教育学科专业建设行动、教师教育质量保障体系构建行动③等一系列行动计划，建设一支高素质、专业化、创新型的教师队伍，从而促进国家教育事业的发展。④

四　多国教师教育课程有了新规范

美国、英国、日本等国纷纷制定了教师专业标准或颁布了纲领性文件来规范各自的教师教育课程。这些文件大致可以分为两类⑤：一类是教师教育机构课程教学的指导文件，如英国的《合格教师资格标准》，它实际上是教师教育课程标准，教师教育机构参照它设置课程、开展培训，评估机构将它作为评估初任教师和教师职前教育的依据；另一类是教师专业标准，如美国一些州的教师专业教学标准，它们不直接规定教师教育机构的课程教学，但却是教师从业的硬性条件。在普遍实施教师资格证书制度的情况下，教师必须获得资格证书才能从

---

① OECD, "Preparing Teachers to Deliver 21st-Century Skills," *Source OECD Education & Skills*, Volume 2012: 26 - 47 (22).

② A Blueprint for Respect. http：//www2. ed. gov/documents/respect/blueprint - for - respect. pdf. 2013 - 04 - 25/2013 - 05 - 24.

③ 《教育部等五部门关于印发〈教师教育振兴行动计划（2018—2022 年）〉的通知》，http：//www. moe. gov. cn/srcsite/A10/s7034/201803/t20180323_ 331063. html. 2018 - 3 - 22/2018 - 4 - 7。

④ 沈伟、康姗：《培养 21 世纪教师的替代性路径——基于美、英、中"为所有人而教"项目的思考》，《全球教育展望》2018 年第 12 期。

⑤ 贺晔：《英国职前教师教育课程研究》，学位论文，华东师范大学，2010 年。

教，这就使得教师教育机构自觉地以专业标准为参照，将专业标准的要求整合到教师教育课程教学中。日本已经逐步拟订"教师育成标准"计划，文部省于2017年3月31日发布《公立学校校长和教师标准的制定方针》，从基本理念、视角、对象、维度等方面解读标准[①]，各县市于2018年3月都已公布标准，并被广泛应用于各类师资培养和研修工作。

五 国际教师教育质量保障体系已基本建立

为迎接全球社会发展所带来的挑战，满足新时代学生发展的新需求，解决教育改革中出现的新问题，世界各国在经历数十年探索之后已基本形成了较为先进的教师教育质量保障体系，从六个层次各个击破。第一是生源质量保障体系，选拔优质乐教的人才；第二是教师教育标准体系的完善，以规范的标准引导教师教育质量提升的方向；第三是多方合作体制的建立，在协同中明确教师教育质量保障的需求导向；第四是建立教师教育实践体系，以细化要求体现教师教育质量保障的专业属性；第五是形成多方位良性互动机制，以系统设计实现教师教育质量提升的有机衔接；第六是形成完善的经费投入机制，以经费拨付方式改进教师教育质量。

综上可以窥知，20世纪后期以来，在世界多极化、经济全球化、社会信息化、文化多样化、教育国际化进程加快的形势下[②]，高等教育国际化已成为当今世界高等教育发展的主要潮流和价值取向。与之相应，我国新时代经济社会的快速发展也对高等教育和高等学校人才培养提出了越来越高、越来越多的新使命和新要求。主动迎接和适应新时代高等教育国际化发展所带来的新机遇与新挑战，致力于培养高素质创新型国际化人才，已成为国内众多高校义不容辞的神圣职责和

---

① 李昱辉：《日本教师育成标准述评》，《比较教育研究》2018年第6期。
② 宋发富：《地方新建本科师范院校国际化人才培养研究》，学位论文，华东师范大学，2018年。

使命。① 所以中国师范院校的改革，是顺应国际教师教育改革趋势之举，也是顺应高等教育国际化的必然举措。

第二节　中国教师教育质量管理现状与存在的问题

目前我国师范院校的发展已进入全面改革的攻坚期。近年来，为推动师范教育的改革，国家相继出台了多项措施支持师范院校的发展、推动师范教育水平的提升。党的十九大之后，中共中央、国务院印发了中央4号文件——《全面深化新时代教师队伍建设改革的意见》，教育部等五部门印发了《教师教育振兴行动计划（2018—2022年）》，这些政策的出台一方面反映了国家对师范教育的高度重视；另一方面也说明当前师范教育发展所面临的问题已经凸显，尤其是地方师范院校发展问题显得更为突出。地方师范院校不仅普遍面临着与师范教育体系外高校和体系内重点高校竞争的双重压力问题，而且要解决自身发展过程中出现的个性化问题，以改革促发展就显得尤为紧迫和必要了。

一　新时代对教师教育提出新要求

2015年12月，最新修订的《中华人民共和国教育法》（简称"教育法"）正式颁布实施。教育法第六十七条明确规定，国家鼓励学校和其他教育机构大力开展教育对外交流与合作，大力发展国际教育服务，致力于培养国际化人才，这对师范院校教育活动、人才培养有了更高的要求。② 2016年4月29日，中共中央办公厅和国务院办公厅联合印发了《关于做好新时期教育对外开放工作的若干意见》，提出要大力提升国家教育对外开放和治理水平的总要求，支持东部地

---

① 宋发富：《地方新建本科师范院校国际化人才培养研究》，学位论文，华东师范大学，2018年。

② 马雷军、刘晓巍：《教师法治教育》，中国民主法制出版社2017年版，第193页。

区整体提升教育对外开放的质量和水平,支持中西部地区不断扩大教育开放程度,引导沿边地区充分利用各自独特的地缘优势,大力推进与周边国家的教育交流与合作,形成因地制宜、特色发展的教育对外开放新格局。① 至此,师范院校人才培养的视野已然扩展至全球,师范教育应该以开放性的思维开展教学,形成新的教师培养格局。2017年2月27日,中共中央和国务院联合印发了《关于加强和改进新形势下高校思想政治工作的意见》,指出高等学校不仅担负着人才培养、科学研究、社会服务、文化传承创新的重要职能,在当今时代还承担着国际交流合作的重要使命。② 因此,师范院校不仅要培养具备专业知识、教育理论知识的教师,还肩负着培养具有国际学习能力、合作能力的教师的使命。

2018年1月,中共中央、国务院印发的《全面深化新时代教师队伍建设改革的意见》(以下简称"《意见》"),明确指出了新时代教师队伍质量提升的重要性,指明了提升教师队伍质量的方向。

首先,《意见》提出"强国必先强师""教师是教育发展的第一资源,是国家富强、民族振兴、人民幸福的重要基石",把教师队伍建设的重要性放在发展的重要战略地位。党和国家对教师培育工作高度重视,将教师质量的提升作为国家与民族发展的原动力,对师范院校的人才培养工作提出了更高、更严格的要求,要求师范院校必须形成更加高效的人才培养模式,这不仅给师范院校带来了新的压力,也提供了新的发展机遇。

其次,《意见》根据时代发展的新要求,指出"面对新方位、新征程、新使命,教师队伍建设还不能完全适应""有的地方对教育和教师工作重视不够,在教育事业发展中重硬件轻软件、重外延轻内涵的现象还比较突出"。这是对教师队伍整体质量的评价,也一针见血地指出了

---

① 《坚持扩大开放 做强中国教育》,http://www.moe.gov.cn/jyb_xwfb/s6052/moe_838/201605/t20160503_241658.html。

② 中共中央、国务院:《关于加强和改进新形势下高校思想政治工作的意见》,http://www.gov.cn/xinwen/2017-02/27/content_5182502.htm。

当前师范教育人才培养工作不能契合时代需要、引领时代发展的问题，传统型的教师已经不适应当今社会对综合性、创新性人才的要求，教师信息技术的应用能力远远落后于信息技术的发展速度与学生信息素养需求。《意见》在指出问题的同时，也对师范院校的教师教育提出了新的要求——提升教师质量，重视教师内涵发展。

最后，《意见》在明确现实问题、提出变革要求之后，强调了对教师教育工作尤其是对师范院校发展的具体支持办法。在经费投入方面，要求"加大对师范院校支持力度"；在机制建设方面，强调推进"地方政府、高等学校、中小学'三位一体'协同育人"；在师范生源质量方面，提出"切实提高生源质量，对符合相关政策规定的，采取到岗退费或公费培养、定向培养等方式，吸引优秀青年踊跃报考师范院校和师范专业"；在评价机制方面，坚持师范院校不改本色的导向，即"师范院校评估要体现师范教育特色，确保师范院校坚持以师范教育为主业，严控师范院校更名为非师范院校。开展师范类专业认证，确保教师培养质量"。《意见》的颁布表明，师范院校的改革势在必行，师范院校培养的人才质量必须契合时代发展的新要求，地方各级政府也将大力支持、推进师范院校的改革。[①]

2018年3月，教师教育改革配套政策出台，教育部等五部门联合印发《教师教育振兴行动计划（2018—2022年）》（以下简称《计划》），明确指出5年之内教师教育质量提升的具体目标和路径，其中对师范院校的作用和人才质量提升方式做出了明确要求。

首先，《计划》明确指出师范教育在教师教育振兴行动中需要承担的责任、坚守的发展方向，提出"发挥师范院校主体作用，加强教师教育体系建设""经过5年左右努力，办好一批高水平、有特色的教师教育院校和师范类专业""师范教育必须坚持特色发展"等一系列要求。师范院校应该认识到，师范院校在振兴教师教育过程中应担

---

① 中共中央、国务院：《关于加强和改进新形势下高校思想政治工作的意见》，http://www.gov.cn/xinwen/2018-03/28/content_5278034.htm。

负起引领的责任和功能，发挥提升教师质量的主体作用，在办学过程中要坚持师范教育的特色、以师范教育为主业主责。①

其次，《计划》对师范院校人才提出了新的要求。《计划》要求"师范生与在职教师的社会责任感、创新精神和实践能力不断增强"，表明师范生不仅要有教育教学实践能力，还要具备较强的教育改革潜力、深厚的教育情怀、与时俱进的创新精神、人才培养的自豪感与使命感。

最后，《计划》针对如何提升师范院校的人才培养质量，提出了具体的指导意见。《计划》指出，要"吸引优秀人才从教，师范生生源质量显著提高，用优秀的人去培养更优秀的人""注重协同育人""注重教学基本功训练和实践教学，注重课程内容不断更新"，即从生源质量上提升未来教师的起点素质、未来教师培育机制应是多方协同的、教师素养应从单一学科转向综合素养提升三个层面，指明了改革方向，与《意见》对师范教育的支持方略高度一致。

从以上政策措施中可以看出，教育国际化已成时代潮流，教学和人才培养工作仍是高等学校的中心工作。在当今以多元化、国际化为显著特征的21世纪高等教育改革大潮中，地方师范院校的发展有了新的机遇，但所面临的形势也非常严峻，因此，地方师范院校认真思考和研究人才培养工作，切实构建新型人才培养体系，特别是构建能适应新时代需求的国际化人才培养体系，已成为各地方高校刻不容缓的时代课题。②

二 地方师范院校教师教育外部环境面临新挑战

第一，教师教育开放性带来的发展压力。1999年以前，我国的教师培养体系是封闭的，只有师范院校承担教师教育的职能，所以师范院校的人才培养具有一定的"垄断性"。当年9月，中共中央、国

---

① 《教育部等五部门关于印发〈教师教育振兴行动计划（2018—2022年）〉的通知》，http://www.moe.gov.cn/srcsite/A10/s7034/201803/t20180323_331063.html。
② 宋发富：《地方新建本科师范院校国际化人才培养研究》，学位论文，华东师范大学，2018年。

务院在《关于深化教育改革全面推进素质教育的决定》中提出，鼓励综合性高等学校和非师范类高等学校参与培养培训中小学教师的工作，探索在有条件的综合性高等学校中试办师范学院。自此，师范教育由封闭逐步走向开放，师资输送途径由单一走向多元。我国的教师教育逐步形成了"以独立设置的高师院校为主体，其他高校共同参与"的新格局。[①] 至 2005 年，培养本专科师范生的非师范院校达 207 所，培养的师范类毕业生占全国师范类毕业生总数的 35%[②]，这无疑严重挤压了师范院校的生存空间，给师范院校带来了强有力的挑战。在"十二五"期间，国家对于高等师范教育开放性的政策依旧明确，《国家中长期教育和发展规划纲要（2010—2010 年）》指出，要加强教师教育，构建以师范院校为主体，综合大学参与，开放灵活的教师教育体系。对于地方师范院校而言，形势则更加严峻，因为一方面面临综合性大学优质教育资源的竞争，另一方面还要面对重点师范院校带来的竞争压力，其发展之路相当艰难。

第二，师范教育综合化引发的生存困境。20 世纪末，我国取消了高等学校毕业生统招统分的计划经济模式，实行招生与就业的"双轨制"。随着这一政策的出台，国家对师范院校的优惠政策随之取消，师范生相对其他专业类别的大学生所具有的优势不复存在，一批高质量的中等师范学校大多被关、停、并或转，由此，师范院校的生源质量大幅度下降。为了生存，也为了持续发展，全国各级各类师范院校或出于自愿，或迫于形势，纷纷开设非师范类专业，新时期师范院校综合化便始于此。在综合化发展的过程中，师范院校的学术水平有了一定的提高，但是其师范性和教师教育特色却逐渐淡化，学校发展的总目标、总任务、总方向走向了模糊化。相当一部分师范院校不再把师范专业作为学校办学的主阵地，转而将主要精力投入多学科综合化方向，导致学校的师范教育边

[①]《中共中央国务院关于深化教育改革，全面推进素质教育的决定》，http://www.moe.gov.cn/jyb_sjzl/moe_177/tnull_2478.html。
[②] 杨一江：《地方师范大学可持续发展的若干思考》，《内蒙古师范大学学报》（哲学社会科学版）2009 年第 5 期。

缘化。以国内某省办师范大学为例，2016年，其师范专业占比只有30%，更有甚者，有些师范大学、地方师范学院的师范专业还不到25%。诸多试图转型为综合性高校的师范院校发展并不顺利，而且，在其综合化水平尚未达到综合性大学水平之前，就已经失去了原有的特色和优势。不少师范院校减少师范生招生数量，增加非师范生招生数量，学校性质逐渐发生变化，有的甚至想更名，以更好地转型为综合性大学。虽然教育部及时发现此类问题，也严厉禁止了此类行为，但这很可能只是从形式上制止了师范院校师范教育特征的弱化，是否能够从根本上改变其发展方向模糊的问题，还有待后续评估。

第三，教师资格考试社会化带来的挑战。2000年9月《教师资格条例》颁布实施，进一步推进了教师入职的开放性，非师范专业的学生可以通过社会考试取得教师资格证，面向社会公开竞聘，教师职业竞争局面进一步凸显。在就业竞争中地方师范院校的毕业生在与部属师范大学及其他综合类大学的竞争中处于弱势地位，因为地方师范院校学生地域性较强，占有的教育资源相对较少，竞争力较弱，这导致地方师范院校的吸引力再度下降。2011年，中小学教师资格考试改革和定期注册试点工作在浙江、湖北等地启动，2015年7月，教育部扩大了试点范围，在浙江、湖北等15个省（区、市）的基础上，新增13个省（区、市）。自此师范生和非师范生将无区别，如要当教师，都要参加国考，师范院校在教师培养上从"优越感"转向了"忧虑感"，地方师范院校招生生源、学生就业中的"垄断性"优势被进一步打破。[①]所以，教师资格证考试社会化带来了很多弊端，诸如使许多师范院校尤其是地方师范院校的教师教育和教育学专业之优越性式微。

第四，高考改革给师范院校带来新冲击。新的高考改革录取政策正在逐步推广，新政策对不同高校不同专业的影响也不同。其中浙江省2016年实施新高考招生制度改革后，实行"专业+学校"志愿、按专业

[①] 唐丽滢、李秀云：《地方新建本科师范院校的发展困境及出路》，《河北民族师范学院学报》2017年第3期。

平行投档，师范类专业"生源带动"效应明显减弱。所有专业都直接面对考生和家长，接受其检验，一些基础性学科专业的应用性较弱且不被市场所认可，很难在第一阶段完成招生任务，在第二阶段就直接面临生源质量较差的问题。同时，社会普遍认同的"热门"专业如医学类、金融类、财会类等，又给师范类专业带来直接冲击。对于地方师范院校而言，"专业洗牌""生源危机"成为新招考方案实施过程中必须面对的挑战。师范类专业"生源带动"效应减弱、非师范类应用型学科专业竞争力普遍比较薄弱的双重窘境，正在倒逼师范类院校、专业寻求新的发展突破点。

三　地方师范院校自身发展出现新问题

第一，院校发展与"地方"脱节。所谓地方师范院校，"地方"是其发展之源，决定了其发展的规模、质量，"地方"也是其发展过程中最为重要的服务对象，地方对其服务质量的评价，决定其社会认可度与生源质量，最终影响其办学质量。随着我国经济的发展，社会对技术人才的需求越来越多、对专业素养特别是"应用型"能力的要求越来越高，而地方师范院校的人才培养定位还未发生本质转变，譬如，重知识培养，轻产教结合，人才培养定位与地方基础教育需求不相匹配，教师"职业性不够突出等问题，难以满足地方基础教育和经济转型升级对人才的需求"。此外，地方师范院校在人才培养、"科研合作等体现服务地方经济社会水平的重点领域能力薄弱。在人才培养上，地方新建本科师范院校在不同程度上存在着模式单一、机制僵化等问题。大多数仍采用重理论轻实践的模式，以高校为培养主体，教学上偏重知识本位，难以满足行业、企业的需求和学生自身发展的需求，教学内容更新不够，产教融合不深，课程设置不科学，教师指导实践教学不够或流于形式。在科学研究上，立足服务地方经济社会发展，体现校地、校企等协同创新的应用型科学研究较少，成果转化和技术开发不足"。这些在客观上导致了地方师范院校建设与地方教育、经济社会发展的脱节，其建设发展缺少了地方的有力支援，面临着"地方水土"不乐养"地方人"的局面。①

第二，办学定位与"师范"偏离。1999年的高考扩招，带来了高等教育的"大发展"，许多地方本科师范院校都在这之后或升级，或合并，或新建，力求做大做强，但随之而来的是，在这些院校"体量"增加的同时也出现了这样或那样的问题，制约了未来的发展。一是地方师范院校的办学定位出现模糊化、雷同化、求大不求实、盲目攀高等问题。具体表现为：地方师范院校对自身的学校属性、办学基础、办学水平的认知出现了偏差，在办学定位方面或追求高大全，或与其他高校雷同，或自身定位模糊——无法明确"本校有什么，本校适合干什么"；未能明确师范院校自身发展的任务与要求是什么，尤其是在培养地方性、应用型人才方面，与教育行业、社会产业、相关企业联系不够，办学的开放性不够、时代性不强——无法明确"本校要为地方发展服务什么"；未能客观评估自身的能力，导致办学定位缺乏传承性与连续性，一味迎合教育大众化的"发展"政策，忽视了传统专业和现有办学条件的衔接，对自身能力估计过高，盲目追求"省内领先"或"国内一流"——无法明确"师范院校能够做好什么"；对自身的发展优势认识不清，师范院校基本以师范专业和教师职前职后衔接为优势，但是很多学校以非师范专业谋特色，"淡化"师范体系，弱化教师教育职前职后一体化工作，不重视教师的职后培训，而且本来与地方基础教育联系较密切的优势也丧失殆尽，对未来的发展目标设定含混不清——无法明确"学校将来会成为什么样"；自身办学思路不清晰，对自身发展中出现的问题认识不准确，导致系列决策导向失误——无法明确师范院校凭什么办学。②

第三，生源质量难保障。在高等教育从精英化转向大众化发展阶段，从生源数量上看，目前师范学院招生数量较为充足；从生源质量

---

① 唐丽滢、李秀云：《地方新建本科师范院校的发展困境及出路》，《河北民族师范学院学报》2017年第3期。
② 唐丽滢、李秀云：《地方新建本科师范院校的发展困境及出路》，《河北民族师范学院学报》2017年第3期。

上看，却不容乐观。在市场经济的影响下，高中优秀学生报考师范专业的积极性不高，有些省份的公费师范生实行降分录取后仍未录满。目前全国大部分省份的小学幼儿园特级教师、名师名校长等中坚力量都是20世纪80年代中师（幼师）毕业生。当年中师（幼师）招收的都是初中最优秀的毕业生，这批教师普遍综合素质高、教育教学功底扎实、专业成长后劲较足；反观近些年补充的小学幼儿园教师，综合素质与专业素养在同龄人中学业成绩总体居中下，中小学教师来源在同龄人中的学业成绩总体居中。由于城乡教育资源配置不均衡、教师薪资水平差异大等带来的一系列问题，地方师范院校的第一志愿录取人数远远低于计划数，通过调剂而来的生源质量得不到保障，难以在最关键的招生阶段保证优质生源率。

第四，毕业生就业质量不高。地方师范院校未根据时代需求改革教育理念和教学方式，导致毕业生本身的综合素质不高。师范院校普遍重视知识教学，忽视对师范生的人格培养、德性成长；重理论学习经验的积累，轻视实践教学的规范化；重视理论研究，轻视对基础教育的了解和观察；重视基础理论培养，忽视教育课程与中小学教育教学实践的联系。在课程设置方面，师范专业分科有余综合性不够，过分强调学科体系，社科、艺术等通识教育不足，导致师范生综合素养不高。在教育实践目标的设置方面，目标的指导性不强，清晰度不高，评价方式单一，对教育实践的指导意义不足。这些学校内部因素导致师范生就业质量不高。与此同时，社会的外部因素又增加了师范生就业的难度。一方面教师资格证"国考"制度出台，师范生以往的专业优势不复存在，师范专业毕业生不再是一毕业即能取得教师资格证，而需和非师范专业毕业生一起参加统一的笔试和面试，教师职业的入职竞争激烈，教师教育专业的优势减弱，在一定程度上降低了师范类专业的就业质量；另一方面教师职业的开放化、竞争化使得师范生"被就业"现象突出[①]，地方经济

---

① 唐丽滢、李秀云：《地方新建本科师范院校的发展困境及出路》，《河北民族师范学院学报》2017年第3期。

欠发达地区需要大量师资，但是毕业生不愿去，经济发达地方需要能力强的教师，毕业生基础知识面不够宽广、实践技能不够扎实、教育研究能力不足，难以胜任高水平的基础教育师资需求，就业质量有待提高。

第五，"自给"能力不强，限制了学校的发展。虽然国家出台了一系列政策强调师范教育的重要性，但是地方政府的教育投资仍然主要集中在地方重点综合性大学，地方师范院校尤其是新建师范院校的经费支持十分有限①，无法满足师范院校的高质量发展需求。另外，受到专业、服务范围的影响，师范院校的人才效益具有一定的滞后性，师范毕业生不能在短期内为社会提供经济效益，教师教育研究也很难与科技创新、产品研发、技术转化等项目结合起来而获得收益，所以经由社会途径获取的办学经费少之又少。与地方重点综合性大学的"富裕"相比，师范院校处于比较艰难的生存境地。

习近平总书记在全国教育大会上提出了推进我国教育改革发展的"九个坚持"，对当前和今后一个时期教育工作做出了重大部署，为加快推进教育现代化、建设教育强国、办好人民满意的教育提供了根本遵循。随着《中共中央、国务院关于全面深化新时代教师队伍建设改革的意见》和《教师教育振兴行动计划（2018—2022年）》等一系列政策文件的实施，我国师范院校的发展面临着改革的关键期，作为教师教育主力军的地方本科师范院校发展问题显得尤为突出，亟须以改革促发展。

第三节 研究的逻辑前提与科学方法论

一 研究的逻辑前提

（一）理论基础

1. 习近平总书记教育重要论述之理论内涵②

习近平总书记关于教育的重要论述是一个科学的理论体系，根植

---

① 唐丽滢、李秀云：《地方新建本科师范院校的发展困境及出路》，《河北民族师范学院学报》2017年第3期。

② 《教育部有关负责人就印发〈习近平总书记教育重要论述讲义〉答记者问——中国教育在线》，http：//news.eol.Cn/y。

于中华民族崇文重教的优良传统，彰显出精深厚重的文化底蕴。

第一，目标明确。"坚持把立德树人作为教育的根本任务"，坚持把立德树人成效作为检验教育工作的根本标准，努力培养担当民族复兴大任的时代新人，培养德、智、体、美、劳全面发展的社会主义建设者和接班人。

第二，方法论科学。坚持扎根中国大地办教育，坚持按中国的特点和中国的实际办教育，"扎根中国、融通中外，立足时代、面向未来，发展具有中国特色、世界水平的现代教育"。

第三，宗旨鲜明。"坚持以人民为中心发展教育"，坚持以教育公平促进社会公平正义，努力让每个人享有受教育的机会，获得发展自身、奉献社会、造福人民的能力。

第四，系统化治理。坚持注重教育改革的系统性、整体性、协同性，坚持"围绕统筹推进'五位一体'总体布局、协调推进'四个全面'战略布局，推动教育高质量发展，提升教育服务经济社会发展能力"。

第五，方法得当。"坚持把教师队伍建设作为基础工作"，坚持"从战略高度认识加强教师队伍建设的重大意义，把师德师风作为评价教师队伍素质的第一标准，引导教师做有理想信念、有道德情操、有扎实学识、有仁爱之心的'四有'好老师，建设一支宏大的高素质专业化教师队伍"。

2. 习近平总书记教育重要论述之关于加强教师队伍建设

一个人遇见好老师是人生的幸运，一个学校拥有好老师是学校的光荣，一个民族源源不断涌现出一批又一批好老师则是民族的希望。

——2014 年 9 月 9 日，习近平总书记在北京师范大学师生座谈会上的讲话

教师是立教之本，兴教之源。习近平总书记关于"四有"好老师的论述回答了为什么要加强教师队伍建设、新时代建设什么样的教师

队伍、怎样建设教师队伍等一系列重大的理论和实践问题,为新时代教师队伍建设提供了根本遵循。

第一,教师质量与教育质量呈正相关之变量关系。教师是推动教育提高发展质量的根本条件,"在一定意义上,教师的质量就是教育的质量,有一流的教师才有一流的教育,有一流的教育才有一流的人才"①。

第二,教师是教育改革和创新主体。教师是教育改革和创新的"主力军和基本力量""他们身处教育一线,对学生的需求最了解,对教育的问题最熟悉",对改革和创新的"必要性、重要性和紧迫性认识更深切"②。

第三,教师是教育公平和正义的践行者。这包括两层含义:一是地域性公平,即经济水平有差异地域的教师教育质量相当;二是资质性公平,即资质水平有差异的学生受教育质量相当。最终使人人都有受教育权利,享受教育公平和正义。

3. 习近平总书记教育重要论述之健全中国特色教师教育体系

教师教育是教育事业的工作母机。党的十八大以来,习近平总书记多次强调,"育人由育师开始"。习近平总书记指出:"找准教师教育中存在的主要问题,寻求深化教师教育改革的突破口和着力点,不断提高教师培养培训的质量。"③ 本书通过实地调查和理论分析等方法,对我国地方本科师范院校人才培养质量进行了实证研究,以期寻求深化教师教育改革的突破口和着力点,面向新时代构建具有中国特色的教师教育体系。

(二) 概念界定

1. 新时代概念界定

"新时代"是一个具有历史性的相对概念。在历史性维度上,新

---

① 《习近平总书记教育重要论述讲义》编写组:《习近平总书记教育重要论述讲义》,高等教育出版社2020年版,第203页。
② 《习近平总书记教育重要论述讲义》编写组:《习近平总书记教育重要论述讲义》,第204页。
③ 陈如平:《辉煌四十年·中国基础教育改革大事记·学前教育卷》,山东友谊出版社2019年版,第380页。

时代出现频率较高，从一般意义上讲，相对于过去而言，当下即为新时代。在内涵维度上，不同历史时期"新时代"内涵意蕴随着"时代主题"变化而发生变迁。当下，"新时代"被评为"2017年度中国媒体十大流行语"[①]。2017年10月18日，中国共产党第十九次全国代表大会在北京开幕，习近平代表第十八届中央委员会向大会作了《决胜全面建成小康社会 夺取新时代中国特色社会主义伟大胜利》的报告，报告提出了中国发展新的历史方位——中国特色社会主义进入了新时代。这是对我国发展方位与坐标所做的新的历史标注。[②] 在高等教育场域中，新时代又具有其独特内涵意蕴和表现特征。新时代中华民族伟大复兴中国梦的实现，关键在人才，基础在教育，根本在教师。本书中的新时代既蕴含了地方师范院校改革发展所处的大环境大背景，即中国特色社会主义处在新的历史方位的宏观视角，又指当下国家面临的推进师范教育综合改革的攻坚期，也是加大师范院校支持力度，办好师范院校和师范专业，构建现代师范教育体系等政策机遇期。

2. 地方本科师范院校

在本书中，地方本科师范院校指称非中央直属师范类的普通高等学校（Regular HEIs），不包括成人高等学校（Adult HEIs）。"地方本科师范院校"称谓涉及大学分类的三个维度，即归属管理维度、办学层次维度、办学特色维度。从大学归属管理维度审视，目前我国大学可划分为"中央部署高校"（HEIs under Central Ministries & Agencies）和地方性直属高校（HEIs under Local Auth.，简称"地方高校"）两种类别，而后者则是我国高等教育体系的主体部分，占比为95.6%。[③] 地方高校主要是以支撑产业转型升级与适应区域经济社会

[①] 《中国特色社会主义新时代》，https://baike.sogou.com/v166132059.htm?from Title=%E6%96%B0%E6%97%B6 E4%BB%A3。

[②] 赵国祥、罗红艳：《新时代促进地方师范大学跨越发展的整体构想与特色彰显》，《中国高教研究》2018年第5期。

[③] 《中华人民共和国教育部2019年统计数据》，http://www.moe.gov.cn/s78/A03/moe_560/jytjsj_2019/qg/202006/t20200611_464789.html。

生产、管理、服务等一线需要，培养具备一定知识、能力和综合素质的高级应用型人才的教育机构。服务于"支撑产业转型升级与区域发展"是地方高校学科发展的合法性基础。从办学层次维度审视，目前我国大学可划分为本科院校（HEIs Offering Degree Programs）和高职（专科）院校（Higher Vocational Colleges，简称"专科院校"）两种类别。援引2019年教育部统计数据，我国本科院校数量（1265所）略少于专科院校数量（1423所）。从办学特色维度审视，我国大学可划分为综合类、理工类、财经类、师范类、医药类、民族类、农林类、政法类、语言类、艺术类、体育类和军事类12个类别。因此，本书中地方本科师范院校特指本科层次、师范类地方院校。

二 科学方法论

（一）研究思路

笔者制定了详细的调研方案，组织专家编制高等师范院校师范生培养现状调查问卷、教师专业发展状况及对师范教育满意度调查问卷和访谈提纲。援引东北—东南—西南—华南—华北"五区域"划分依据，选取具有代表性的长春师范大学、白城师范学院、福建师范大学、贵州师范大学、遵义师范学院、广西师范大学、南宁师范大学、衡阳师范学院、湖南第一师范学院及河南地方本科师范院校进行深度调研。通过与各地方本科师范院校及所属教育厅进行访谈、座谈和发放问卷，详细了解地方师范院校发展的区域性困境和改革发展经验。通过比较研究法对相对具有代表性的国家如美国、法国、英国、芬兰和新加坡等国的教师教育进行系统研究，总结出可供借鉴的经验。基于国内国际两个大背景，在分析面临的发展机遇与存在问题的基础上，为地方师范院校改革发展从宏观和微观两个层面提出具有创新性的政策建议和发展策略。

（二）具体研究方法

1. 问卷调查法

问卷调查法也称"书面调查法"或"填表法"，即指用书面形式间接搜集研究材料的一种调查手段。① 本研究拟设计两套调查问卷，即"我国高等师范院校师范生培养现状调查问卷"和"教师专业发展状况及对师范教育满意度调查"（详见附录A、B）。

2. 访谈法

访谈（interview）是一种情境，通过访问调查的方式，由访谈者向被访谈者提出一系列的问题让其回答。② 访谈一般有三种类型，即面对面访谈、电话访谈和电子化访谈（如借由互联网）。本书主要采取面对面访谈法，访谈提纲见附录C。

3. 比较研究法

比较研究法是指通过对两个或两个以上的事物进行考察，寻找其异同，探求普遍规律与特殊规律。③ 他山之石，可以攻玉。本研究以美国、英国、法国、芬兰、新加坡五国为例探索发达国家教师教育的成功经验及对我国的启示（详见第五章）。

（三）基本框架

本书按照理论建构—经验描述—价值重构的研究路线，对新时代背景下我国地方本科师范院校改革发展进行了专题研究，在对比分析国内外现状的基础上，提炼出新时代地方本科师范院校改革发展方面存在的问题，立足于地方本科师范院校改革发展的时代特征以及国家、社会对师范教育发展的新要求，以习近平关于教育重要论述为理论基础与方法论指导，运用问卷调查、访谈以及比较研究等方法，提出新时代师范院校发展的宏观政策建议，以及新时代地方本科师范院校改革发展的战略抉择。本研究内容框架如图1-1所示。

---

① 梁孟华、吕元智、王玉良：《基于用户交互的数字图书馆服务评价模型与实证研究》，世界图书出版公司2019年版，第175页。
② [美]拉里·克里斯滕森、伯克·约翰逊、莉萨·特纳拉里·克里斯滕森：《研究方法、设计与分析》，商务印书馆2018年版，第51页。
③ 林聚任、刘玉安：《社会科学研究方法》，山东人民出版社2018年版，第35页。

第一章 绪论

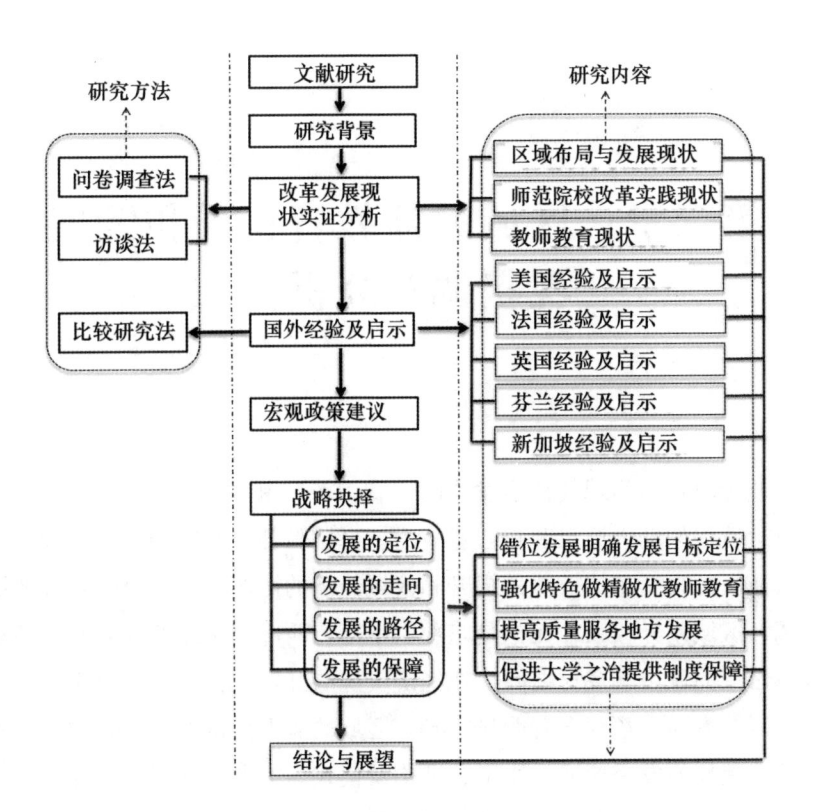

图 1-1 本书内容框架

第二章 区域教师教育布局和发展现状调查分析

教师教育作为现代社会发展的"智力源"和"人才库",是区域经济持续发展的动力源泉和核心竞争力。区域教师教育布局是否合理,事关区域教师教育整体效能的提升和区域经济的协调发展。由于我国地域辽阔,区域差异较大,无论是东部、中部、西部和东北地区之间,还是同一区域的城市和乡村之间,在经济资源的开发、科技利用与文化教育的发展等方面,都存在着明显差异。区域的非平衡特性直接影响地方本科师范院校的发展速度、水平、结构及模式。本书开展区域教师教育布局和发展研究,旨在揭示教师教育发展非均衡的资源配置肇因,以期为促进地方本科师范院校均衡发展提供政策指导和战略参考。

第一节 区域教师教育体系现状调查分析

教师教育体系主要是指具备教育的基本要素,基于教师教育机构、课程、教育者、管理者等基础条件,为满足人们对教师教育的需要,由不同层次、不同渠道、不同形态的教育服务系统为教师提供全面的培训。[①] 在关于区域教师教育体系的现状调查中,拟从区域教师教育建设体系以及区域教师教育培养体系两个方面分析区域教师教育

---

① 华艳娇:《云南师范大学现代教师教育体系构建研究》,学位论文,云南师范大学,2016年。

体系发展现状。

一 区域教师教育建设体系

(一) 区域教师教育院校基本情况

从全国师范院校（包括师范大学、地方本科师范学院和师范高等专科学校）的分布状况来看，我国省域之间师范院校设置数量不均衡。例如，师范院校最多的省份是河南（12所），其次是江苏（11所）、贵州（11所）、四川（11所）、江西（11所）；师范院校最少的省份是西藏（1所）、青海（1所），其次是宁夏（2所）、海南（2所）、天津（2所）、上海（2所）、北京（2所）。从师范院校区域布局视角审视，东部地区师范大学数量占东部师范院校总量的34.62%，其中地方本科师范院校（包括地方师范大学和地方本科师范学院）占东部地区师范院校总量的55.77%；中部地区师范大学数量占21.69%；地方本科师范院校占中部地区师范院校总量的56.63%；西部地区师范大学占21.88%，地方本科师范院校占西部师范院校总量的60.94%（见表2-1）。调研发现，东部、中部、西部地区之间，地方本科师范院校数量在区域师范院校中的占比无显著差异，均在60%左右；但是，东部、中部、西部地区之间，师范大学数量在区域师范院校中的占比存在较大差异，数据显示，东部地区高于中部和西部地区约13个百分点。

表2-1 师范院校区域分布基本情况 （所）

区域\数量	师范大学 教育部直属师范大学	师范大学 地方本科师范大学	师范学院	师范专科	总数
东部	2	16	13	21	52
中部	2	16	31	34	83
西部	2	12	27	23	64
总计	50		71	78	199

(二) 区域教师教育专业学生基本情况

2019年，全国普通院校师范类毕业生总计68.69万人。师范类毕业生中有本科38.71万人、专科27.71万人，分别占56.35%、40.34%（见表2-2）；师范类院校毕业生34.92万人，非师范类院校毕业生33.77万人，分别占50.84%、49.16%，师范类院校师范毕业生比非师范院校略多。单从数量上看，和非师范院校相比，师范院校在师资培养上并无明显优势。换言之，师范类专业毕业生总体培养数量相对不足，本科生和教育硕士已经成为师范生的主要组成部分，尤其是本科生人才培养规模相对较小，难以满足中小学对基础性人才的需求。另外，非师范院校师范生培养规模逐渐扩大，对师范院校的冲击较大。

表2-2　　　　　2019年全国高校师范类学生基本情况　　　　　　（人）

学历层次	毕业生数	招生数	在校生数	预计毕业生数
专科	277089	290572	902989	294374
本科	387094	428795	1712842	422986
教育硕士	22639	40184	105713	46044
教育博士	104	648	1829	561
总计	686926	760199	2723373	763965

2019年，师范类在校生272.34万人，其中本科生171.28万人、专科生90.30万人，分别占62.89%、33.16%。此外，2019年有教育硕士点的院校有194所，其中师范大学69所、师范学院13所、综合性大学100所、综合性学院12所。教育硕士毕业生1.88万人，招生3.54万人，在校生9.35万人，分别比上一年度有所增加，培养规模逐步加大。可以看出，国家正在努力提升教师的受教育水平，以提高教师队伍质量，提高教育质量。从师范类院校本科和专科在校生比例来看，当前还有近1/3的专科师范生，本科生所占比例仍然有待提

高。从教育硕士院校数量上看，有师范院校 82 所，非师范院校 112 所，可知，在高层次师资培养上，师范院校无绝对优势，其中地方师范院校仅占 16.11%，竞争力较弱。

（三）区域教师教育专任教师整体情况

1. 教师年龄分布状况

2019 年全国举办教师教育的院校共有专任教师 110.08 万人。从年龄上看，专任教师年龄以 35—39 岁为最高峰，新进教师和中年骨干教师相对较少。其中在 29 岁及以下的有 11.62 万人，占专任教师总数的 10.56%；30—34 岁的有 20.45 万人，占总数的 18.58%；35—39 岁的有 26.42 万人，占总数的 24%；40—44 岁的有 19.84 万人，占总数的 18.02%；45—49 岁的有 13.71 万人，占总数的 12.45%；50—54 岁的有 10.19 万人，占总数的 9.26%；55—59 岁的有 6.66 万人，占总数的 6.05%；60—64 岁的有 0.93 万人，占总数的 0.84%；65 岁及以上的有 0.26 万人，占总数的 0.24%。教师教育院校的专任青年教师数量相对较多，但是，新进教师与中年骨干教师的占比相对不足，教师梯队结构需要进一步优化。

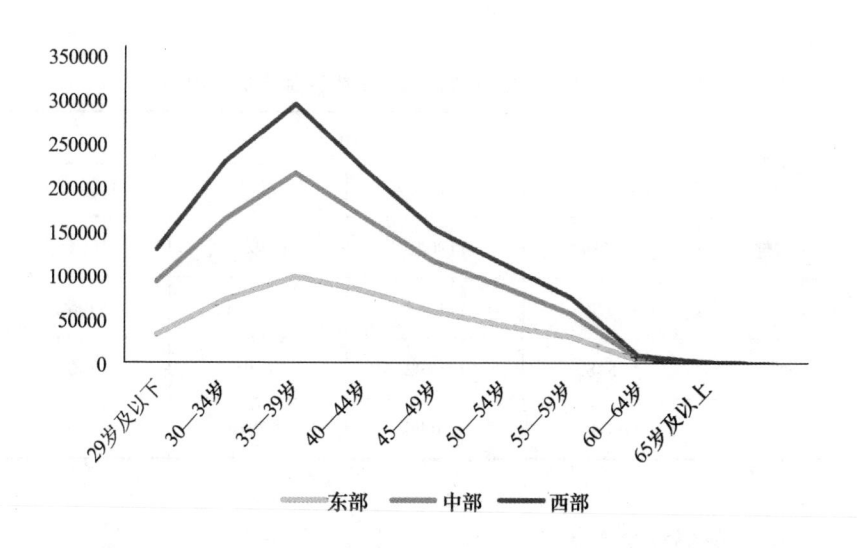

图 2-1 2019 年全国各区域教师教育院校教师年龄状况（人）

2. 教师学历分布状况

根据2019年全国各区域教师教育院校教师学历情况（见表2-3），专任教师中博士研究生有27.90万人，占专任教师总数的25.35%，硕士研究生有41.55万人，占专任教师总数的37.75%，大学本科有39.70万人，占专任教师总数的36.06%；专科及以下学历有0.93万人，占专任教师总数的0.84%。分地区看，东部地区获得博士学位的人数为13.04万人，占东部地区专任教师总数的34.65%；中部地区为9.11万人，占中部地区专任教师总数的20.96%；西部地区为5.75万人，占西部地区专任教师总数的19.84%。从全国教师教育院校专任教师的学历学位结构上看，硕士研究生和大学本科生占据主体，博士研究生占比相对较小，且存在部分专科及以下学历的专任教师，学历学位结构需要进一步优化，应采取多种形式促进教师获取高层次的学历学位。显然，从区域差异来看，东部地区的教师学历水平明显高于中、西部地区。其根本原因在于中、西部地区师范院校对优秀人才的吸引力不足，且存在较大的人才流动性，加剧了中西部地区高层次优秀人才队伍的不稳定性。

表2-3　　2019年全国各区域教师教育院校教师学历情况　　（人）

区域人数	学历水平			
	博士研究生	硕士研究生	本科	专科及以下
东部	130414	119040	124928	1894
中部	91078	171264	166786	5596
西部	57548	125192	105300	1780
总计	279040	415496	397014	9270

3. 教师职称分布状况

依据2019年全国各区域教师教育院校教师职称情况（见表

2-4），从职称上看，在专任教师中，正高级职称有 13.14 万人，占专任教师总数的 11.94%；副高级职称有 33.32 万人，占专任教师总数的 30.27%；中级职称有 44.33 万人，占专任教师总数的 40.27%；初级职称有 10.85 万人，占专任教师总数的 9.86%；无职称的有 8.44 万人，占专任教师总数的 7.67%。由此可见，中级职称教师占比较高，其次为副高级职称教师；从区域差异视角审视，东部地区师范院校的正高级职称教师总量明显高于中西部地区。

表 2-4　2019 年全国各区域教师教育院校教师职称情况　　　　（人）

区域人数	职称				
	正高级	副高级	中级	初级	未定级
东部	52336	121210	154726	26938	20618
中部	45650	125190	174962	51730	34334
西部	33380	86830	113578	29872	29466
总计	131366	333230	443266	108540	84418

（四）区域教师教育体系

为保证调研数据结果分析更具普适性，本书从东部、中部、西部和东北地区各选取一个省份考察其教师教育培养体系。

1. 福建省教师教育体系

福建省搭建以师范院校为主体、综合性大学参与、本科和研究生教育为主干的教师教育体系，明确福建师范大学、闽南师范大学为高中师资主要培养基地，泉州师范学院、宁德师范学院、闽江师范高等专科学校等高校为义务教育阶段教师主要培养基地，福建幼儿师范高等专科学校和泉州幼儿师范高等专科学校为学前教育阶段教师培养主要基地，同时支持泉州师范学院办好特殊教育专业，形成较为完备的师范生培养体系。

2. 湖南省教师教育体系

湖南省教师教育发展在全国处于较为领先的地位，在过去，湖南省充分发挥省厅对师范院校的规划协调作用，形成了长沙师范学院培养幼儿师资、湖南第一师范学院培养小学师资、衡阳师范学院培养初中师资、湖南师范大学培养高中师资的格局。然而，在目前高水平综合性大学加入教师教育培养之形势下，原有师范院校布局规划受到较大冲击，传统的教师教育体系被打乱，亟须构建适应新时代要求的现代化教师教育体系。

3. 广西壮族自治区教师教育体系

广西积极推进教师培养体系改革，调整优化师范院校布局结构，师范教育由三级向二级过渡，逐步构建了以师范院校为主体，有条件的高校积极参与，开放、协调、联动的现代教师教育体系。广西师范大学以培养普通高中教师为主，适当兼顾学前教育和特殊教育阶段师资培养任务。调研发现，南宁师范大学、玉林师范学院和广西民族师范学院以培养义务教育阶段教师为主，同时南宁师范大学兼顾培养普通高中教师；广西科技师范学院、广西教育学院、桂林师范高等专科学校以培养小学教育阶段师资为主，同时，广西教育学院兼顾培养学前教育阶段教师；广西幼儿师范高等专科学校以培养学前教育阶段教师为主。此外，积极遴选基础较好的中等职业学校与高等师范院校联合培养专科层次的幼儿教师，引导中等职业学校逐步退出幼儿师资培养序列。

4. 吉林省教师教育体系

吉林省建立以师范院校为主体、高水平非师范院校参与的师范教育体系。首先，支持高水平综合性大学开展教师教育。积极创造有利条件，支持有基础的高水平综合大学成立教师教育学院，设立师范专业，参与和承担基础教育、职业教育教师的职前培养与职后培训工作。[①] 其次，加大对师范院校的支持力度。推动实施教师教

---

① 《省委省政府关于全面深化新时代教师队伍建设改革的实施意见》，《吉林日报》2018年9月7日。

育振兴行动计划，继续实施中小学卓越教师培养计划，致力于打造一批卓越教师师资队伍，推进地方政府、高等学校、中小学开展协作，实施"三位一体"协同育人。同时加快推动落实师范院校建设标准和师范类专业办学标准。

二 区域师范院校人才培养体系

（一）地方本科师范院校办学定位分析

办学定位作为学校各项工作的出发点和依据，是用来衡量一所学校办学水平的"尺子"。明确地方本科高等师范院校办学定位是考察地方本科高等师范院校教师教育专业发展情况与教师教育培养体系的重要指标。因此，本书通过选取六所地方本科师范院校，对其办学目标与人才培养目标进行分析，以探讨地方师范院校人才培养体系的合理性问题。

1. 地方本科高师院校办学目标分析

从表2-5可以看出，六所地方本科师范院校在目标定位上都把教师教育作为学校发展的一个特色。N师范学院在办学目标定位上，把创新和科研能力的提高作为学校未来发展的重点，同时指出要特色鲜明，由师范类向综合化发展。A师范学院和S师范学院则明确提出要办特色鲜明的综合性、教学型高校。Z师范学院办学目标定位和其他同类院校相比有些模糊，只是简单概括为综合性、应用型本科高校，可以归类于综合性教学型高校。L师范学院将办学目标定位为：位居全国同类院校前列的综合性大学。X师范学院属于省重点师范院校，办学目标被定位为教学研究型大学。总的来说，这几所高校都偏离了原有的师范专业特色，转而致力于发展综合性大学。[1]

---

[1] 曹丽君：《地方师范院校的办学定位研究》，学位论文，辽宁师范大学，2014年。

表2-5　　　　　　　地方本科高师院校办学目标情况分析

院校名称	办学目标
N	创新和科研能力较强，特色鲜明、综合水平较高的综合性大学
A	1. 解放思想、以人才培养为根本，实施质量立校、学科兴校、人才强校战略，加快实现"一个目标，两大跨越"的任务 2. 建设本科生和研究生相衔接，社会服务功能和科研能力都比较强，开放办学程度比较高的多科性、教学型大学
L	以科学发展观为指导，解放思想，开拓创新，深入实施"一工程五战略"，加快完成"两大新跨越"的任务，以建设一所教师教育和应用型人才为特色、综合实力和办学水平位居全国同类院校先进行列的综合性师范大学
Z	以"十二五"规划为契机，加快转型升级，建设成综合性、应用型本科高校
S	建设具有鲜明特色、招生规模较大，教学科研能力较强，学科上层次，教师教育和多学科协调发展的综合性教学型高校
X	增强特色，提升层次，建设具有鲜明的教师教育特色、多学科协调发展的教学研究性师范高校

2. 地方本科师范院校人才培养目标分析

基于样本科学性和可比性之考量，本书选取五所区域经济发展水平差异不大的地方师范院校作为样本分析对象。从表2-6可以看出，L和Z师范学院都将人才培养目标定位为培养应用型人才；N师范学院则将人才培养目标定位为培养创造性人才；S和A师范学院没有明确的人才培养目标定位，但依据其院校概况和办学相关资料分析发现，这两所师范院校人才培养目标可以概括为：培养适应社会发展需要之人才。

研究发现一：地方本科师范院校人才培养目标定位与其办学目标定位具有一定的相关性。例如，N师范学院在办学目标上致力于创办创新和科研能力都比较强，特色鲜明、综合水平较强的综合性大学；它在人才培养目标上致力于培养德才兼备、通专兼备的创造型人才。L师范学院在办学目标上致力于建设一所以教师教育和应用型人才为特色、综合实力和办学水平位居全国同类院校先进行列的综合性师范大学；它在人才培养目标上则明确提出要培养适应社会发展需要、德才兼备的应用型人才。

表2-6　　　　　地方本科高师院校人才培养目标分析

院校名称	人才培养目标
A	科研能力较强、全面发展的人才
N	德才兼备、通专兼备的创造型人才
L	适应社会发展需要、德才兼备的应用型人才
S	适应社会发展需要的人才
Z	适应社会发展需要的应用型人才

研究发现二：地方本科师范院校因受综合性大学办学定位之影响，造成教师教育专业弱化、特色缺失等状况。地方本科师范院校人才培养定位理应是为区域基础教育培养合格师资，但事实上却没有明确体现出为基础教育培养师资这一目标指向，而是回避了师范院校培养师范生这一人才培养之重点。

（二）地方本科师范院校人才培养模式分析

1. 白城师范学院

白城师范学院积极构建应用型人才培养新模式。落实"校地对接、校校携手、校企合作"工作任务，构建政、校、企一体，产教融合、协同育人的人才培养新模式。加强实验、实训、实习环节，同时建立实训实习质量保障机制。从偏重培养学术研究型人才体系向培养应用型人才体系转型；培养过程从重理论、轻实践、轻应用向理论教学、技能训练、实践教学一体化转型,① 实现人才培养规格与产业发展人才需求对接。

2. 南宁师范大学

南宁师范大学按照分类分层指导的原则,制定实施个性化的人才培养方案,创新人才培养模式,构建理论教学、实践教学和素质教育相结合的创新人才培养体系。构建产学研用协同育人新模式,与政府部门、行业企业协同育人,联合培养各类卓越人才。

3. 广西师范大学

广西师范大学以本科专业人才培养方案的修订为抓手,进行人才培养模式全面改革,构建发展性与多选择性的人才培养体系。通过强化应用型人才培养,大力推进职教师资人才培养,构建中职、高职、应用型本科直至专业硕士研究生教育的"上下贯通、左右融合"一体化培养的职业教育体系。同时积极探索中外合作办学"2+2"人才培养改革,拓展复合型人才培养,培养一专多能的人才,积极探索高等教育大众化背景下拔尖创新人才培养新途径,批准设立了"教师教育""科学教育"等六个优秀试验班。

4. 衡阳师范学院

衡阳师范学院师范专业人才培养模式围绕培养基础教育和中等职业教育师资专业化发展需求,强化"高师院校—地方政府—中小学校"三位一体的人才协同培养模式,进一步深入探索乡村基础教育教师培养模式,创新"卓越教师"和公费定向师范生培养模式。②

5. 洛阳师范学院

洛阳师范学院自 2007 年起,最早在河南省内进行卓越教师培养模式创新实验,实施"名师"带动战略,创立名师培育特区,培养基础教育领军人物和一流"名师",2009 年获批成为国家级人才培养

---

① 赵玉石、曲殿彬:《改革激活力 转型促发展》,《中国教育报》2015 年 5 月 13 日。
② 彭巧燕、贺方春:《转型发展背景下地方普通本科高校教师队伍建设》,《衡阳师范学院学报》2017 年第 6 期。

模式创新实验区。从 2013 年起，在实验区打造了"2 + 1 + 1 实验班"。2015 年启动"2 + X"人才培养模式改革与实践，将创新精神、素质教育和能力培养贯穿于人才培养全过程，① 对师范生进行个性化、定制化培养。2018 年，与《中国教师报》、中小学课改名校合作，举办"大地明师"研习班，旨在打通师范院校与中小学教育的最后一公里，培养一批明德之师、明白之师、明日之师，为基层用人单位培养毕业即能站稳讲台的课改型教师。洛阳师范学院通过深入开展卓越教师培养，带动师范专业整体培养质量大幅提升。

（三）教师教育专业学生专业选择动机调查

在关于"教师教育专业学生专业选择动机"情况的调查结果显示，有 35.7% 的学生因为"家庭经济因素"选择就读师范类专业，在所有选择动机中所占比重最高；有 30% 的学生因为"就业形势"所迫而选择相对稳定可靠的师范类专业；有 16.7% 的学生从自身"考试成绩因素"出发选择了录取分数相对较低的师范类专业；只有 15.3% 的学生是因为"热爱教师职业"而选择师范类专业的，其所占比重非常低（见图 2-2）。由此可见，在教师教育专业学生招生情况中，学生专业选择动机出现偏差，对教师教育专业的职业认同感及人才培养质量的提高具有较大的负面影响。外在客观因素已经远远超出内在专业或职业认同，成为学生选择师范类专业的最主要动机，及时解决基本的家庭经济困难、获取相对稳定可靠的职业、基于自身考试成绩的薄弱因素而选择从教，功利性的从教动机成为多数学生的客观选择。师范生的专业报考指导、入学选拔、过程式考核和综合素质评价等应该成为改革师范专业准入和准出的主要内容，防止学生专业选择动机出现偏差，在培养过程中应持续加强师范生职业身份的认同感和教育专业精神。

---

① 《一所地方师范院校的百年传奇——写在洛阳师范学院建校 100 周年》，《中国教育报》2016 年 10 月 12 日。

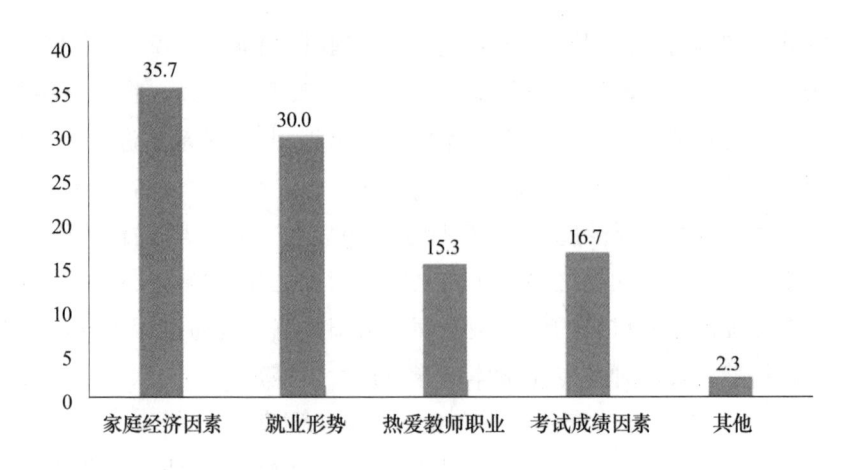

图2-2 教师教育专业学生专业选择动机情况（%）

家庭经济因素 35.7
就业形势 30.0
热爱教师职业 15.3
考试成绩因素 16.7
其他 2.3

（四）区域教师教育专业课程设置情况

1. 教师教育类课程情况分析

在关于教师教育专业学生课程学习情况的调查中，学生"感受、亲历学校教育实践"占比最高，达到82%，认为"具有正确的学生观"的占比为80%，说明在师范生眼中学生中心和教育实践是从教的最为关键的要点，也是成为教师的基本素质要求，必须成为各个师范院校重视提升的方面。而对"理解学生学习的特点""具有教育、支持学生的知识与能力""具有反思性的实践体验"的认同感不高，对自我及专业培养的教育能力和深度理解反思能力的自信心不足。另外，教育实践性课程的组织和呈现难以满足学生的高位需求，师范技能水平缺少实践课程的专业支撑。在教师教育类课程的学习中，"科学研究与论文的撰写能力"占比最低，仅为58%，说明地方本科高师院校在教师教育专业人才培养过程中，对于学生的科研能力重视程度不高（见图2-3）。

在对教师教育专业学生进行"教育教学类课程满意度"的调查中，有46%的学生对教师教育类课程的满意度选择"一般"，认为教师教育类课程"基本能够满足"教学实践需要的学生占36%，认为"完全能够满足"的学生仅占6%（见图2-4）。由此可见，教师教育专业学生对于教师教育类课程开设的满意度较低，反映出地方本科师范院校教师教育类课程与师范生的期待与需求一致性非常低，教师教育类课程与中小学教学实践联系不紧密，普遍呈现出学理性课程要求脱节于教育实践，对学生教学技能培养难以突出理论与实践的综合支撑作用。

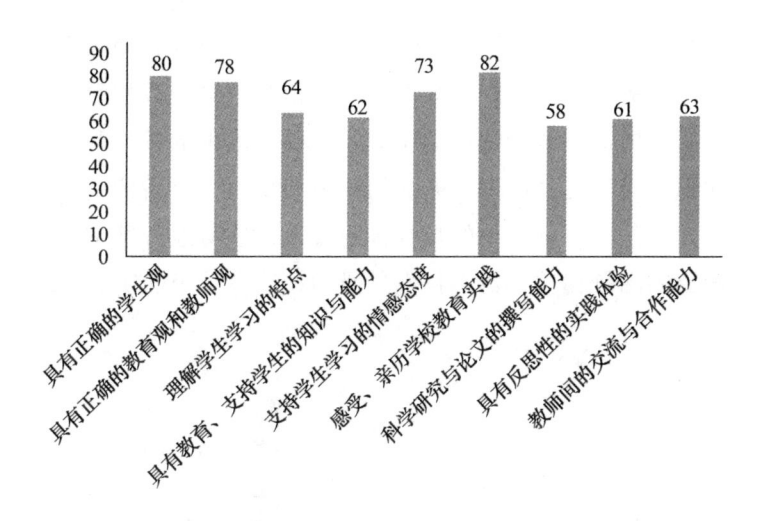

图2-3 教师教育专业学生教师教育类课程学习情况（%）

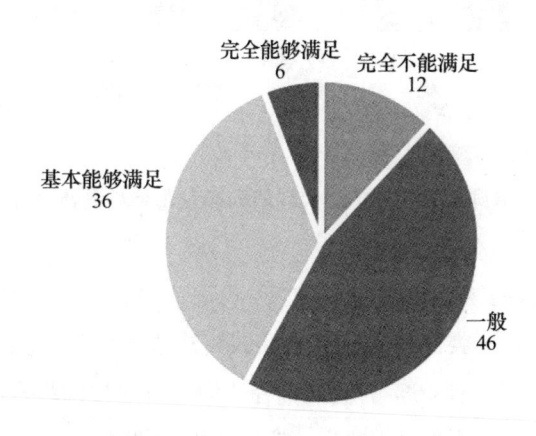

图2-4 教师教育专业学生关于教育教学类课程满意度调查（%）

在关于教师教育专业学生欠缺的教育类知识调查中发现，学生教育科研知识最为欠缺，占比37.39%；其次为心理学及教育管理知识，分别占比14.27%与13.06%；再次是教育实验和教育技术知识，分别占比12.36%和10.81%；而教育学及教材教法类知识则相对丰富（见图2-5）。由此可见，地方本科师范院校在课程设置中，普遍重视教育学基本知识和教材教法类知识，即与师范生教学技能形成直接相关的知识，轻视教育科研类知识和心理学及教育管理知识。师范生关于教育学的理论与实践性知识掌握得相对较好，教材教法知识也能够得到基本的训练，能够灵活应对。本科师范生的教育管理、技术和实验知识相对不足，心理学方面的知识欠缺，应有所侧重；而最应该作为重点的是本科师范生的教育科研知识，这与地方性本科师范院校普遍积留的问题相关，对本科生科研知识缺少系统的实践强化。

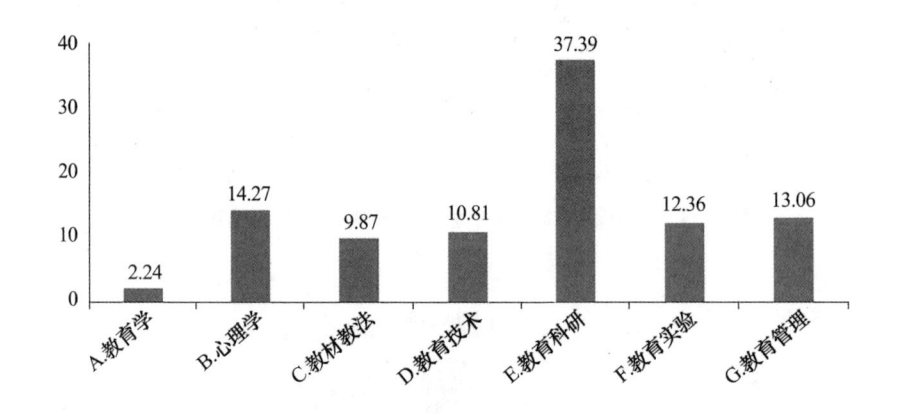

图2-5 教师教育专业学生欠缺的教育专业类知识调查（%）

2. 理论课程与实践课程开设情况

在关于教师教育类课程（除教育实践）中理论课程与实践课程开设情况的调查中发现，有46%的被调查者认为，目前教师教育课程设置中"理论课程太多，实践课程太少"；有34%的被调查者认为"理论与实践脱节"；仅有4%的人认为理论与实践课程"设置合理"（见图2-

6)。由此可见，在教师教育专业课程设置中，专业理论课程与实践课程失衡现象严重，理论占比较大，实践课程设置仍待强化。

	理论课程太多，实践课程太少	实践课程太多，理论课程太少	理论与实践脱节	一般	设置合理	其他
■系列1	46	2	34	13	4	1

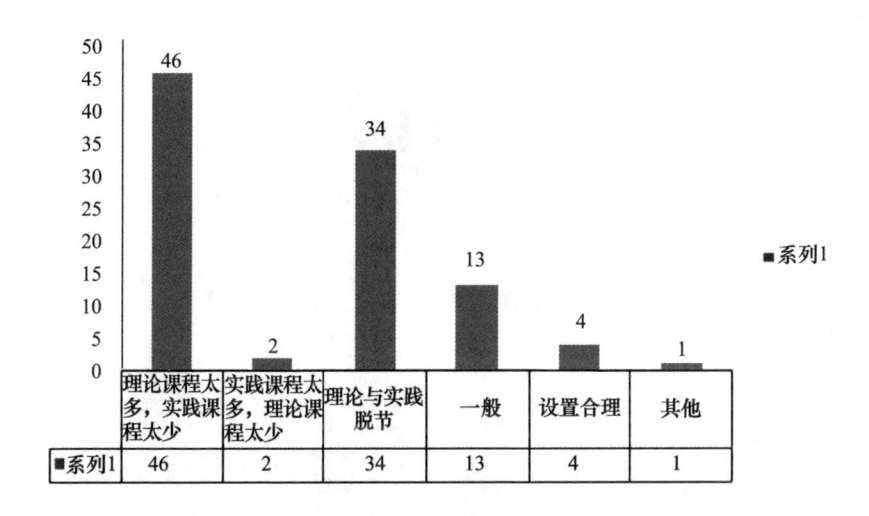

图 2-6 教育教学类课程（除教育实践）理论课程与实践课程比例（%）

3. 教育实践情况

在关于"学生教育实践参与度"的调查中发现，有39%的学生表示自己教育实践"参与程度较低"，有30%的学生选择"基本没参与"，表示"参与程度较高"的学生占比为25%，所占比重较低，更有6%的学生表示"没有参与"（见图2-7）。由此可见，学生参与教育实践的积极性不高，实际参与教育实践的机会也不多，对于教育实践课程满意度较低，教育实践课程设置内容与开展方式都有待改进。

关于"教育实践效果考核形式"的调查结果表明，有39%的学校采用"实习生互相考核"的形式进行实践考核，占比最高；其次，有36%的学校选择"录像视频形式考核"，而采用"指导老师专人考核"的学校仅为12%，占比最低（见图2-8）。由此可见，地方本科师范院校关于教育实践效果考核的随意性较强，教育实践质量缺乏完善的评价体系与制度保障。

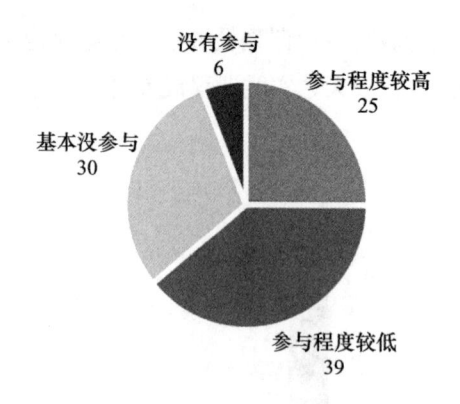

图2-7 教育实践学生参与度情况（%）

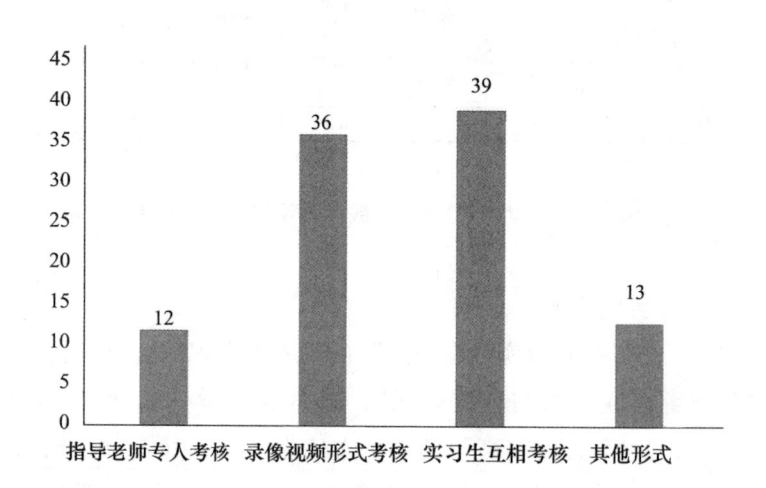

图2-8 教育实践效果考核形式（%）

4. 学科课程开设情况

在关于教师教育专业学生最欠缺的素养调查中，"学科前沿知识"占比最高，达到39.32%；其次是"学科核心和难点"，占比为19.22%；再次是"学科技能及操作"，占比为18.71%；而缺失学科基础知识的占比仅为2.48%（见图2-9）。调查结果表明，在教师教育专业教学中，注重基本知识的传授，对学科前沿知识关注度较低，对学科的核心内容把握不精准，对学生的技能实践操作能力培养效果较差。

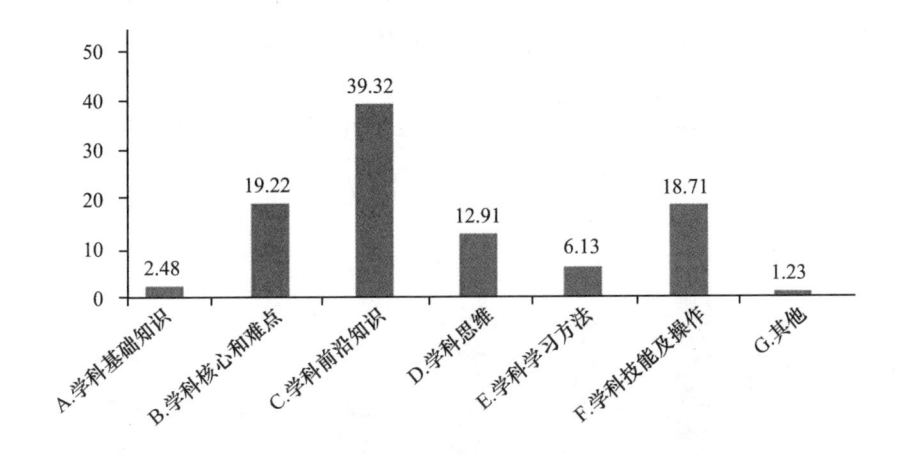

图中数据：
- A.学科基础知识：2.48
- B.学科核心和难点：19.22
- C.学科前沿知识：39.32
- D.学科思维：12.91
- E.学科学习方法：6.13
- F.学科技能及操作：18.71
- G.其他：1.23

图2-9 教师教育专业学生学科专业领域调查

（五）地方师范教育专业课程内容设置情况

1. 教师教育专业职业道德课程开设情况

在关于地方本科师范院校"教师职业道德培养状况"的调查结果显示，仅有12%的被调查者认为学校对于教师职业道德培养"很重

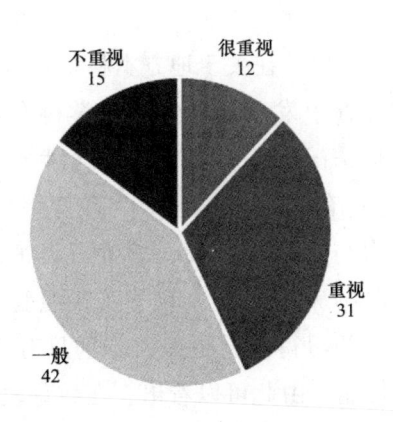

饼图数据：
- 很重视：12
- 重视：31
- 一般：42
- 不重视：15

图2-10 教师职业道德培养情况（%）

39

视";有42%的被调查者认为重视程度"一般";有15%的被调查者认为学校对于教师职业道德培养"不重视"(见图2-10)。从调查结果可以看出,目前在教师教育培养课程体系中,教师职业道德类课程较为缺失,并没有引起足够的重视。

2. 教师教育专业教学技能类课程开设情况

	学科专业知识	教育综合知识	教学能力与技巧	教学实践经验	学生管理和课堂管理	基础教育课程改革
系列1	78	72	67	54	52	57

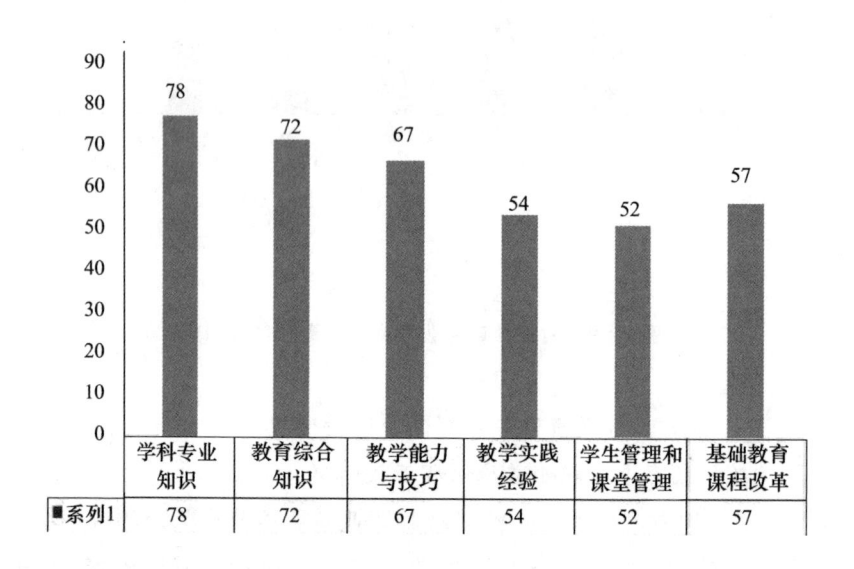

图2-11 教师教育专业学生教育教学能力总体状况调查(%)

由图2-11可以看出,在关于地方本科师范院校教师教育专业学生教育教学能力的调查中发现,学生的"学科专业知识"以及"教育综合知识"的掌握情况较好,有78%的学生认为自己已具备充足的"学科专业知识";有72%的学生对"教育综合知识"掌握较好。然而,在"教学能力与技巧"方面,学生习得情况稍差,表示习得此项技能的学生仅占67%,而在"教学实践经验"以及"学生管理和课堂管理"能力上的习得情况更差,分别只有54%以及52%的学生表示习得这两项技能。由此可以看出,在教育教学能力课程的相关训练中,教师实际教学能力和课堂管理能力训练较为薄弱,与学生的教育实践经验不足直接相关,反映出课程设置脱离教学实践需要。同时，由于"基础教育课程改革"相关知识掌握程度较低，导致实际教学内容脱离基础教育热点问题，与中小学教育改革实践联系较少。

在关于"教师教育专业学生教学技能训练方式"的调查中发现，通过"开展教育见习和实习实践活动"以及"开展师范技能比赛"的方式，进行教学技能练习的学生占比较高，分别为95%和93%；其次为"开设相关师范技能类课程"和"进行微格教学训练"，分别为87%与78%。在教师教育专业教学技能训练方式中占比最低的为"邀请资深教师进行指导"，仅为52%（见图2-12）。通过调查可以发现，目前关于教师教育专业教学技能训练方式较为丰富，但通过"组织实地教学观摩"以及"邀请资深教师进行指导"的教学技能训练方式依然较少，这也从侧面反映出，在教师教育专业教学技能考核中，地方师范院校教学技能课程大部分处于相对封闭的状态，与中小学联系不够紧密。

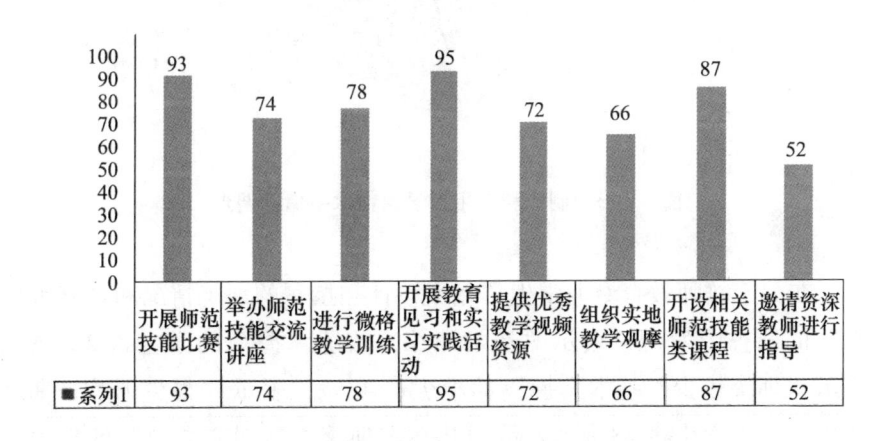

	开展师范技能比赛	举办师范技能交流讲座	进行微格教学训练	开展教育见习和实习实践活动	提供优秀教学视频资源	组织实地教学观摩	开设相关师范技能类课程	邀请资深教师进行指导
■系列1	93	74	78	95	72	66	87	52

图2-12 教师教育专业教学技能训练方式（%）

在关于教师教育专业学生"制作和使用教学课件水平"情况的调查中发现，表示"经常学习和使用网络资源，经常主动独立创作，使用和创作都熟练"的学生占比为15%；表示"学习和使用网络资源较多，能熟练使用，自己创作较少，熟练度一般"的学生占比为

36%；表示"以使用网络资源为主，自己基本没有创作，比较生疏，熟练程度一般"的学生占比为33%；表示"既不学习和使用网络资源，自己也不创作，熟练程度不清楚"的学生占比为16%（见图2-13）。由此可见，近半数教师教育专业学生"制作和使用教学课件水平"熟练程度不强。与当下教育对教师的多媒体应用能力需求不一致，学生新媒体素养亟须提升。

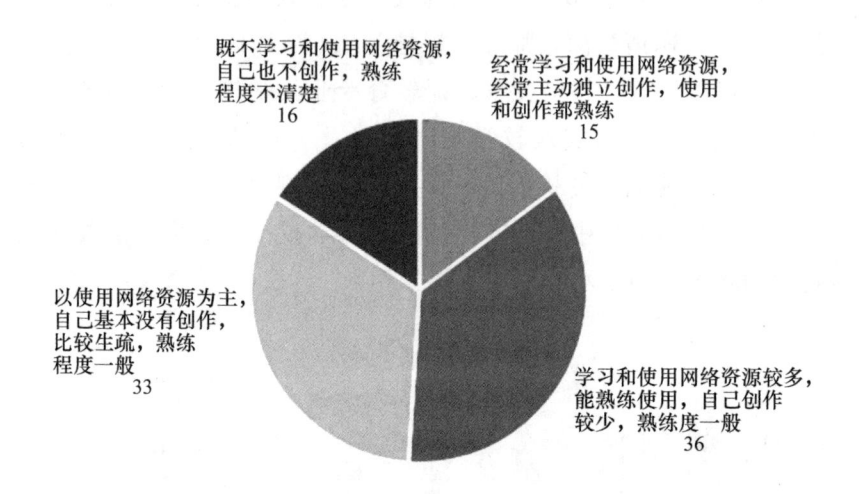

图2-13 制作和使用教学课件水平情况调查

在关于教师教育专业学生"教案设计和撰写的训练情况和现有水平"的调查中发现，表示"经常训练，熟练掌握"的学生占22%；表示"训练较少，基本掌握"的学生占43%；表示"很少训练，掌握较少"的学生占28%；表示"几乎不训练，掌握非常少"的学生占7%（见图2-14）。在教师教育专业课程设置中，地方本科师范院校"教案设计和撰写技能"属于必备技能，但各个院校在开设程度上的差距较为明显，教师教育专业学生"教案设计和撰写技能"训练频率较低，掌握程度不高。由此可见，地方本科师范院校开展的教师教学技能训练不足。

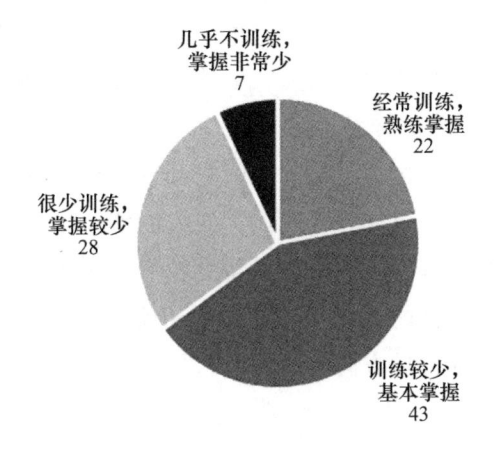

第二章 区域教师教育布局和发展现状调查分析

图 2-14 教案设计和撰写的训练情况调查（%）

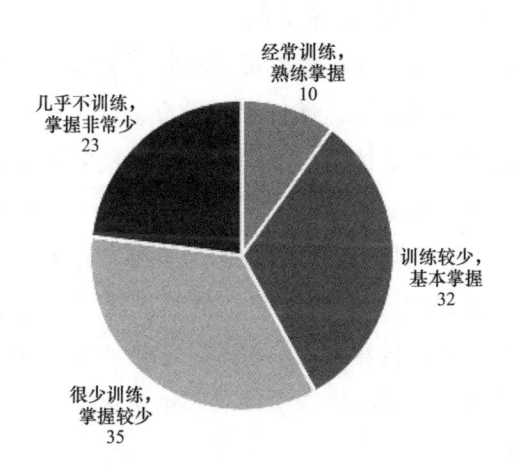

图 2-15 日常开展班队活动设计和管理模拟训练情况（%）

在关于教师教育专业学生"日常开展班队活动设计和管理模拟训练情况"的调查中，表示"经常训练，熟练掌握"的学生占比较低，仅为10%；表示"训练较少，基本掌握"的学生占比较高，达到32%；表示"很少训练，掌握较少"的学生占比最高，为35%；表示"几乎不训练，掌握非常少"的学生所占比重达到23%（见图2-15）。

43

由此可见，教师教育专业"日常开展班队活动设计和管理模拟训练情况"课程设置欠缺，开展频率较低，导致大部分学生班队活动设计及班级学生管理技能缺失。

综上所述，地方本科师范院校教师教育专业教学技能课程的开设形式较为丰富，打破了以往教育见习、实习的单一化状态，但在实际操作过程中，学生掌握程度不高，满意度较低，这从侧面反映出在课程开设过程中，教学技能类课程开设不足，且与中小学教育实践相互脱节，造成指导教师指导方向有所偏差，导致教师教育专业学生教学技能习得程度不深。

三　区域师德师风建设体系

（一）吉林省师德师风建设情况

吉林省着力构建师德师风建设长效机制。制定关于加强中小学师德师风建设工作的实施意见，逐步形成教育、宣传、考核、监督、奖惩相结合的师德建设政策体系，推进各地、各校完善师德师风建设实施方案。同时，建立师德师风个人自评、学生测评、教师互评、单位考评综合评价机制，把师德师风表现作为教师考评的首要指标，实行师德表现"一票否决制"。同时，将师德师风建设作为学校教育质量督导评估的重要内容，构建学校、教师、学生、家长和社会多方参与的师德师风监督体系。建立师德事件及舆情快速反应机制，及时纠正不良倾向和问题。①

（二）湖南省师德师风建设情况

湖南省坚持把师德师风建设摆在教师队伍建设的首位，出台了《关于加强师德师风建设的若干意见》，建立健全师德师风建设长效机制。

第一，建立师德师风责任机制。要求各级教育行政部门、各级各类学校建立师德师风建设责任制，切实加强对师德师风建设工作的领

---

① 《吉林教育事业发展十三五规划》，https://wenku.baidu。

导和监管。各级教育行政部门主要负责人是师德建设工作第一责任人，有关职责落实到具体的职能机构和人员。要求各地结合实际制定本地师德师风建设规划和实施方案，各级各类学校把师德建设贯穿于管理工作全过程，各部门各机构紧密配合，形成加强和推进师德建设的合力。同时建立师德建设问责制度。①

第二，建立师德教育培训机制。将师德教育纳入教师教育课程体系，师范生培养必须开设师德教育课程；新任教师岗前培训必须开设师德教育专题；在职教师培训必须把师德教育作为重要内容，记入培训学分。重视对教师的法治教育、心理健康教育和民族团结教育。创新师德教育内容、模式和方法，突出针对性和实效性。采取实践反思、师德典型案例评析、情景教学等丰富多样的师德教育形式，切实增强师德教育效果。②

第三，建立师德激励机制。各地各学校将师德表彰奖励纳入教师和教育工作者奖励范围。

第四，建立师德考核机制。严格师德考核，各级教育行政部门将师德考核作为教师年度考核的核心内容，各地制定师德考核办法，学校制定具体的实施细则。③

第五，建立师德监督和失德行为惩处机制。各级教育行政部门、各级各类学校建立健全师德年度评议制度、师德问题报告制度，以及师德状况定期调查分析制度和师德舆情快速反应制度，及时研究加强和改进师德建设的政策与措施。④

（三）福建省师德师风建设情况

福建省通过抓师德规范，明确师德底线和红线，并通过强化党建

---

① 《教育部关于建立健全中小学师德建设长效机制的意见》，http://www.worlduc.c。
② 《转发关于印发〈关于加强师德师风建设的若干意见〉的通知》，http://www.360doc.co。
③ 《转发关于印发〈关于加强师德师风建设的若干意见〉的通知》，http://www.360doc.co。
④ 《转发关于印发〈关于加强师德师风建设的若干意见〉的通知》，http://www.360doc.co。

引导，不断健全师德制度体系。

第一，健全师德规范。福建省先后出台《福建省中小学教师职业道德考核办法》《关于进一步加强中小学师德师风建设的意见》等文件，明确中小学师德 20 条禁令和高校师德"一票否决"10 种情形，强化师德规范刚性要求，规范教师从教行为。

第二，强化师德治理体系。福建省在每年召开的全省教育工作会、教师队伍建设年度会上，均将师德师风建设作为重要内容进行部署，并视阶段工作重点开展针对性的师德师风专项督查。

第三，着力构建师德教育完整体系，坚持将师德教育贯穿于教师职前培养、职后培训全过程。

第四，建立师德激励与考核机制。健全教师表彰制度，发掘师德典型，加大师德失范查处力度，强力推进师德师风建设。

（四）河南省师德师风建设情况

近年来，河南省深化师德师风综合治理，推动师德建设工作常态化、长效化。2017 年河南省教育厅印发《关于全面加强中小学师德师风建设的通知》，加强师德师风建设，提升教师思想政治素质。

首先，建立教师师德师风培训制度。加强教师队伍师德教育，把理想信念、职业道德、法治教育、心理健康教育等融入教师培养、培训和管理工作中，形成教师思想政治教育长效机制。

其次，完善教师信用体系。建立健全师德状况定期调研和评议制度，完善师德考核和监督机制，将师德师风作为教师评价的第一标准，把师德表现作为教师资格定期注册、业绩考核、职称评审、岗位聘用、评优奖励的核心要求，[①] 建立师德档案制度，实行师德考核一票否决制。坚持严格制度规定和日常教育督导相结合。完善学生、家长和社会参与的师德监督机制。逐步推动师德建设常态化、制度化、长效化。

---

① 荀渊：《新时代基础教育教师队伍建设的目标、内容与路径——基于〈中国教育现代化 2035〉教师队伍建设内容的分析》，《教师教育研究》2019 年第 2 期。

再次，强化师德问责机制。完善师德舆情快速反应和重大问题报告、惩处机制，建立师德失范曝光平台和定期通报制度。

最后，强化师德宣传教育。深入开展师德师风先进学校评选活动，提炼和宣传优秀教师的先进事迹，通过组织开展向舍己救人的乡村女教师——"全国优秀教师"李芳、扎根偏僻山村的乡村教师"时代楷模"张玉滚学习活动等，积极塑造教师良好社会形象，营造浓厚的尊师重教氛围。

第二节　区域教师教育满意度现状的调查分析

本次区域教师教育满意度调查借鉴了顾客满意度测量理论和模型，教师教育专业学生调查内容包括总体满意度、教育质量、教育实践、教育公平和教育期望五个维度；教师教育专业教师调查内容包括总体满意度、学校管理、政府保障和教育期望四个维度；聘用学校调查内容包括聘用学校满意、聘用学校忠诚、质量感知和聘用学校期望四个维度，数据结果采用百分制呈现。

一　教师教育专业学生对区域教师教育满意度调查

（一）教师教育专业学生满意度总体情况

教师教育专业学生教育期望指数最高，为67.1分；其次为教师教育总体满意度，指数为66.5分；再次为教育公平指数，为64.2分；而教育质量指数与教育实践指数满意度较低，分别为61.2分和61分（见图2-16）。调查结果显示，教师教育专业学生对于教师教育专业期望较高，对于教师教育质量，尤其是教育实践质量满意度较低。

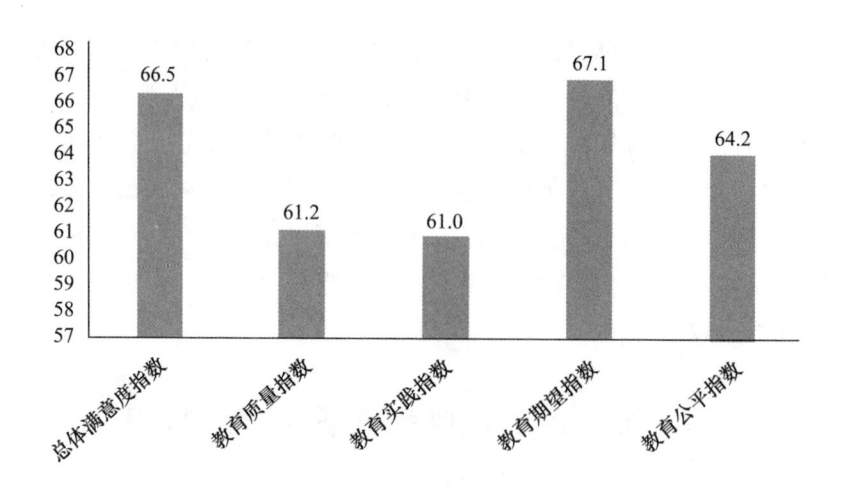

图 2－16　教师教育专业学生满意度总体情况（分）

（二）教师教育专业学生满意度区域差异情况

教师教育专业学生满意度指数整体呈现出"东高西低"，呈现出东部、中部和西部地区依次下降的趋势。东部地区满意度指数（69.1分）比西部地区（65分）高4.1分。教育公平指数，西部地区得分明显偏低，为62分，与东部地区67.5分差5.5分。教育质量指数东部地区（63.2分）与西部地区（58分）差5.2分；教育实践指数，东部地区平均为61.8分，与西部地区56分差5.8分，差距较为明显（见图2－17）。

（三）教师教育专业学生满意度群体差异情况

本次调查的教师教育专业学生，家庭居住地占比依次是村（35%）、城区（27%）、乡镇（23%）和县城（15%）。统计结果显示，学生满意度指数从城区到县城、乡镇和村呈阶梯下降趋势，并在满意度、教育公平、教育质量、教育实践、教育期望五个维度上趋势一致（见图2－18），来自城区的学生满意度指数明显高于来自乡村的学生。

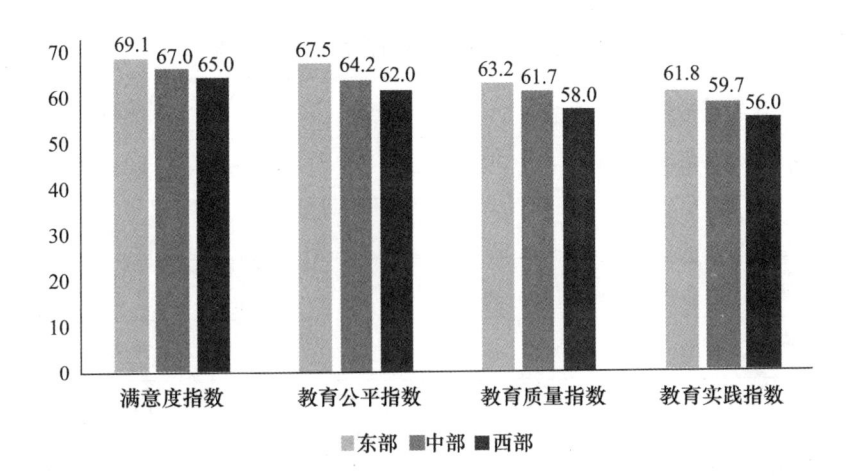

第二章 区域教师教育布局和发展现状调查分析

图 2-17 教师教育专业学生满意度区域差异情况（分）

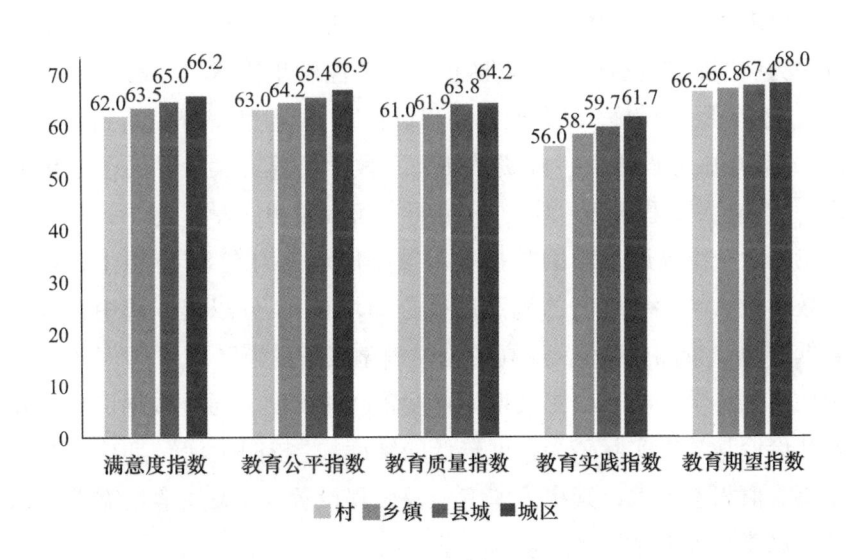

图 2-18 教师教育专业学生满意度群体差异情况（分）

（四）教育教学专业学生对教学的满意度情况

关于教师教育专业学生对教学满意度的调查，主要从教学培养方案、专业及课程设置、师资队伍、教学服务设施、校园生活和关注学生需求六个维度进行统计分析（具体结果如表 2-7 所示）。

表2-7　　教育教学专业学生对教学满意度总体情况　　　　　　（分）

维度	重要性	满意度
教学培养方案	88.2	76.8
专业及课程设置	87.4	73.6
师资队伍	91.2	79.2
教学服务设施	87.6	79.6
校园生活	92.0	68.0
关注学生需求	89.4	75.6

由表2-7统计结果可知，六个维度的重要性得分由高到低排列顺序为："校园生活""师资队伍""关注学生需求""教学培养方案""教学服务设施""专业及课程设置"；满意度得分由高到低依次为："教学服务设施""师资队伍""教学培养方案""关注学生需求""专业及课程设置""校园生活"。可以看出，学生对于评价教学质量的六个维度所得出的数据显示重要性得分均在86分以上，在评价教学质量的六个维度的满意度得分却均在68分以上，其中评价值最低的为"校园生活"，较高的为"教学服务设施"与"师资队伍"。由此可见，学生心目中主观期望程度较高的维度，通过数据的分析发现却恰恰是学生实际感受程度较低的维度。"校园生活"期望值与实际感受值相差最大，其次为"专业及课程设置""关注学生需求"以及"教学培养方案"。

为了更加清楚地了解教师教育专业学生教学满意度各项具体情况，我们对教师教育专业学生教学满意度各项统计结果进行排序分析，具体数据如表2-8所示。

表2-8　　　　　教师教育专业学生教学各项满意度排序　　　　　（分）

题项	平均得分
图书馆书籍丰富	84.6
校园环境优美并有助于学习	81.2
有获取图书馆资源的电子途径	80.2
教师课堂教学态度	79.8
教师的专业水平和专业能力	79.8
教师遵守学校教学基本规章制度	79.2
授课教师的教学效果	79.0
教师所采用的教学方法和手段	78.2
能及时获得校园活动信息	77.8
学校教职工亲切友善	77.8
学校制定严格的教学管理制度	77.2
辅导员容易亲近	77.2
选用符合实际需求的课本和教材内容	76.4
安排丰富的选修课程	76.0
安排合理的必修课程	76.0
学校制定合理的师范生培养方案	75.8
学校组织的社会实践活动形式多样化	75.8
师生之间互动和反馈流畅	75.6
提供勤工助学岗位	75.0
了解自己所学专业的现状及发展前景	74.2
学校提供安全的学习环境	74.0
师范生在本科期间的学习感受	74.0
专业课程的结构设置	74.0

续表

题项	平均得分
学校行政管理人员能及时有效地服务	73.6
制定公平合理的学生奖惩制度	73.4
所学专业与就业紧密联系	72.8
小学期中开展的多姿多彩的活动	71.6
开放各级各类精品课程的网络资源	71.2
学校医疗条件和服务令人满意	66.0
学校食堂餐饮卫生干净	66.0
宿舍环境舒适、整洁	65.6

从各项的平均分来看，大多数项目的平均分在70分和80分之间。满意程度最高的为对图书馆书籍丰富的评价，在前8项中，平均分超过80分的有三项，其中有4项都涉及了师资队伍，这就表明教师在本科教学工作中尽心尽力，所采用的教学方式与方法得到了学生的一致好评。满意程度较低的为宿舍的环境、食堂的卫生和医疗条件。这些全部是"校园生活"，期望值越是高的，实际感受值却较低，这就表明学校需要对学生的生活给予更多的关心。在满意程度排在前十位的项目中，对"师资队伍"的满意程度较高，这也说明教师教育专业师资队伍的建设与管理水平较高。另外，在"选用符合实际需求的课本和教材内容""安排丰富的选修课程"和"安排合理的必修课程""学校制定合理的师范生培养方案"以及"专业课程的结构设置"等方面，满意度普遍较低，尤其是"专业课程的结构设置"满意度平均分仅为74分。统计结果表明，教师教育专业课程体系总体满意度较低，仍需改进。

（五）教师教育专业学生理论课与实践课满意度状况

调研发现，专业课见习、实习、微格教学、教学技能实训等与专业学习相关的实践类课程指标得分普遍较低，比总体满意度略低。专业理论课有关指标得分虽略高于总体满意度,但明显高于专业实践课有关指标(见图2-19)。由此可见,在教师教育体系中,教师教育专业学生实践类课程满意度低于理论课程满意度,且在多个评价维度中处于最低水平。

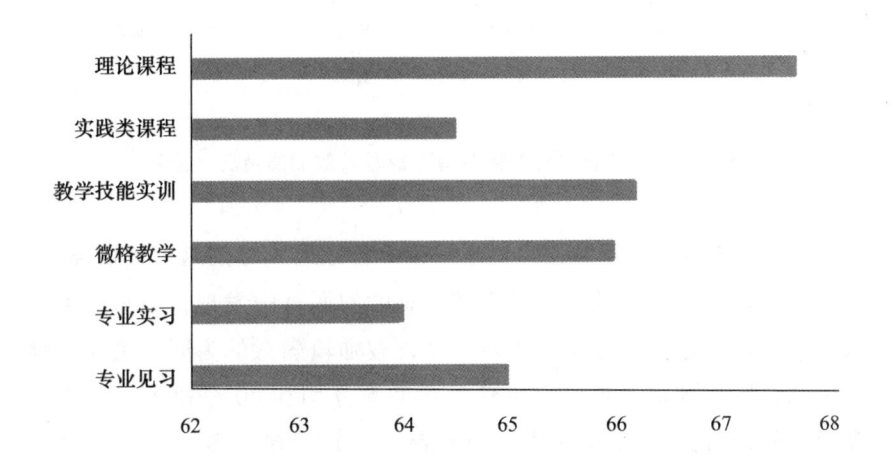

图2-19 教师教育专业学生理论课与实践课程满意度情况(分)

二 教师教育专业教师对区域教师教育效能感调查

通过调查发现,教师教育专业教师总体效能感指数为62.4分,处于基本满意水平,总体效能感指数较低。

(一)教师教育专业教师效能感总体情况

数据显示(见图2-20),教师教育专业教师效能感呈现出"东高西低"的走势,中部地区处于中游水平。东部地区在四个测评维度的平均指数都是最高的,西部地区的指数都是最低的,不同区域教师教育专业教师专业效能感处于中等水平。从各维度来看,学校管理维度差异最大,东西地区差为11分;政府保障次之,东西地区差为9分。

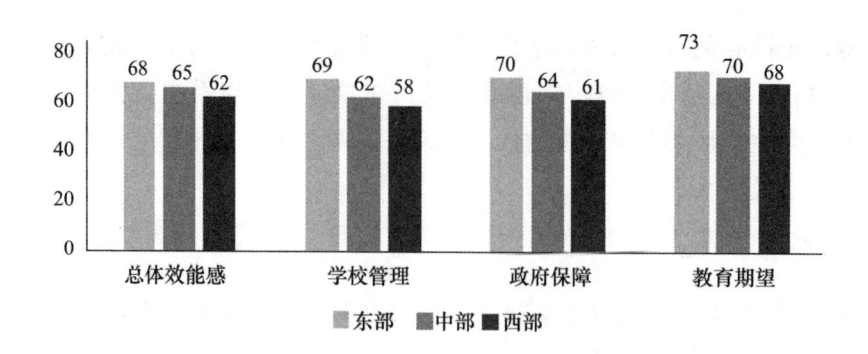

图 2-20 不同区域教师教育专业教师效能感情况（分）

（二）教师教育专业教师对学校指标与政府指标的满意度情况

从教师教育专业教师学校管理满意度的调查中发现，教师对于学校管理总体满意度处于基本满意水平，教师较满意的为同事关系、师生关系、职称评审及校风学风建设，平均分均在 70 分以上，目前教师对于经济待遇满意度以及教师教育专业建设满意度较低，分别为 61 分和 62 分，而对于教学工作量安排满意度最低，仅为 59 分（见图 2-21）。

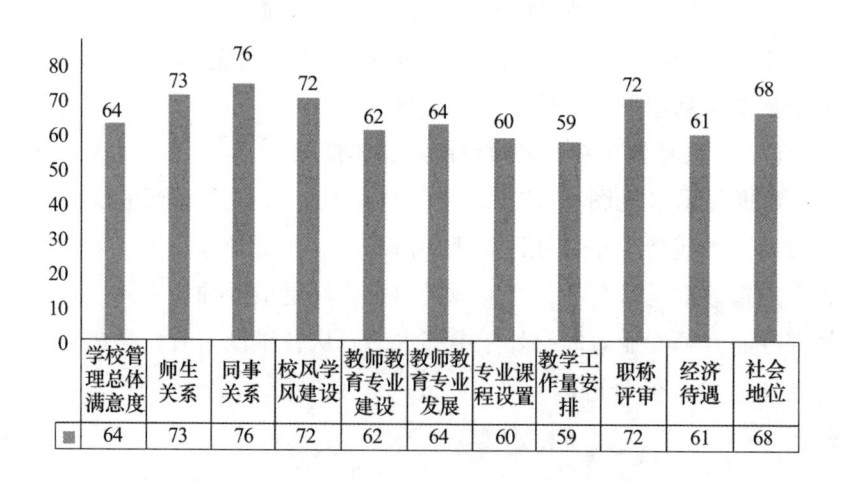

图 2-21 教师教育专业教师学校管理满意度调查（分）

在关于教师对教师教育专业发展政府保障满意度的调查中,被调查者对于政府保障的满意度较低,仅有12%的被调查者对于政府保障表示"非常满意",有37%的被调查者表示"基本满意",且占比最高。此外有26%的被调查者表示"不太满意"。可见,教师教育专业教师对于教师教育学校管理满意度高于政府保障满意度。在后续更深层次的访谈中发现了教师不满的具体内容,其中教师对于缺乏参与政策制定的机会和承担过多的安全责任较为不满。

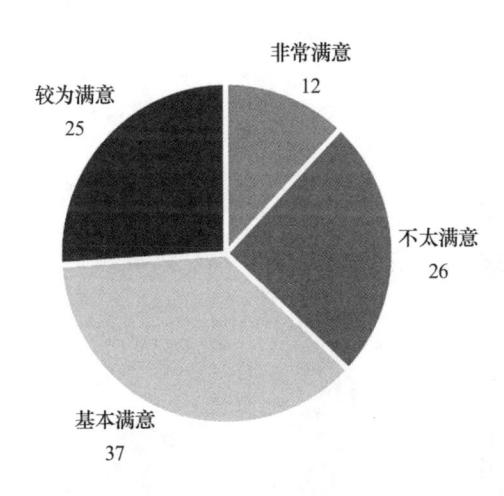

图2-22 教师教育专业教师政府保障满意度调查(%)

由以上调查结果可知,教师教育专业教师对于教师教育学校管理满意度高于政府保障满意度。

(三)不同教师群体效能感调查

在本次调查的教师样本中,专业课、公共课、实习指导课教师占比分别为57%、34%、9%。公共课任课教师效能感指数最低,实习指导教师效能感指数次之,专业课教师效能感指数较高。由此可见,教师教育专业公共课设置有待调整,教育实习实践方式有待改进。

同时,教师效能感指数表现出职称级别间的差异。正高级职称的教师各项指数均为最高,其次是未评职称的教师。中级职称教师效能感指数最低，且这部分教师是本次调查中样本占比最高的群体。[①]

三 聘用学校对教师教育质量满意度情况

毕业生是最重要的教育"产品"，用人单位对教师教育专业毕业生的满意度是评判地方师范院校教师教育质量的重要视角。

本次调查结果显示，聘用学校对教师教育专业毕业生满意度指数为53.4分，聘用学校忠诚指数、质量感知指数和聘用学校期望指数分别为52.4分、50.1分和52分，质量感知指数最低，总体上处于"不太满意"状态（见图2-23）。

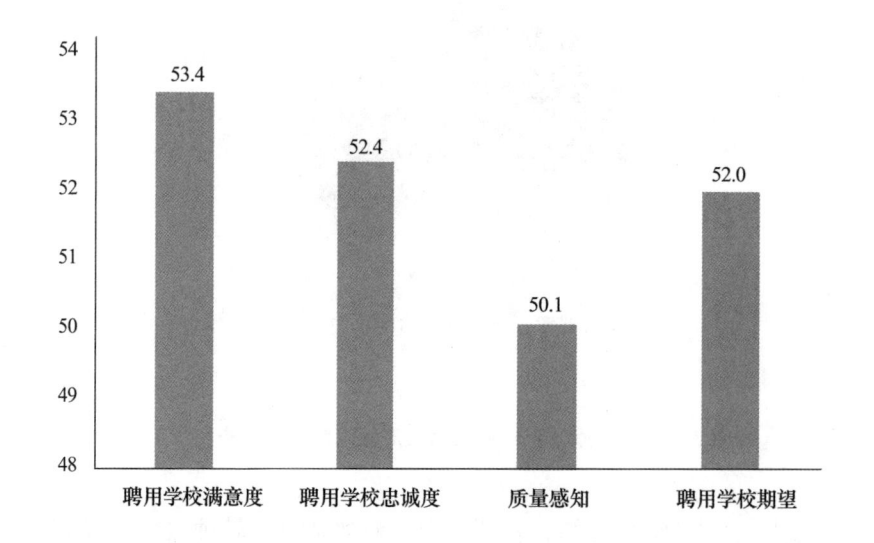

图2-23 聘用学校对教师教育质量满意度总体情况（分）

教师教育专业教师在认真负责、吃苦耐劳方面的表现得分最高，在入职后适应学校规章制度等方面的得分也相对较高，说明地方师范院校在立德树人的教育工作方面是卓有成效的。聘用学校对教师教育专业教师职业道德发展总体上是满意的。但是，在教师教育专业教师

---

① 孙诚：《全国中等职业教育满意度调查报告》，《中国教育报》2017年5月16日。

职业道德发展中,"爱岗敬业"得分相对较低。

另外,在关于聘用学校对于教师教育专业教师满意度具体情况的调查中发现,教师教育专业教师在专业知识方面得分较高,但在班级管理、教学专业技能等方面得分偏低,聘用学校对教师教育专业教师的教育实践能力满意度相对较低(见图2-24)。由此可见,地方师范院校的教师注重个人理论素养的提升,轻视教学实践技能培养,这应该与学校本身的教师评价体系和课程设置直接相关。

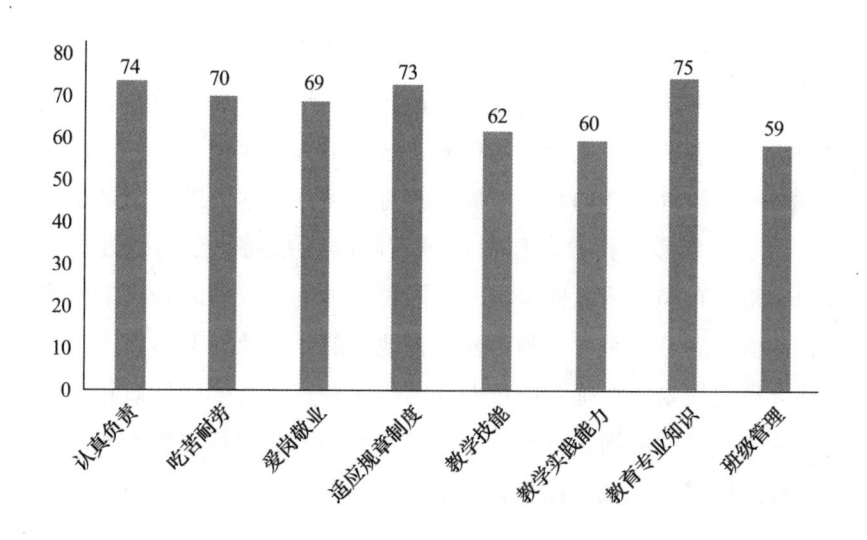

图2-24 聘用学校对教师教育质量满意度具体情况(分)

项目	得分
认真负责	74
吃苦耐劳	70
爱岗敬业	69
适应规章制度	73
教学技能	62
教学实践能力	60
教育专业知识	75
班级管理	59

第三节 区域教师教育发展面临的问题及挑战

我国颁布实施的《关于全面深化新时代教师队伍建设改革的意见》和《教师教育振兴行动计划(2018—2022年)》,从国家战略与教师使命的高度对教师教育进行了顶层设计与谋划,为优先发展教师教育提供了强大的国家战略支撑。目前从不同区域师范院校发展现状来看,就如何贯彻落实《关于全面深化新时代教师队伍建设改革的意见》和《教师教育振兴行动计划(2018—2022年)》的政策方案,目前仍然缺乏顶层设计的宏观指导和落地实施的执行措施,区域教师教育的发展仍面临诸多问题与挑战。

一 区域教师教育缺乏合理规划和布局

20世纪90年代以来,我国师范院校已着手进行布局结构调整且不断加大力度。然而,在调研中发现,新时代背景下国家对各级各类教师的数量需求与质量需求发生了巨大变化,多个省份现行的师范院校的层次结构与布局结构表现出突出的不适应性,如我国师范院校布局结构呈现出明显的地区差异,中西部省份的师范院校层次结构的低重心状况并未从根本上得到改善,这与新时代培养高素质专业化创新型师资的需求不相适应。究其根源,这种不适应性是因为"不同地区经济发展与教育发展的水平不同,其对教师可能达到的学历要求存在差异"[1],省级教育行政部门对区域教师教育布局缺乏前瞻性的合理规划和整体布局。从纵向来讲,不同层次师范院校缺乏合理的层次结构,从横向的空间来看,师范院校在地区的分布及专业布点上也缺乏科学合理的规划,对师范院校布局结构的调整缺乏明确的政策规范和可供依凭的科学准则,导致部分省份现有师范院校从层次和布局上都未能较好地满足区域基础教育改革发展的需求。

二 区域教师教育培养层次单一

人才培养层次是学校对所培养的人才质量与类型的基本设想。教师教育专业人才培养层次决定了教师教育专业师资培养计划、课程设置、教学内容的组织与实施,是影响学校教师教育发展质量的重要因素。通过梳理国际教师教育的发展脉络发现,教师教育培养层次经历了由大专到本科再到硕士研究生的转型。从我国现实发展来看,目前,我国基础教育发展呈现出不同的层次结构,因而对于

---

[1] 张乐天:《我国师范院校布局结构调整相关问题的探讨》,《高等师范教育研究》2001年第6期。

教师的需求也具有不同的层次结构，东部与中西部地区之间，农村与城市之间，甚至同一城市不同学校之间都存在一定的差异。因此，社会对教师的需求不仅是数量上的满足，而且是对教师高素质与高质量的要求。

但从我国教师教育发展的现实来看，在教师教育人才培养层次上，地方本科师范院校主要承担本科层次教师的培养任务，教师教育人才培养层次的单一化已不能满足基础教育对高层次人才的需求。尤其是区域之间社会经济文化发展的失衡状况，也对我国基础教育师资培养提出了多元化的要求。

三 区域地方本科师范院校教师教育地位弱化

目前，地方本科师范院校教师教育专业存在两种办学形式：一种为在学校单独设立教师教育院系，另一种为将师范专业分散于各个院系之中，成为学校若干二级教学机构之一，重要性降低，重视程度下降。调研发现，各师范院校师范生比例正在下降。一是师范院校在师范生招生与培养中的主体地位下降了，调查显示，就师范院校内部而言，大多数师范院校师范生的招生数在招生总数中所占比例为20%—40%，师范专业占比则更低。二是师范生的生源质量整体偏低，师范生招生中男女比例失调现象较为明显。据调查，师范院校中男生比例仅占30%左右。

根据不完全统计，各地方师范院校的非师范专业占学校全部专业的比例已经达到60%—70%，非师范专业在校学生也已经超过50%。还有一些地方本科师范院校的定位为研究型大学，但地方本科师范院校无论是发展经费、师资队伍、实验场地建设、图书文献资料等都极为有限，于是往往从原有师范专业中调取人才等资源去办非师范专业，从而逐渐淡化原有的师范特色。还有一些地方本科师范院校是由新筹建的职业院校或专科学校通过合并升格而来，无论在硬软件条件、管理水平、服务能力等方面还存在很大的差距。在这种条件下，盲目发展非师范专业对于学校本身往往适得其反。

四 区域教师教育资源配置失衡

（一）不同区域之间，教师教育资源分布不均

通过调查发现，地方本科师范院校由于地理位置和经济发展水平等因素的制约，无论是区域布局、教学硬件设施、人才培养质量，还是在师资队伍建设的资金投入等方面都与东部沿海地区无法相提并论，整体上呈现出"东高、西低、中间一般"的状况。同时，不同区域师范大学与地方本科师范院校之间也存在较大差异。

（二）现有教师教育政策制约了地方本科师范院校的发展空间

《教师教育振兴行动计划（2018—2022年）》明确要求：进一步支持高水平综合性大学开展教师教育，构建公平的教师教育发展和竞争平台，为综合性大学举办教师教育提供良好的政策环境，从国家层面上进一步完善教育法、高等教育法和教师法，加强教师的专业性建设要求。这些举措对我国教师教育专业化发展进程起到了某种程度的推动作用。但是，在此环境下，高校扩招打乱了传统的师范生培养体系，打乱了原有的省域内各级各类学校分类培养师范生的体系，造成地方师范院校师范特色弱化。地方本科师范院校受制于办学条件及办学水平等，教师教育发展空间进一步收缩，造成地方本科师范院校教师教育弱化。正如广西师范大学所反映的那样，在高校建设发展中学校的专业多、涵盖学科门类多、范围广，导致专业建设的优势、特色凸显不够。

本章小结

随着社会的不断发展与进步，人们对高等教育的需求越来越高，并呈现出多样化、多元化、高层次化的发展趋势。我国一流综合性大学以主体身份参与教师教育，既遵循一流综合性大学办学的社会需求逻辑，也顺应了教师教育卓越化与国家化的发展趋势。在我国教师教育体系日益多元、开放的时期，一流综合性大学参与教师教育既为我国教师教育提供了新的发展机遇,也为地方本科师范院校的发展带来崭新的挑战。通过实地调研,进一步分析区域教师教育体系与区域教师教育满意度现状,发现我国地方本科师范院校区域教师教育发展具有明显的区别,不同区域地方本科师范院校教师教育发展面临的困境主要表现在以下几个方面:第一,区域教师教育缺乏合理规划和布局;第二,区域教师教育培养层次单一;第三,区域教师教育地位弱化;第四,区域教师教育资源配置失衡等。然而,地方本科师范院校作为教师教育培养的主要阵地,承担培养基础教育师资力量与水平的重任,对于教师教育的发展具有特殊的功能与意义,不同区域地方本科师范院校如何在困境之中寻求突破、发展与创新,对于提高区域教师教育质量具有重大意义。

第三章 地方本科师范院校的改革发展实践

近年来，我国教师教育规模显著扩大，教师教育投入不断增加，办学条件极大改善，教师教育体系逐步完善。在区域间教师教育发展失衡问题突出的同时，部分地方本科师范院校开始调整学校发展目标定位，深入分析学校发展所存在的主要问题，根据学校现有发展基础和优势纷纷推动改革实践，形成了一些宝贵的经验。

第一节 地方本科师范院校发展现状调查

在新时代背景下，地方本科师范院校面临着教师教育专业化、基础教育课程改革、教师自身学科水平和职业技能"双薄弱"等方面的挑战。地方本科师范院校虽然经历了高等教育分类发展和分层治理、大众化、师范教育结构调整及教师教育体系开放化等改革，但在学校定位、人才培养、科学研究、服务社会等方面仍然存在着一些突出问题。

一 新时代背景下地方本科师范院校面临的挑战

（一）教师专业化的竞争压力

教育部在我国教师教育改革发展的总体目标中对发展教师专业化提出了具体措施和设想，即"建立和完善适应社会主义需要的现代教师教育制度。建立教师教育标准体系，形成教师教育监管制度；教师教育全面纳入高等教育系统，构建以师范院校和其他举办教师教育的高校为主体的高水平的大学为先导，专科、本科和研究生三个层次协调发展的现代教师教育体系"[①]。在此背景下，国家重点发展教师教育事业，进一步加强教师教育专业标准的实施和完善，提升教师教育的法治建设水平。《教师教育振兴行动计划（2018—2022年）》明确提出落实师德教育新要求，增强师德教育实效性；提升培养规格层次，夯实国民教育保障基础；改善教师资源供给，促进教育公平发展；创新教师教育模式，培养未来卓越教师；发挥师范院校主体作用，加强教师教育体系建设，提升教师教育人才培养的专业性，推动教师教育专业化发展。目前，除了师范院校之外，很多综合性大学也陆续设立了教育学院或师范学院，大力推动我国教师教育专业化发展的进程，但也给地方本科师范院校带来了较大的竞争压力。

（二）基础教育改革的冲击

基础教育改革以基础教育课程改革为核心，兼之小升初、中考和高考改革的发展，在基础教育人才培养的课程功能、结构、内容、实施管理和评价等方面都进行了较为深刻的改革创新，高等师范教育需要适应这样的变化，不断提升教师教育的改革水平。基础教育课程改革的主要实施主体是一线教师，根据改革要求，教师角色面临着深刻变化，教师由单一的知识传授者，转变为学生学习的引导者、组织者、参与者和协调者。变革传统的教与学的教学手段和方式，开展互动合作式教学，教学也变成师生共同进行课程生成的过程，课程资源和内容要求丰富多彩，且具有明确的育人性。新课程改革要求培养学生综合素质和能力，课程类型和形态也发生了较大变化，如开设综合课程、选修课程、实践活动课程等，课程内容和教学形式的整合性较强，需要教师具备综合应用和开发创新的意识和能力。"这就要求教师必须完善自己的知识结构，不仅要有扎实的专业知识，还要有广博

[①] 张棣:《教育部师范教育司司长管培俊在全国非师范院校教师教育工作研讨会上提出——教师教育改革发展的总体目标》，《山西教育》2004年第1期。

的知识面，要学会与人合作、沟通。此外，随着新课程的综合性和弹性的加大，要求教师具备课程开发的能力和创新精神，要求教师对教学内容进行有效的开发和设计，创造最佳的教学情境，促进学生的综合发展。"[①] 基础教育改革的发展要求推动了高等师范教育的适应性变革，而现行师范院校教师教育仍存在诸多不适应之处。

（三）地方本科师范院校科研和教育教学能力薄弱的现状

目前，地方本科师范院校学科发展整体水平不高，教师科研能力相对薄弱，学生研究意识和研究能力普遍不足。地方本科师范院校的人才培养模式依然以传统教育思维为主导，课程设置主要以传统的学科专业课程、教师教育理论课程、教育教学技能课程三大模块为主，且学科类教师教育相对弱化教师教育理论的学习和训练，学科专业教法教师匮乏，学生实习、见习、创新实践的安排不规范和指导水平欠缺。学生在校学习四年，其中的学科专业课程学习时间约为三年，比综合大学少一年。地方师范高等专科学校在升为本科的转型期内，教师的教育理念更新不够及时，"传统的注入式教学法仍然在课堂上占据着主导地位，教学过程重传承，轻创新"[②]，学生学习满意度较低。另外，学校急功近利的发展需求和评价导向，导致教师较为重视科研，忽视教研，科研水平难以支撑教研发展需要，学生培养的效果难以有效达到目标要求。地方本科师范院校与地方政治、经济、文化有着千丝万缕的联系，具有显著的地方特色，诸如，"政府支持力度不够，办学条件较差，学科建设滞后，学科发展远远落后于同层次的综合高校"[③]。这些在某种程度上可视为地方本科师范院校科研和教育教学能力薄弱之主要成因所在。

---

① 叶曙光：《地方本科师范院校教师教育的现状及对策分析》，《教育探索》2008年第7期。
② 叶曙光：《地方本科师范院校教师教育的现状及对策分析》，《教育探索》2008年第7期。
③ 叶曙光：《地方本科师范院校教师教育的现状及对策分析》，《教育探索》2008年第7期。

二 地方本科师范院校发展中自身存在的主要问题

地方本科师范院校在发展过程中主要存在办学定位不准、办学目标功利化、非师范教育专业逐渐挤压教师教育发展空间、师范生人才培养相对脱节于基础教育、优质生源量不足、毕业生就业困难等问题，加上传统教师教育专业固有的弊端，极大地限制了教师教育的高质量全面发展。

（一）办学定位缺乏精准化和实效性

地方本科师范院校教师教育特色是学校发展的主业，调查中发现，多数院校对自身发展现状认识不清晰，且存在偏差，在办学定位上盲目追求高大全，功利化办学定位倾向严重，高校办学同质化现象较为突出，定位模糊，不能有效明确办学的基本目标。另外，对地方性和应用型的院校属性认识不足，人才培养重点脱离办学目标，与行业、企业、学校联系不够，合作办学、开放办学水平较低，且难以有效满足基础教育的实际需求。地方本科师范院校在办学定位上缺少对教师教育优良传统的继承与弘扬，难以实现特色办学和优势领域的连续性，过度规划未来发展目标和方向，忽视传统专业与现有办学条件的衔接，高估自身办学能力，盲目追跑和跟风发展，缺失内涵的积淀。学校发展规划的定位也存在含混不清，存在抄袭和仿照同类院校定位的情况，对学校转型发展、办学理念、办学特色和办学思路也存在模糊不清的问题。

（二）非师范教育专业逐渐挤压教师教育发展空间

地方本科师范院校积极发展多学科门类，在不具备基本条件的前提下实施了谋求学校更名、去师范化的行动，导致师范院校教师教育资源被非师范专业挤占，教学科研资源配置不合理趋势明显，非师范专业逐步占据学校本科专业的主流，且有逐步扩大之势。据不完全统计，各地方本科师范院校非师范专业已经占据所有本科专业的2/3以上，非师范生已经超过全体学生的1/2，师范专业和师范生成为学校发展的少数，且难以占据关键少数的地位，教育话语权逐渐边缘化，师范院校的综合化发展趋势明显。同时，基础教育改革的不断深入推进，对教育质量的要求也越来越高，相应地提出了建立高素质教师队伍的需求，而作为主要输送师资的地方本科师范院校发展现状却难以有效满足这种要求。

（三）师范专业的优质生源数量少，毕业生就业困难

师范专业的固有属性和社会角色定位导致很多优质生源不愿意报考，地方本科师范院校发展基础相对薄弱，影响力较小，知名度不高，多数为地方基础教育培养师资，相对限制了生源的就业范围，加上人才培养的定位和结果难以有效对接地方基础教育，地方教师招聘标准与评价机制过于看重学校出身和学历层次，导致地方本科师范院校毕业生就业相对困难。鼓励优秀的学生报考学习师范专业，积极从教、乐教、善教等是目前教师教育发展的重要导向。但是，从地方本科师范院校的招生情况看，高等教育大众化推动高校扩招，师范生生源数量逐渐上涨，鉴于教师职业竞争的城乡、东西部地域化和薪资水平的差异，导致第一志愿报考地方本科师范院校的生源较少，且优质生源数量更少，多数通过院校和校内专业调剂而进入师范专业，冷门师范专业调剂生数量更多。所以，近年来，很多师范院校逐渐放开校内师范专业的二次调剂，对愿意从教和学习师范专业的优秀非师范生通过考核进入师范专业，在一定程度上满足了生源质量要求，提升了学生群体的整体学习动机。但是，通过院校调剂而来的师范生生源专业满意度较差，不能全身心投入专业学习，学习敷衍和懈怠心理严重，学习成效难以保证，人才培养目标达成度不高。教师职业的开放化，教师资格证考取门槛较低，很多没有经过师范专业训练的非师范生也参与教师职业竞争，导致师范生就业难度加大，从事教师职业的意愿降低。在就业选择方面，城镇学校和重点学校成为师范毕业生就业的主要选择，非重点学校和偏远的农村学校存在优质师资匮乏的问题，毕业生教育能力和实践技能相对不高，难以胜任课程改革中的基础教育对高水平师资的需求，就业质量有待提升。

随着国家出台"调整师范学校的层次和布局，鼓励综合性高等学校和非师范类高等学校参与培养、培训中小学教师的工作，探索在有条件的综合性高等学校中试办师范学院"的相关政策，许多综合性大学纷纷设置教育学院，参与中小学师资的培养工作。据统计，2019年我国共有409所高等院校培养本科师范生，其中师范院校121所，占培养本科师范生院校总数的29.6%，其他院校占70.4%。虽然地方本科师范院校仍然是教师教育的主体，但综合性院校办教师教育无疑在学科优势、人才优势、综合优势、教师培养层次定位和学校声誉等方面对地方本科师范院校影响较大，导致地方本科师范院校师范生生源数量逐渐减少，招生不足问题凸显，甚至个别院校出现降分录取现象，基础教育改革的高速发展与教师教育专业改革相对滞后的矛盾，直接导致地方本科师范院校教师教育专业毕业生就业困难。随着高等教育大众化的发展和国家师范教育体系的日益开放，招生规模也逐年扩大，"双向选择，自主择业"的就业政策和教师资格制度全面实施的改革，教师数量输送与质量需求的矛盾也逐渐明显。地方本科师范毕业生与其他综合高校毕业生激烈竞争教师职业现象也加剧了师范院校招生和就业的困难。

（四）传统教师教育专业发展的固有弊端

地方本科师范院校发展的固有弊端是长期形成的结果，主要表现在如下方面：专业发展的核心支撑力不足，人才培养方案修订缺少科学标准和本身特色，培养目标同质化，课程内容空泛，课程类型设置主观化，课程结构和布局不合理，教学方式单一，教学实践指导缺少专业性和关注度等。师范生培养主要倾向于专业自主，相关职能部门与院系人才培养协作性较差，教师教育专业统筹性不足，导致各院系师范专业培养缺少相对共享和研讨的发展平台。在课程与教学过程中过于关注学科知识的讲解和学习，将学科知识体系作为教育教学的核心任务，缺乏对师范生未来教师综合素养的培育，职业能力的训练侧重教学能力而非育人能力。在课程设置上，课程内容的理论与实践不均衡，融合度不高，可操作性的实践课程较少，理论课程内容多样繁杂，抽象的概念和原理内容略显呆板，育人实效不足。通识教育课程、学科专业课程与教育专业课程作为教师教育专业的三大模块，在主体结构配置上缺乏合理谋划，三者之间缺乏统合性，以致学生的价值选择失衡，往往侧重于学科专业课程。传统的授课方式依然主导着教师教育的课堂，教材、课件、多媒体、问答讨论、大班授课、教师中心等教学内容和过程阻碍着课堂教学的革新和学生个性化学习的形成。另外，师范生见习形式化现象严重，时间短，见习基地配合度低，学生走马观花，见习效果较差；实习实践安排缺少灵活性，实习指导不力，实习过程流于形式，实习管理不到位。理论与实践的衔接不紧密，师范生教学实践能力难以得到有效提升。

（五）服务地方经济社会发展的能力薄弱

地方本科师范院校服务的主要地域由于自身影响力，一般限定在本省、本市及周边县市区内，人才培养具有院校与地方双重特征。但是，长期以来，地方本科师范院校坚守传统教师教育发展模式，改革创新不足，人才培养相对滞后于地方基础教育发展。具体来说，专业建设和学科建设脱节情况严重，缺乏学科整合和课程整合，教学与科研不能实现恰当融合和互促发展，课程知识与教学手段相对陈旧，教育教学能力有待提升，学生个性与特长不能得到很好培养，师范生综合能力较非师范生优势不明显，学生综合素养难以满足新时代经济社会发展的需要。由于地方本科师范院校关门式封闭办学，导致缺少对地方基础教育状况的深入分析和了解，在办学理念和课程设置上与地方实际脱节，适应不了地方基础教育发展的需要。多数由师专升本的地方本科师范院校普遍存在办学模式单一、同质化、体制机制僵化等问题，师范生培养以高校为主，与地方教育行政、学校、教学科研机构的联系不够紧密，难以通过相互协作达成共同培养，导致师范毕业生难以满足地方学校的需求，职前教学内容创新性和应用性不足或流于形式，课程设置不科学，体现校地协同创新、产教融合的应用型科学研究较少，技术开发与转让不足，服务地方经济社会发展的能力不强。

（六）办学经费不足，自筹能力不强

地方本科师范院校多数属于省属单位，个别属于市属单位，财政

拨款主要依赖于地方财政经费，而地方政府给予地方本科师范院校发展的支持力度不足，主要侧重于支持师范院校转型综合性大学的发展，或支持通过资源整合而成的新的地方重点综合性大学的发展，坚持师范院校发展方向的地方本科师范院校发展经费十分有限，普遍低于综合性大学。另外，受到专业、服务面向的影响，在为地方经济社会发展提供科技创新、技术转化、产品研发、项目管理等方面的能力不足，这类地方本科师范院校能够从社会上获取的办学经费很少，与地方重点综合性大学的"钱难花"相比，处于"找钱花"的艰难境地。[①]

第二节　地方本科师范院校发展困境

一　师范院校定位困境

近年来，地方本科师范院校经历了高等教育大众化和分类发展、师范教育结构调整及教师教育体系开放化等变革，转型发展成为其主流趋势，应用型本科也成为地方本科师范院校发展的主要方向定位。但是，转型发展要求在已有建设条件下实现特色和内涵式发展，突出应用型和行业特征，而地方本科师范院校在学校定位上存在着"师范性"和"综合性"的矛盾抉择，学校的发展规划需要以办学定位为基本导向，作为顶层设计却很难明确表明发展的重心，一方面，"师范性"定位意味着需要以教师教育为主业，突破创新及生源经费在整个高等教育竞争中都不具优势；另一方面，"综合性"定位，在生源、师资和经费方面能够得到较大实惠，但却无特色无实力，要实现高质量发展较为艰难，还面临着师范院校以发展教师教育为主业的教育政策压力。很多地方本科师范院校热衷于扩大非师范类专业，如今很多地方本科师范院校中50%以上的专业已经不是师范类专业了。

[①] 康丽滢、李秀云：《地方新建本科师范院校的发展困境及出路》，《河北民族师范学院学报》2017年第3期。

总体而言，学校定位的冲突，直接影响着一所学校的人才培养、学科建设、服务面向等诸多方面。在"综合性"和"师范性"定位的处理上，很多地方本科师范院校并未充分考虑到自身内部和外部条件，而是盲目"跟风"，一味追求和强化"综合性"，但基于软、硬件资源的限制，并没有真正实现"综合性"，其师范专业也没有得到同步加强，反而淡化或削弱了原有教师教育的特色与优势。①

二 师范院校生源困境

地方本科师范院校生源质量参差不齐，招揽优质生源困难，虽然随着高等教育的大众化发展趋势，地方本科师范院校也在大规模扩招，生源数量逐渐增多，但是，相比更好的综合性大学，地方本科师范院校教师教育专业调剂生较多，生源质量普遍不高，坚定选择从教的生源数量更少，越来越多的优质生源被名牌大学垄断，师范院校为确保完成录取计划势必要逐年降低录取分数线以达到录取数量。首先，伴随着录取批次的下调，生源质量也逐年降低。师范院校教师在授课过程中，也逐渐感受到不同质量的生源在领悟、转化、实践过程中存在明显差异。其次，生源的男女比例失衡。连续数年，师范院校不论何种专业均是女多男少，这样的境况就逐渐造成了从业教师队伍中男性教师的缺失。②

三 师范院校人才培养困境

人才培养是地方本科师范院校的主要任务，是服务地方基础教育发展的重点。传统的师范院校人才培养模式存在较多不足，教师教育人才培养从人才培养方案的制定、课程设置、课堂教学、专业实践和毕业要求等层面都存在着固有的矛盾和困境。师范专业在学校发展过程中并未被作为重点扶持的对象，相反，大量新开设的非师范专业逐渐挤占了师

---

① 刘爱生：《地方师范院校的转型：成效、前景与道路》，《教育学术月刊》2010年第1期。
② 王晓雪、田铁杰：《教师资格证制度下我国师范院校面临的困境与出路》，《辽宁教育行政学院学报》2016年第6期。

范专业的发展空间，师范专业在优质师资、课程资源、生均经费、学科建设等方面都不占据资源优势。人才培养方案的修订缺少明确的标准，多数参照政策和同类院校进行整合制定，缺少对本校和本地区发展实际的专业分析，导致人才培养相对滞后于社会发展，矛盾重重。课程内容、教学手段和教育评价忽视对师范生教育教学技能的培养，导致学生专业意识薄弱、专业技能低下，难以达到毕业要求。

目前，师范专业课程设置中学术性和师范性的矛盾与冲突愈发激烈，教师教育专业化程度不够，与基础教育改革相脱离，使师范毕业生的就业适应性大大降低，市场认可度不够，师范生的质量堪忧。地方本科师范院校教学与科研发展存在相互脱节的现象，轻教学、重科研，科研促进教学的动力不足，导致教师忽视教学、敷衍教学，学生满意度较低。

四 师范院校师范生就业困境

师范生就业门槛相对不高，获取教师资格比较容易，在师范专业认证制度实施之前，所有师范类毕业生在经过专业学习之后可以免试被认定教师资格，也即具备了基本的从教资格。但是，因为师范生可以"双向选择，灵活就业"，限于教师职业本身的稳定性和薪资待遇，很多非师范专业毕业生在考取教师资格证之后，也参与到了教师公开招聘之中，加剧了师范生的就业形势，很多师范生在公开竞争中并非能占据绝对优势。用人单位更加看重师范生实践教学能力，并以此作为招聘的主要标准，并非以师范专业作为选拔人才的核心标准。有很多师范生也曾经历就业歧视，如学历、院校出身、性别等，再加上自身教学能力和专业性优势难以充分凸显，师范生就业也变得十分困难。由于不少师范院校通过转型改革晋升为多科发展的综合性高校，师范院校综合化的发展削弱了其专业化的发展。

五 师范院校教育教学困境

（一）教学重心的偏移

当前，地方本科师范院校的教学重心发生了偏移，课堂教学在质量方面需要进行检视。就现阶段来看，部分任课教师在教学过程中不能完成创新性授课任务，课程内容以教材知识为主，难以实现教学思考的空间拓展，导致出现重复性教学和低效果教学的结果。此外，教师的教学专业意识较为薄弱，完成教学课时只是作为教学的基本任务，难以形成人才培养的系统思维，加上评价机制和职称评审的科研成果导向性，导致教师的教学热情和动机不强烈，甚至出现教学态度不端正，敷衍教学的现象，重复性的知识传播成为常态。目前，地方本科师范院校学科类师范专业教师教研活动参与度较低，教研类课题申报不积极，教研室活动研讨形式化严重。据相关统计，有62%的教师平均一学期参加一次教育教学课题研究活动，有16%的教师一年连一次教育教学课题活动都不参加。这说明师范类院校的教师专业成长的自主性较差，也反映出学校在为教师提供教研活动的条件和平台方面还有待加强。

（二）教学负担过重

从全国范围来看，地方本科师范院校教师的教学任务量依然繁重，而教学成绩很难成为教师考核、职称晋升的重要指标，中青年教师行政性事务工作较多，投入教研、科研活动和课题研究的精力与时间十分有限。很多在职教师不得不遵循"重理论轻实践，重专业却轻基础，重知识却轻能力，重分化但轻综合"的方式开展教学，教学方式变得传统而单调。有关青年教师教学投入时间及精力的统计数据表明，只有39%的教师投入较多时间，有44%的教师仅仅将部分时间投入教学，另有17%的教师只投入极少的时间甚至不投入时间。①

（三）忽视师范生的个性心理体验

教学活动是学习者与教师共同完成的互动体验，师范生作为学习主体应该实现积极主动学习、善于学习和乐于学习，这是教师教学的基本意义和工作起点。但是，地方本科师范院校在教学工作分配中，会将多数教学任务划分给中青年教师，目前45岁以下的青年

---

① 唐智松：《青年教师教学、科研投入状态调查》，《高等师范教育研究》2001年第1期。

第三章 地方本科师范院校的改革发展实践

教师已经成为教学工作的主力,他们具备较为充沛的精力和身体条件来胜任教学工作,却不具备丰富的教学经验,正处于职业生涯的初期,对教学对象的体验、状态、情绪等关注度较低,更多关注完成自身教学任务和生存状况。[1] 在地方本科师范院校调查中了解到,教师专业技术职务评审与普通高校的评价机制类似,对科研成果的重视程度较高,对教改类课题、论文、课程、成果奖和教学方法改革等较为忽视,导致教师参与教学研究和改革的投入度较低。另外,地方本科师范院校课堂教学的信息技术应用水平普遍不高,教师应用技术促进学习的现代意识不强,行动力和执行力较低,多媒体资源制作、在线课程资源学习等在中年教师以上群体中的认可度不高,他们依然固守着较为传统的教学手段,进而使得不少师范类院校的学生对于多媒体辅助教学和网络教学仅仅局限于理论上的感知,难以熟练应用和掌握。由此可见,囿于诸种主观、客观因素,大学教学模式陈旧的现象仍很普遍且相当严重,新型教学手段随之也被弃之不用。

六 低水平科学研究困境

科学研究是高校三大功能之一,目前地方本科师范院校将学校性质多数定位为"教学型"或"教学科研型",兼具人才培养和学科建设双重职能。鉴于国内对高等教育院校的改革与发展要求,师范院校也尤其重视学校的应用性定位,为提升院校发展影响力和保持基本实力,也在各种教育评价机制中强化科学研究,加大科研投入和学科发展的引领作用。虽然与高水平的师范大学和其他综合性大学的高水平科研产出的差距依然很大,劣势明显,但是,为在同类院校发展中占据一定的优势,地方本科师范院校也在不遗余力地发展本校的重点扶持学科,力争创新,形成特色。不过,教师科研

---

[1] 张睦楚、汪明:《困境与路径:关于地方高等师范院校教学的理性思考与深层追问》,《当代教育与文化》2017年第5期。

成果整体水平偏低，在专业领域内的学术影响力普遍不高，低水平的科学研究长期困扰着学校发展，突破的难度较大。在经费预算和投入的途径中，多数为财政拨款，经费来源单一，且总体经费十分有限，难以吸引足够数量的学科带头人、高层次人才，更难以支撑高水平学科建设和科学研究所必需的硬件配套设施建设。从科研团队本身来看，团队整体实力较为薄弱，科研能力偏低，团队成员研究方向难以形成聚焦，多数分散于不同个体零星的研究成果中，学术梯队建设相对滞后，教师科研团队意识不强，缺乏稳定规范的学术交流平台和制度，学术环境不优，多数科研团队难以发挥实质性作用。这直接导致了学校的整体科研能力和创新能力的缺陷，无法申报、承担高新尖科研项目。部分学校在科研方面也没有明确的要求和相应的激励机制，对科研的激励机制不足，削弱了教师科研的积极性，进而影响到整个学校的科研水平。

七　服务社会发展能力不足的困境

　　服务社会是高校的基本职能之一，地方本科师范院校立足地方、服务地方的办学定位是学校发展的基本属性，促进地方经济社会发展也是学校建设的基本任务。但是，目前地方本科师范院校从教师教育发展的角度来看，却未能充分发挥出服务社会的基本效能。一方面，地方本科师范院校封闭式发展，逐渐脱离了基础教育的现实需求，在专业引领和教育创新方面的指导和服务功能不足，学校重点学科建设的偏向，导致人才培养投入度不够，高层次人才引进的主要评价标准还是以科研成果作为核心内容，有些难以胜任教师的工作岗位，对学生的专业学习指导和关注较少，尤其是在专业实践（见习、实习和研习等）过程中的作用不明显，导致地方基础教育学校对师范院校的偏见增加。从具体操作层面看，教育见习只是完成教学计划的一个例行环节；教育实习方式从"集中实习"变成"分散实习"，效果大打折扣；教学改革类课题偏重理论而忽视与基础教育的融合与实践，师范教育和基础教育日益脱节，地方本科师范院校除了培养师范生这一职能外，服务基础教育的功能大大削弱了。另一方面，服务地方经济社会发展的能力亟待加强。非师范专业的开设、新学科新专业的开设原本可以极大地促进地方本科师范院校与地方政府、企业在产学研方面的合作，但由于缺乏尖端人才、创新团队，科研力量不强，科研成果转化为生产力的能力更是严重不足，地方本科师范院校服务地方产业更多地只停留在浅层次上，亟待进一步加强。

第三节 地方本科师范院校发展经验与成效

近年来，高等教育大众化趋势明显，我国高等师范教育发展速度加快，提高我国社会整体学历水平的要求也越来越强烈，中等师范专科的师资培养已不能满足社会对高学历、高规格教师的需求，中等师范专科和高等师范专科纷纷升格为高等师范院校本科，师范类人才培养的目标、模式和毕业要求也发生了较大变化，课程体系设置和课程建设也呈现出应用性、实践性转向趋势。各地方和师范院校纷纷推出改革发展举措，制定符合自身定位的改革方案，开展了卓有成效的改革行动。课题组分别从东、中、西部及东北地区选取了吉林、福建、湖南、河南、贵州、广西等省（区）作为调查对象，对以上6个省（区）的师范院校改革发展状况进行了深入调查。

一 吉林省地方师范院校改革与发展

吉林省共有8所师范学校，省教育厅把支持地方师范院校发展作为主要任务，坚持不更名、不脱帽，坚持为基础教育服务；培养层次由大专、本科向研究生转变，培养层次逐渐提高，师范生就业状况相对比较理想。课题组共走访调研了吉林省教育厅、长春师范大学、白城市教育局和白城师范大学四个单位。

（一）地方本科师范院校改革发展行动

1. 长春师范大学改革行动及经验

长春师范大学与多数地方院校发展轨迹比较类似。该校本科教育起步比较早，在1978年恢复师专时直接升本科，发展速度相对较快，后来升格成为师范大学，形成吉林省三所师范大学的发展格局。长春师范大学在改革与发展中对本校的定位比较准确，该校始终坚持以师范教育为核心，把师范教育人才培养目标定位为培养应用型人才，长期进行师范教育人才培养，并不断反思人才培养中的问题，不失时机地找准发展突破口。长春师范大学对教育学科的重视程度比较高，教育学在全校师范专业建设中的引领作用十分突出。该校将教育学科定位为学校的核心学科，将学校"一流学科，优势特色学科"的建设重点置于化学和教育学科上。长春师范大学的师范专业总共有27个，师范生和师范专业均已达到50%，当地中小学需要的学科都开设了相应专业，如科学教育、人文教育等。另外，鉴于专业发展前景和社会对专业人才的需求状况，长春师范大学已停招15个发展困难的专业，并设置社会需求比较大的新师范专业来补充，比较有时代特色的专业如人工智能与教育等，还有关于师范院校发展新工科的尝试等。

  长春师范大学十分注重教师教育，学校领导带头，全力推动教育学科建设和发展，实行教育学科优先，学校政策倾斜的制度，举全校之力发展教育学科，全力推动学校教师教育和教育科学发展。在教学科研政策、人才引进政策、经费投入等方面向教师教育和教育学科发展倾斜，并实行在全校选配优秀师资投入教育学科建设和教师教育发展方面，长春师范大学高度重视教育学科建设的基础性作用和保持师范性育人特色的统领作用，示范引领其他所有师范专业的改革与发展。同时，长春师范大学十分重视教师教育研究，实现实习与就业联动，由学校统领，统一安排实习和就业；教务处、学生处、就业处一体化联动，使60%的师范生实现直接签约；教师发展中心负责培训、质量监控和课程建设。长春师范大学注重对人才精英的培养，发挥学生精英的引领作用，带动更多的学生参与教学、科研和活动，学生精英能够辐射到院系和班级里；在师范生培养中还将第一课堂与第二课堂相结合，实行双导师制。

2. 白城师范学院改革行动及经验

白城师范学院前身是白城师范高等专科学校，2002年3月，升格为本科院校，更名为白城师范学院，是吉林省西部唯一一所本科师范院校，位于吉林、黑龙江、内蒙古三省交界处。白城师范学院的发展定位比较清晰：建设能够进行国际合作、国内有影响、省内有特色的师范大学。白城师范学院将教师教育作为学校发展的重点，对教师教育相关的各学科建设的推动力度较大。白城师范学院教师教育师资相对比较充足，尤其是在多数师范院校缺少学科类教法教师的情况下，白城师范学院总共引进了32名学科类教法教师，保证每个院系2名，并鼓励其他方向的专业教师主动参与教法培训，自愿转型做教法教师，并且实行了针对博士生家属的教法教师训练和培养，极大地保障了师范生的教法师资。

在学校层面，白城师范学院制定了倾向性的保障和制度，推动师范专业的建设与发展，目前，白城师范学院6个省级特色专业中多数为师范专业。同时，白城师范学院也比较重视教师教育学科间的融合发展，推行课程组（群）建设制度，并与基础教育的学科需求紧密结合起来，保证基础教育中小学的实际师资数量、结构和质量；在教师教育科学研究中，白城师范学院基础教育研究论文占全校论文总数的50%以上，教育类学术论文按科研论文进行奖励后，再根据实际情况分层加以重复奖励；白城师范学院积极进行经费管理改革，努力通过科研项目、校企合作项目和自主研发项目争取相关经费，对公共经费实行重点分层划拨制度，有重点地向教师教育进行倾斜投入，并在基层院系实施课程和专业负责人制度，给予每个负责人每年60个课时的奖励。

白城师范学院努力打造科研和校地教师教育合作平台，构建教师教育研究、创新、协同的人才联合培养机制，以充分实现人才培养的全面性和针对性。在教师教育研究基地（省）、小学教育研究所（校）、家庭教育研究中心、师德师风研究中心、新农村教育研究院等平台上，教师教育职业技能训练中心都属于强化教师教育和师范特色的实践行动。为突出教师教育特色，白城师范学院推动了教师工作处机构和职能改革，教师工作处作为教师教育专门机构，兼具教师教学发展中心的职能，并将原属于教务处的师范类工作如课程建设、教师培训、教师专业发展、认证工作划归教师工作处管理，主要负责制定教师教育发展规划、发展特色和改革措施等。白城师范学院重点改革人才培养模式，努力利用国际化师范专业人才的发展机遇，将地方师范院校的专业推向国际，做成国际化特色，积极培养双语教师，培养国际需要的全科型双语教师，并能够向外输送双语教师。

（二）地方师范院校改革发展的不足之处

1. 师范生培养与地方基础教育衔接不足

吉林省地方师范院校发展存在着师范教育体系重构的困境，在中等师范院校陆续退出历史舞台之后，小学教育师资培养问题成为难解之题，也困扰着地方师范院校的教师和管理者。面向基础教育的师资培养成为中小学对新师范教育的期待，但是，师范生在入职后却不能满足地方中小学的实际需求，主要表现在整体职业技能薄弱，学科性师资结构问题突出，师范生知识储备难以适应中小学教师工作的实际需要方面，总体上表现为目前师范生培养与地方中小学教育脱节较为严重，培养结果与地方教育实际需要出入较大。[①] 师范生学历的提升并不能与研究生和一线教师的要求充分兼容。师范生的培养针对性不强，素质不高，能力不强，基本功缺乏，合作、沟通能力较差。知识层面较为充足，但知识获取的方式方法却脱节于基础教育，从用人的角度上看，存在用不上、不会教的问题。经过对 10917 名师范生进行问卷调查发现，只有 25% 的师范生能够每周一次进行师范技能训练，有 43% 的师范生很少进行师范技能训练（见图 3-1），也没有固定的训练制度和平台，主观性比较大；同时，在地方师范院校教学技能竞赛中，有近 66.15% 的师范生几乎没有参加过教学技能类的竞赛活动（见图 3-2）。在调查中了解到，高达 46.35% 的师范生对现行中小学教材、新课标阅读频率和熟悉

---

① 李圆、赵虹元：《衔接需求目标的地方师范院校人才培养改革转向》，《兴义民族师范学院学报》2020 年第 6 期。

程度竟然是"偶尔翻阅、一知半解"(见图 3-3)。

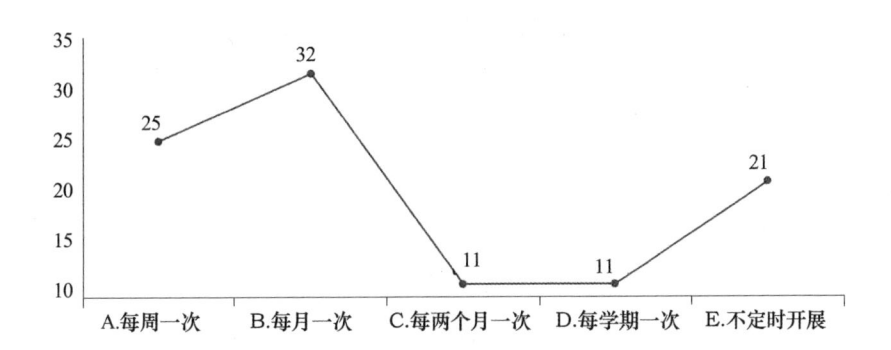

图 3-1　师范生师范技能培训频率情况(%)

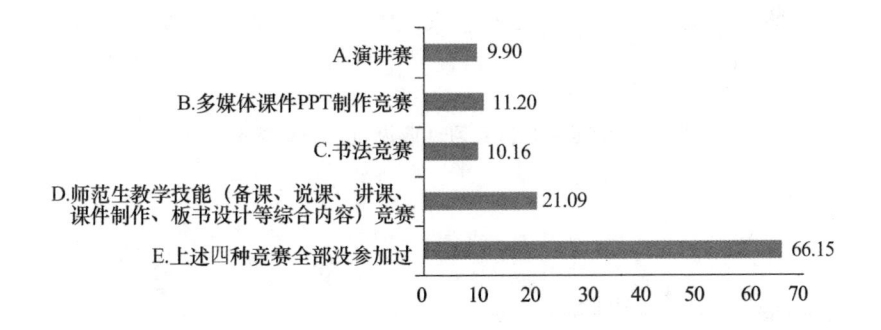

图 3-2　师范生参与学校或学院组织的职业技能竞赛情况(%)

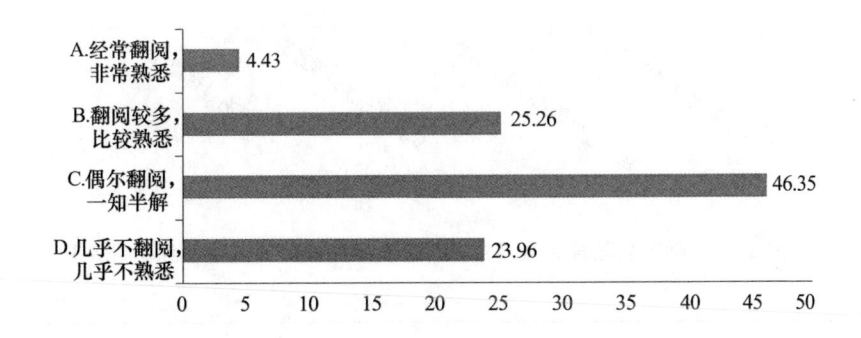

图 3-3　对现行中小学教材、新课标阅读频率和熟悉程度(%)

在被调查的师范生中，有46%的师范生"从未实习（或见习）过"（见图3-4），有62%的在实习（或见习）中"没有过讲课的经验"（见图3-5），有70%的师范生在实习（或见习）中"从未参与班主任工作"（见图3-6）。由此看来，地方师范院校的实习（或见习）问题比较突出。

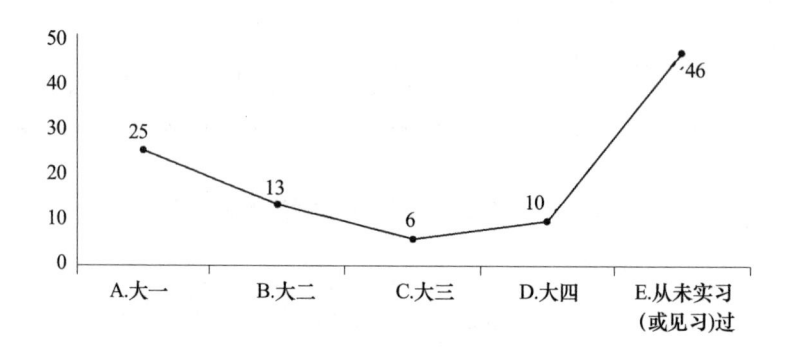

图3-4 师范生教育实习（或见习）调查情况（%）

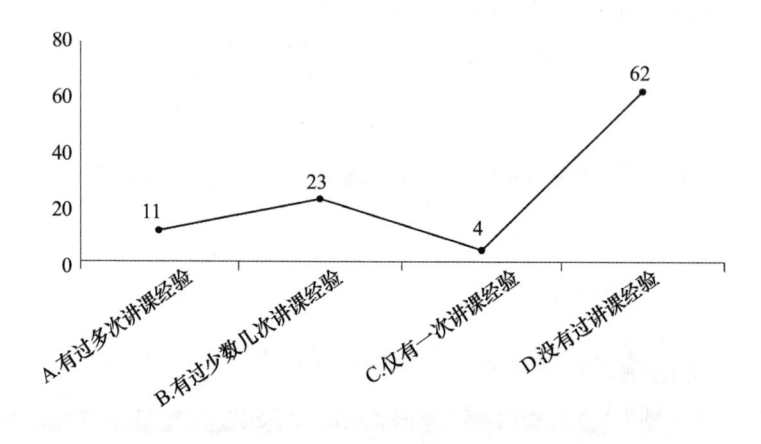

图3-5 师范生教育实习（或见习）过程中是否有过讲课经验（%）

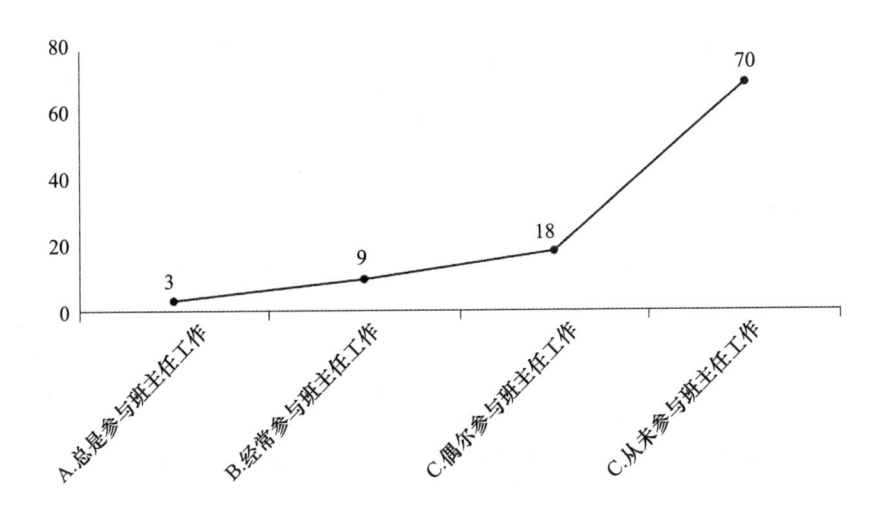

图3-6 师范生在实习（或见习）过程中是否参与班主任工作情况（%）

2. 师范生从教意愿不强

据调研学校反馈，有65%的师范生从教意愿不足，对教师职业的热情不高，学生学习被动，班级管理缺失，职业吸引力较低，学科素养不够，对国家宏观政策不了解（培养什么人），志向迷茫：只有"生活目标，没有生涯目标"。在被调查的师范生中，有90.89%的师范生表示会从事教师职业，但是，有近66%的师范生虽然有职业规划却不十分具体，处于模糊和犹豫迷茫状态。还有58.07%的师范生选择保研或考研，只有41.93%的师范生打算直接就业。这也反映出师范生从事教师职业的主动性不高，多数处于一种无奈顺应的状态，经过了解发现，从教动机不高的原因在于教师工作的烦琐和待遇不高。

3. 师范生培养中理论与实践课程失衡

地方师范院校中师范生理论与实践培养存在着两张皮现象，师范院校缺乏教学技能熟练的教师，师范生实践操作和训练层面的课程、课时都很少，教学内容不能紧跟实践加以改革。师范生毕业后的就业方向明确，学习有所懈怠，学校相关治理和引导方法与措施相对滞后。在调查 11967 名教师入职前的教学经历时,有 59.31% 的教师表示只是在实习期间有过短暂的代课(见图 3-7),有 62% 的被调查教师认为入职前师范院校人才培养的课程是理论课程比例高,实践课程很少(见图 3-8),有 67% 的被调查教师认为,师范生技能薄弱的原因是缺乏实践训练(见图 3-9),应该增加教育实习和见习机会,还可以提高实践课程比例,增加实践技能教师的引进和培训。

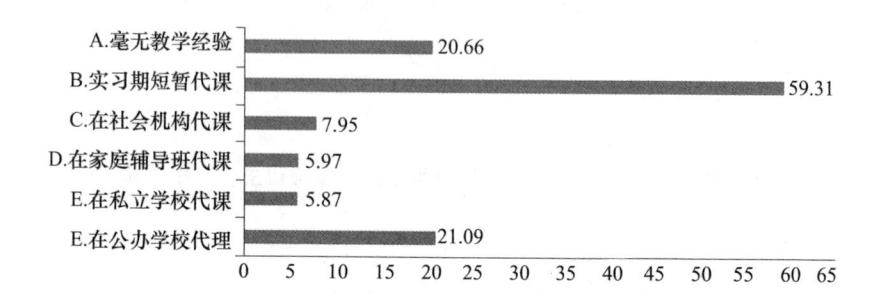

选项	百分比
A.毫无教学经验	20.66
B.实习期短暂代课	59.31
C.在社会机构代课	7.95
D.在家庭辅导班代课	5.97
E.在私立学校代课	5.87
E.在公办学校代理	21.09

图 3-7　被调查教师入职前的教学经历(%)

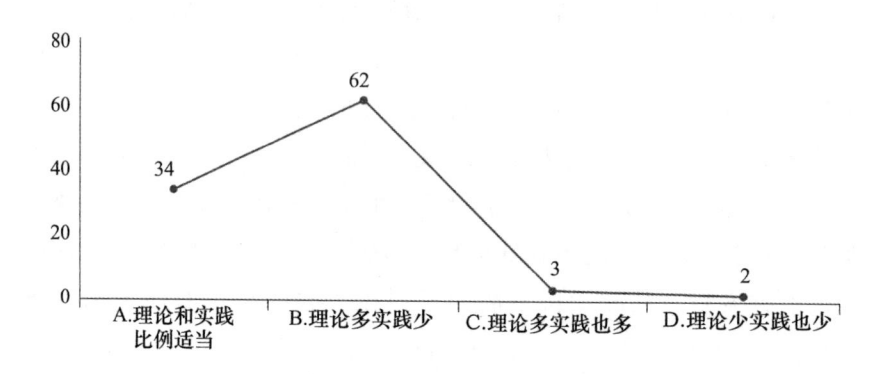

选项	百分比
A.理论和实践比例适当	34
B.理论多实践少	62
C.理论多实践也多	3
D.理论少实践也少	2

图 3-8　被调查教师认为师范生课程是偏重理论还是偏重实践状况(%)

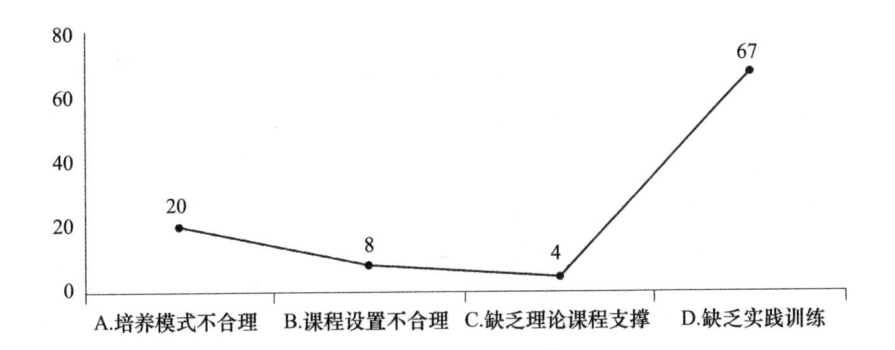

图3-9 被调查教师认为师范生技能薄弱的原因（%）

二 湖南省、广西壮族自治区地方师范院校改革与发展

课题组先后走访了湖南省教育厅、湖南第一师范学院、衡阳师范学院、广西教育厅、南宁师范大学、广西师范大学。通过团队座谈、听取报告、现场考察、问卷调查等形式，与教育厅相关处室负责人，高校相关处室负责人及教师教育学院（教育科学学院）负责人、部分学科教学论教师代表进行交流。基本明晰了湖南、广西两地地方本科师范院校改革发展的典型经验、不足之处，以及改革发展的意见和建议。

（一）地方师范院校改革发展的经验总结

1. 科学规划师范院校布局，培养目标定位清晰

地方省级人民政府及其教育主管部门十分重视对师范院校布局的优化调整，如湖南充分发挥省厅对师范院校的规划协调作用，形成了长沙师范学院培养幼儿师资、第一师范学院培养小学师资、衡阳师范学院培养初中师资、湖南师范大学培养高中师资的格局。

广西壮族自治区对师范院校布局也进行了优化：广西师范大学以培养普通高中教师为主，适当兼顾培养学前教育、特殊教育教师。南宁师范大学以培养义务教育教师为主，兼顾培养普通高中教师。玉林师范学院、广西民族师范学院以培养义务教育教师为主。广西科技师范学院、桂林师范高等专科学校以培养小学教育教师为主。广西教育

学院以培养小学教育为主,兼顾培养学前教育教师。广西幼儿师范高等专科学校以培养学前教育教师为主。此外,遴选基础较好的中等职业学校与高等院校联合培养专科层次的幼儿教师,引导中等职业学校逐步退出幼儿师资培养。

2. 加强教师教育师资队伍建设,提升教师专业发展水平

第一,设置系列化的教师队伍梯队。开展教学名师、教学能手、教学新秀、优秀教学团队评选奖励活动,加强对优秀教师的宣传力度,充分发挥其示范引领辐射作用,积极营造教师潜心教学的氛围,鼓励教师在教学中追求教学卓越;进一步发挥学院、教研室、课程组的作用,定期组织开展教学交流研讨活动,充分发挥优秀中老年教师的传帮带作用,促进可持续发展的教师队伍建设。

第二,建立多维的教师教学能力培养体系。根据教师教龄长短、教学水平高低、教学经验深浅、教学能力强弱,分别设置不同的培训方案和培训重点,包括新任教师基本教学能力培训、骨干教师学科教学能力培训、优秀教师教学创新能力培训,个别教师特别咨询与辅导等。充分发挥校、院、系(教研室)和校内相关职能部门在教师教学能力提升中的作用,形成促进教师成长的机制。

第三,加强中青年教师教学能力建设。通过实施青年教师助教制度,开展教师教学培训、教学咨询、教学改革、教学竞赛等活动,构建促进教师能力发展的体系,完善教师教学能力培养和激励机制,搭建教师的学术和教学交流平台,提高教师教学业务水平。例如,广西师范大学实施青年教师助教制度,要求入职后半年或一年内不独立担任课程主讲教师。只担任课程的助教,在导师指导下开展助教工作,培养青年教师基本功,规范教学行为。

第四,建立师范院校与中小学合作育人机制。广西师范大学按照专业教师10%配备学科教育教师,吸纳一线优秀中小学教师、中等职业学校教师、幼儿园教师及优秀教研员,与学校教育类教师统合组建教师教育专家队伍,促进教师教育人才资源的融合和互补,形成整体优势,探索优质教师教育人才培养有效路径。湖南第一师范学院采

取教师到中小学挂职锻炼制度，担任教师教育类课程的中青年教师原则上要有一年以上中小学、中等职业学校教育教学工作经历。

3. 建设区域高校教育联盟，实现高校资源融合互助

广西师范大学与其他高校一起，积极推进区域课程联盟，组建区域教师教育课程联盟、通识教育课程联盟，联合开发共享课程、实现学分互认和跨校交换培养，借助跨学校、跨区域、跨国界、跨文化的教育教学，培养更多专业能力和创造力较强，具有国际视野的高水平人才。

4. 搭建高水平实践教学平台，建立实习准入制度

第一，充分利用教师教育网络平台，实现远程教育见习与异地同课异构。如建设在线互动录播教室群和学科课程资源录制室，师范生教学技能训练实验室群、教学探究训练室群、教师教育心理技能训练群等，并规范完善智慧教室预约与使用制度。同时，遴选建设示范性教育科研实践基地和高标准的多媒体在线互动录播教室，推进"教育见习、研习、实习一体化"实践模式改革。

第二，实行师范生综合技能达标测评与实习准入制度，强化师范生教学技能训练。每年学校都对在校师范生实行教育实习前教师专业技能考核，考核包括教学设计、多媒体课件制作、模拟授课＋板书三项内容。每位师范生必须在封闭环境和规定时间内完成教学设计和对应的多媒体课件制作。在师范生进入学校实习之前，利用一周时间，对师范生教学技能进行集中测评，测评合格学生由学校统一安排进行实习活动。该制度的实行极大地提高了在校师范生自主进行师范生技能训练的积极性，也强化了学校与中小学、幼儿园之间的联系和合作。

5. 建设教师资格教育平台，确保教师资格证通过率

广西师范大学积极搭建教师资格教育平台，并将课程分成"教师发展基础课程""教师发展学科课程""教师发展实践课程"三大模块，分为必修课和选修课两类。构建了四年一贯的完整的教师教育课程体系，对接学生教师资格证考试与面试。南宁师范大学在"专业核

心课程平台"上开设"教师职业技能训练（一）""教师职业技能训练（二）""教师职业技能训练（三）"以及"教师职业资格考试实务"课程，湖南第一师范学院也有相应的课程设置。衡阳师范学院针对教师资格考试，编辑了师范生使用的教育学和心理学教材。

6. 实行开放多元招生机制，选拔优秀的生源进入教师队伍

确保招生培养与教师岗位需求有效衔接，实行师范生提前批次录取，逐步将中学会考成绩、高考成绩、面试成绩等纳入师范生招生考查范围。广西师范生招生增加面试环节，启动实施学前教育专业、小学教育专业师范生招生面试试点工作。湖南实行提前批招生，为确保男女师范生比例，要求在招生中规定男女比例各占35%，其余30%择优录取。针对男教师奇缺的情况，还实行男教师招生计划。湖南第一师范学院实行在初中选拔制，经过五年将其培养成为专科生，经过六年将其培养成为本科生的招生培养机制。

7. 公费定向生培养覆盖全学段，满足基础教育所需师资

湖南省早在2006年就在全国率先探索公费定向师范生的培养工作。目前，公费师范生培养覆盖学前、小学、中学以及职业中专各个层次、各个学段，并且培养数量逐年扩大，基本能够满足基础教育所需师资。

广西已经构建了一个包含学前教育、义务教育、高中教育以及职教教育的全学段、全覆盖的培养体系。针对一些紧缺学科的中职教育专业，采取委托培养的方式进行，如委托天津职业技术师范大学参照国家公费师范生培养标准培养学生，这是中职定向培养。针对农村教学点的小学全科教师，也实行定向培养。

（二）地方师范院校改革发展的不足之处

1. 在高校综合转型背景下，地方师范院校师范特色弱化

湖南省教育厅反映，师范院校的扩招，打乱了原有的省域内各级各类学校分类培养师范生的体系，造成地方师范院校师范特色弱化。广西师范大学反映，在高校建设发展中学校的专业多、涵盖学科门类多、范围广，导致专业建设的优势、特色凸显不够。

2. 师范专业认证体系唯一，忽视师范院校发展的差异性

师范专业评价指标体系多依照重点师范大学的师资力量、学生数量、经费投入等软硬件设施情况搭建，没有考虑到普通本科师范院校特别是新升本科师范院校发展中所存在的问题和困难，并且不考虑东、中、西部地区之间经济、文化的差异，采用统一的标准来衡量所有师范院校，有失公允。

3. 办学经费短缺问题长期存在，严重制约师范院校的长远发展

湖南、广西两地教育厅以及所调研高校均反映，在学校发展过程中，学校办学经费短缺问题长期存在，财政拨款在短期内很难有大幅度提高，社会服务对学校发展的支撑力度不够，严重影响学校的人才引进、专业发展、学科建设、硬件设备等。

4. 用终结性分数代替师范生的能力，忽视师范生培养的过程性

学生要想获得教师资格证，不论师范生和非师范生均需参加国家组织的教师资格证考试，这种评价体制是用终结性的考试分数，代替师范生培养的过程性。非师范生在短期内通过死记硬背的形式就可以获得教师资格证，这一做法忽视人才培养过程，有违人才培养的特殊性。

5. 师范生生源质量不佳，教师职业吸引力不够

在教师教育专业学生招生中，由于教师入职门槛较低，以及教师待遇不高等问题，因此在师范生招生中出现学生生源质量较差的现象，同时男女比例失衡严重。同时，中小学教师工资大多在2000—4000元，且教学任务繁重，压力巨大，使得教师普遍感觉生存压力大，吸引力不足。

6. 公费师范生淘汰机制不健全，学生学习倦怠严重

目前，关于公费师范生的培养并没有建立起完善的淘汰机制，对于公费师范生的学习无预警机制，在一定程度上造成公费师范生学习倦怠，培养水平难以进一步提升。

7. 中小学教师编制不足，难以实现同工同酬

因为老教师退休、微型学校较多以及人们对教育的认识等方面的原因，所以中小学存在教师编制难以满足学校发展需要的问题。为了解决这个问题，中小学只能通过外聘的方式解决师资短缺问题，形成了外聘教师与编制内教师同工但不同酬的现象，外聘教师难于安心教学。

（三）地方师范院校改革发展的意见和建议

（1）重构教师教育培养体系，实现分层分类推进教师培养工作。

（2）回归师范院校培养师范生的本位，强化地方师范院校师范特色。

（3）加强师范生人才培养模式探索，增加师范生的职业体验。

（4）对地方本科师范院校给予优惠政策，加大经费投入。

（5）师范专业认证应考虑地方实际，采用分层分类的师范认证标准。

（6）师范专业认证、师范院校的评价应考虑地方师范院校的特殊性。

（7）国家应尽早启动国家教师教育实验区建设，引导各地加大财政支持，深化教育综合改革。

（8）国家在政策、人才、财力等方面参照部属师范大学做法，支持地方师范院校实行公费师范生培养。

（四）对地方本科师范院校发展的启示与借鉴

1. 地方师范院校应坚持特色办学

按照"突出师范特色、强化传统优势"的思路，科学定位，凝练特色，选准方向，重点突破，着力打造地方高水平师范大学。

2. 师范院校应创新人才培养模式

按照分类分层指导原则，制定实施个性化的人才培养方案，构建理论教学、实践教学和素质教育相结合的创新人才培养体系。

3. 优先发展教师教育特色学科群

以教育学、心理学为主干学科，以中国语言文学、外国语言文学、政治学、数学、化学、物理学、心理学和生物学等为支撑学科，辐射师范类所有学科专业。做特做优小学教育、中学教育、学前教育、中等职业教育类教师教育特色专业群。

4. 提升师范院校服务地方发展的能力

紧密配合地方教育行政部门行动计划，密切联系基础教育课程改革实际，建立反映教育科学发展趋势和攻克教育教学实践重大难题的科研项目平台，加强与区县教师教育机构的合作，为省域教育教师发展服务，同时重点支持农村地区和贫困地区的教师培训。

三　贵州省地方师范院校改革与发展

（一）贵州省基础教育师资队伍状况及改革

贵州省对农村教师按照地区贫困程度分级分层进行补贴，主要按照 500 元、400 元和 300 元三个级别实施。由于城镇化的快速发展，城乡教育资源布局不均衡，贵州省内偏僻边远的农村地区师资力量严重不足，学科结构性空编较多，农村学校的生师比、班师比与合理标准差距较大。鉴于省内农村教师不断向城镇流动和城镇对人才的吸引力，城镇编制计划和名额较缺乏，政府为解决农村师资结构性缺乏的问题，开展小学全科教师公费师范生定向培养以补充农村师资，并采取购买服务岗位的形式为城镇学校补充师资。在师德师风方面，教育厅正在研制具体的教师管理和评估实施办法，计划采取政策性鼓励和惩罚性行为约束的双向措施规范教师职业德行和风尚。教师平均工资收入在 2020 年之前达到不低于或高于当地公务员工资水平的目标（工资收入占总收入的比例将会成为决定教师与公务员总体收入水平差距的重要指标，如总收入可能包括工资、绩效奖励、补贴、各种福利、文明奖等）。

贵州省义务教育教师队伍建设状况：小学生师比为 12∶1；初中生师比为 17∶1，教师总量合理，但是教师结构不合理，在农村学校尤其突出，英语、音乐、体育、美术、科学、信息技术等学科教师较为缺乏（其原因为选择该学科专业的师范生多数不愿意去农村学校任教，农村学校的吸引力较低，虽然采取了提高农村教师待遇和其他政策倾斜等措施，但是当前成效不明显）；农村小学教师多数为本地人，且教师年龄平均为45—50岁，20—40岁的青年骨干教师严重不足，甚至当地幼儿园教师也有很多50岁左右的。农村小学多数实施为1—1.5个教师包班制，生师比和班师比被动性地达到规定标准。当前，为解决省内师资匮乏问题，初中和小学实行"县管校聘，县乡统筹"的方式，补充紧缺师资，并增加农村教师补贴，打通县乡编制体系，要求校长和教师在县乡各学校间进行为期至少1年的轮岗流动。①

贵州省目前大班额问题主要是"面大时长"，解决起来相对比较困难。除此之外，贵州省中小学还面临着教师性别比例失衡的问题，省内师范院校师范生男女性别比已经达到2∶8；当前教师（尤其是农村教师）自我幸福感普遍不高，自觉社会地位较低，收入较低。贵州省的地理环境比较特殊，地形复杂，交通不便，支教的教师往返十分艰难，遇到了不少困难。在大调研中发现，贵州省纳雍县的教师学科结构性缺编竟达到75%以上，该县普遍推行教师临聘制度和教师包班制度；计划进行小学全科教师的定向培养，一方面培养全科生的自我社会化内容，另一方面培养全科生的专业学科化；在区域内推行教师走教制度，以政府主导出台相关政策，重点解决走教的经费投入、教师课时和教师安全等问题。当前基础教育学校存在结构性需求，学科结构性师资缺乏，教师教学能力不足，如信息化教学能力，这就需要学校进行职后在职培养、培训，师范院校应提升人才培养质量。针对基础教育现实需求的目标，开展中小学教育研究，实现以问题和结果导向的人才训练方式创新。师范生的基本教学功底需要在师范教育培养阶段加以着重训练，不能把培养和训练责任留给在职培训的政府和学校。贵州省特岗教师转岗效果不错，基本能够继续留任。

贵州省中小学教师总量不足，结构不合理。城镇教师队伍问题突

---

① 李圆、赵虹元：《衔接需求目标的地方师范院校人才培养改革转向》，《兴义民族师范学院学报》2020年第6期。

出，编制计划缺乏。贵州省至少应该在每个乡镇开设一所公立幼儿园，政府应该考虑增加村镇公立幼儿园教师的编制，增加公立在编幼儿园教师数量。教师结构不尽合理，学生少，教师配置问题突出；年龄断层，35—45 岁的骨干教师不足，20 岁左右以特岗教师为主，教学经验较少，45—55 岁中年教师较多，教学观念的时代性突显不够；中职教师缺乏，例如幼儿专科教师，应该提高培养的层次和数量。教师临聘问题突出：代课教师规模较大，还有部分购买服务人员，这部分教师不稳定，流动性较大。女教师在二孩政策后，请产假的居多，形成了学校缺师高峰，还形成了孩子入园难问题，需要大力筹办公立幼儿园，增加幼儿教育师资培养和供给。

贵州省地方本科师范院校师范专业弱化和转型发展问题突出，如六盘水师范学院倾向于工科转型发展，申请更名为"贵州科技学院"，遵义师范学院拟更名为"遵义大学"等。多数师范院校的师范专业占据本校所有专业的比例已经不足 1/3，教师教育功能被严重削弱，主要表现为中小学师资培养的职能被边缘化，教师教育创新动力不足，课程设置偏离教师教育培养任务的重心，实践性课程很少，教学应用性不强，理论性太强，过度偏向教育教学的基础性理论，同时，教育方法相对陈旧，很难适应中小学教学的实际需要。[①]

师范院校作为地方教育发展的智库，其智力支撑作用发挥不足。作为贵州省中小学教师重要组成部分的特岗教师主要体现在其待遇解决问题上，如养老金、职业年金（较为集中）等问题。另外，该省特岗教师作为省内中小学师资的重要补充，由于各种条件的限制而出现了不稳定性，缺乏专业的技能训练，教师素质整体偏低，且参差不齐，增加了职后培训的压力。建议中小学名师、名校长走进师范院校的课堂，并在师范院校推行师范生的"双导师"制

---

① 李圆、赵虹元：《衔接需求目标的地方师范院校人才培养改革转向》，《兴义民族师范学院学报》2020 年第 6 期。

度，一方面侧重专业技能和理论素养的训练；另一方面侧重教学实践经验的积累。

解决问题的建议：（1）推进地方公费师范生培养工作，实行"两免一补""县来县去"；（2）实施教师走教制度，完善政策，细化标准；（3）提高乡村教师补贴比例，呼吁国家对地方加大支持力度，由原来的每人每月200—300元升至400—500元，增强乡村教师的职业吸引力，乡村幼儿园教师补贴政策可以参照中小学执行；（4）面对乡村教师上升空间小、评聘职称难、外出培训机会少、本地培训质量和层次较低的问题，增加乡村教师专业发展和职称评审的政策性倾斜，增加乡村教师外出参加进修和培训的机会，提高本地培训的质量。

（二）贵州师范大学改革行动及经验

贵州师范大学作为地方重点师范大学，总共有22个师范专业，师范生人数约为总人数的1/3，师范类专业有6个博士点，16个硕士点，形成了以教师教育为特色，多学科协同发展的格局。另外，在教育硕士培养中，实行与地方各地市联合培养的三年学制，但是，教育硕士培养相对而言与中小学脱离，如科学研究的内容相对滞后于中小学（信息技术等），培养质量有待提高。现在贵州师范大学师范生占比为37%，有近76%的师范生选择省内从事中小学教师职业，有11%的师范生选择省外就业，总共有89%的师范生从事了教师职业。贵州师范大学生均拨款是每生每年1.2万元，学校发展目标是2.3万元。贵州省的大学有不少起步于师范院校，后来发展成为各种类型的大学。

贵州师范大学教师教育学院无实体学生，主要承担公共教育类的课程。师范类专业人才培养需要与基础教育建立长期稳定的协同运作机制，这样既可以保证师范院校人才培养的针对性和方向性，又可以兼顾基础教育学校的需求和实际，有助于师范院校人才培养方案的修订，引进基础教育各个不同学科的名师进师范生课堂，开展专题性的讲座，面对面进行沟通对话；鼓励师范专业教师进入基础教育学校的课堂,参与基层教学实践。这些行动需要政府的政策引导,将师范生实践训练作为基础教育和师范院校的共同责任,形成共同的义务和职责。①

贵州师范大学教育科学学院在教育教学改革实践方面推行了多项措施:(1)实践教学:推行实习实践周,贯穿于日常课程教学中,并实行校内校外的双导师制度;(2)师范生到基层教学单位进行教学实习,主要进行听、说、读、写基本功训练,师范专业教师可以到基层教学单位进行工作;(3)实行国培计划;(4)师范大学与中小学名校开展教研、科研等项目的深度合作;(5)充分发挥信息技术类教师的作用,尤其是创客教育,但是限于自身专业发展,尤其是按照评职称的标准,因为他们不能很好地发表应用性的文章,所以需要对之进行政策性的鼓励。教务处推行了师范生培养的改革措施:贵州师范大学的师资培养目标是研究型的卓越教师,培养年限采取3—7年的弹性学制,一般是4年学制。师范生培养以人文社会科学和理工两个类别把课程主要分为通识课、专业课、综合实践课。2017—2018年,贵州师范大学已经获得国家级教学成果奖2项,其中一等奖1项,省级及以上教学成果奖12项,其中二等奖1项。贵州师范大学通过开展师范专业技能竞赛来训练学生的职业技能,要求贵州师范大学所有二级学院的师范生全员参与,随机抽签参加学校层面的竞赛,不过,贵州师范大学师范生的突出问题还是专业素养不高。

贵州师范大学在教师教育改革中成立了教师工作处,主要负责教师培训与进修、师德师风建设、教师职称评审工作。在师德师风建设方面,主要是由学校主导建立组织保障体系,通过制度、体系、办法和行为规范对教师行为进行约束,并以各种活动的开展宣传师德师风,再在各种奖励、考核中推行一票否决制,最为关键的是能够确保师德师风在日常工作中的养成教育。在教学方面,推行传帮带的制

---

① 李圆、赵虹元:《衔接需求目标的地方师范院校人才培养改革转向》,《兴义民族师范学院学报》2020年第6期。

度，培养一线青年教师，学校在教师培养总经费的 900 万元中划拨 20 万元用于开展"师贤名师"活动，分层分类从学校里选拔老中青教学名师，参加省和国家的选拔。在教师工作处下设教师发展中心，并开办思政课程来促进教师的师德师风建设。

贵州师范大学在进行师范教育改革过程中，也遇到了不少地方本科师范院校发展所面临的共同问题和疑惑：如何确定新时代对师范教育提出的新目标，新目标与地方本科师范院校的办学定位如何衔接；地方本科师范院校教师教育学科建设的主要侧重点和发展的实质问题需要明确；在师范生进行教育实践实习过程中，教育行政部门如何发挥作用以协调各方关系，服务于师范生教育实践训练；师范生在加强教育教学技能训练的同时，依然缺少教师科学精神和科学素质的培育，对之是否应该予以重视和均衡；师范教育承载着沉重的社会责任，却难以消除来自多方的误解，对如何提升师范教育的社会地位和认知依然需要进行深度探讨。

（三）遵义师范学院改革实践及经验

遵义师范学院具有 110 年的办学历史，由遵义师范专科学校升格为本科师范院校，2007 年通过了教育部本科合格评估，2008 年合并了两所师范学校，到 2016 年，形成了"一校四区"的办学规模，并在遵义大学城建成了新校区，通过"交钥匙工程"实现了新旧校区的置换。目前，遵义师范学院在校生为 16700 余人，教职工 1152 人，其中，专任教师 800 余人，学校总共开设 50 个本科专业，其中 16 个为师范专业。遵义市是贵州省仅次于贵阳市的经济大市，遵义师范学院是省市共建、以市为主，由遵义市直接拨款建设的大学（每年生均拨款约 1.2 万元），当地政府希望遵义师范学院发展成为遵义大学，成为硕士学位授予单位，以更好地发挥大学服务地方、引领区域发展的功能和品牌效应，建设区域内一流的综合性大学。但是，鉴于教育部关于师范院校发展的政策要求，遵义师范学院很难实现"师范"更名脱帽，并且在综合发展实力上还需要全面提升。遵义师范学院的办学定位是：建设以教师教育为特色，服务地方经济社会发展的区域一流应用性师范大学。

在党和国家、教育部连续下发《关于全面深化新时代教师队伍建设改革的意见》《教师教育振兴行动计划（2018—2022年）》及全国教育大会召开的背景下，遵义师范学院修订、完善了已有的制度和文件，重点对2015年修订的人才培养方案进行了专家论证，依据"边远山区乡村振兴计划"关于特色发展的要求，基于遵义市红色革命传统文化基因，努力弘扬地方特色文化，找准人才培养定位，着力为乡村中小学培养师资，立足遵义地方自然和文化特色，充分兼顾社会对应用型人才的需求，通过开设长征精神等长征文化类通识课程，培养能够讲好遵义故事，且"下得去、留得住、教得好"的新时代乡村教师。遵义文化的精髓是教育和思乡文学。师范生培养目标是具有自主学习、独立思考的能力，具有团队协作创新的能力、信息处理的能力、创新创业就业的发展能力。实行大一"做中学"、大二"学中做"、大三"学中思"、大四"思中做"的人才培养模式，其中汉语言文学专业人才培养方案在落实该培养模式的过程中，努力将其贯穿在课程、课堂、教学大纲和学生学习的各个环节。在实践教学环节，基于国家教育部2016—2017年的文件要求，积极落实师范生实习政策，拓展长期合作的实习基地，不断学习各地实践实习的经验，遵义师范学院推行"UGS"协同培养模式，在实习过程中，遵义市教育局要求在师资补充方面必须先满足语文、数学等主要学科的需要，其他的学科主要由实习的师范生进行补充，这也反映了整个贵州省学科性教师缺编的现状。（当前，遵义师范学院和其他师范院校一样，正面临着师范专业认证和硕士学位点的申报工作。）遵义师范学院与地方教育局双方的合作意愿都比较强烈，尤其是在培养小学全科教师方面，目前双方已经达成合作的基本意向，正在制订定向培养的计划和协议。

在师范生人才培养的课程设置方面，主要根据人才培养方案设置了通识课、专业课、综合实践课等六大类。遵义师范学院人才培养的困境主要是：（1）经费短缺。生均拨款的目标是每年1.5万元，目前是1.2万元；（2）教师长期养成的懈怠心理与基础教育对人才的需求脱节，必须加强师资队伍建设，在政府的支持下，按照教师工作司师范专业认证的要求进行整改。

遵义师范学院设有教师工作处，实际上是两块牌子、一套人马，暂时还没有独立的教师教育学院及教师发展研究中心。当前，遵义师范学院师资队伍的学历结构正在逐步优化，尤其是硕博比必须达到申硕的基本要求，面对人才引进的实际需要，学校努力进行团购房的工作，以吸引更多的优秀人才加入。遵义师范学院教师发展过程中还存在一些问题：（1）与同一办学层次的师范院校一样，教师参与学生管理、党建的积极性不高，所以，在初级和中级教师职称评审条件中新增了必须有辅导员工作的年限要求；（2）教师培训经费比较困难，高质量培训相对较少。

在遵义师范学院座谈中了解到一线教师对本校的师范教育存在较多有价值的认识。化学学科教师指出，师范生教学技能提升的特色行动是通过分类分层的教学技能竞赛以增加学生参与技能训练的动力，教师分组对师范生进行"试讲"技能的训练，并给予指导教师一定的课时补助。物理学科教师认为，应该突出加强科学教育专业的发展，培养更多的基础科学教育人才，另外，对教师职称评审应该采取分类标准，分为以教学为主、以科研为主、以教学科研为主等几类。数学学科教师建议，在中小学教师招考过程中，应该加大学科教育理论和实践技能考核。外语学科教师说，现在的师范生主要是自我迷茫症比较明显，师范院校的办学相对而言还是比较封闭的，不能与基础教育实现充分合作，主要原因是：（1）双方都不够主动；（2）缺少合作的条件，建议师范院校的教师下基层中小学任教和听课。汉语言文学学科教师说，师范生培养的"双导师"制度，已经形成文件，正在积极落实，"三笔一话"、试讲、实习见习等都在人才培养中进行了落实，不过，中小学教师招考过程中却出现门槛过高，歧视地方师范院校学生的情况，限制地方师范院校师范生报考。教育学学科教师认为，基层教研活动基本形同虚设，需要加强"全员参与",应该设立基层教研室经费支持制度,营造团结氛围,从繁杂的事务中解放专业教师,给予中青年教师充分的时间和精力开展教研、科研活动。

四 河南省地方师范院校改革与发展

(一)河南省教师教育发展历程

从1904年河南第一所师范学校——开封简易师范学堂成立至今,河南教师教育已走过百年沧桑。历经清末至新中国成立前的萌芽与形成期,新中国成立至改革开放前的曲折发展期,改革开放之初的恢复与重振期,再发展到20世纪90年代以后的深化发展期,河南教师教育有其自身的脉络。在国内外教师教育改革与多元化发展的背景下,尤其是改革开放40年来,河南省全面深化教师教育领域综合改革,创新教师培养培训模式,持续推进教师教育治理能力和治理体系的现代化。

1980年,鉴于省内师范院校力量分散,整体实力较弱,教师教育发展水平不高,发展速度较慢的现状,河南省决定重新布局全省师范院校,至1983年师范院校发展至9所。20世纪90年代至21世纪初,河南教师教育开始走向深化改革与多元发展期,表现在师范院校教师教育师资学历水平不断提升、学校开放办学逐步扩大、专业性逐步提高上,中等师范专科学校也通过资源整合并入师范类专业高校或其他非师范类综合院校,各地市教师教育学院、教师进修学校等合并为普通师范院校或其他综合性高校,一些师范高等专科学校通过合并方式升格为师范学院或综合性院校。此外,一些综合性大学也开始参与到教师教育的事业中来。总体来讲,20世纪90年代后河南教师教育学历层次提升明显,中师阶段主要负责培养幼儿园和小学教师、大专主要负责培养初中教师、本科主要负责培养高中教师的格局逐步向大专主要负责培养幼儿园教师、本科主要负责培养小学和初中教师、研究生教育主要负责培养高中教师的新格局转化。

20世纪90年代以后,河南教师教育开放化发展步伐加快,主要表现在教师教育参与主体趋于多元化和职前职后一体化方面。在国家政策引导下，河南省逐渐完成了师范院校的布局调整，形成了幼儿师范学校、师范高等专科学校、师范学院以及一些综合性高等院校共同参与的教师教育新局面。2000年以后，教育学院逐步撤并，有的升格为师范专科学校，将中小学教师师资培训任务放给了师范院校，河南大学、河南师范大学、郑州师范学院等高校纷纷承担起"国培计划"的任务，客观上推动了河南省教师教育职前职后一体化的进程，提升了河南省教师教育的质量。

（二）河南省地方师范院校专业化发展与改革行动

河南大学作为省内综合性高校，有着长期的师范教育发展过程，拥有教育学一级学科博士学位授权点，"教师教育"是其二级学科，重点培养教师教育领域的高层次学术人才，作为省内师范教育发展的核心，在师范专业的本硕一体化、硕博一体化探索中卓有成效，推动教师教育向纵深发展。河南师范大学也长期进行综合化教师教育改革，开启具有专业发展潜质的新型教师培养方案的理论反思与实践探索、大学生创新能力培养"双轮驱动"模式研究与实践、新世纪课程教学模式的探索与实践、地方综合性本科师范院校创新型"人才培养模式与课程体系"的构建与实践。2010年成立的郑州师范学院努力探索创新，以小学教育教师培养为主要任务，坚持"强技能、重综合、一专多能"的发展理念，形成了独具特色的师范生职前教育和在职教师培训的教师教育模式。

河南省教师教育多元化发展促进了教师教育专业特色的培育。教师教育目标因师范院校发展定位不同而变得多元化，不同类型不同层次的教师培养任务分别由不同的师范院校承担。教师培养模式也因师范院校的侧重和特色而呈现出多元化，单一培养模式难以满足多样化的社会需求和个性化教师发展要求，师范院校招生培养开始打破现状，探索中学教师培养实行"大类招生、二次选拔、分段培养"和本硕一体化模式，幼儿园教师综合培养模式，中等职业学校教师"双师型"培养模式，特殊教育教师复合型培养模式，以及积极开展师范本科生主辅修制度和师范类专业"双学位"试点等。教师教育课程类型设置呈现多元化。教师教育课程标准颁布之后，师范院校逐渐建构起选择性、实践性的教师教育课程，鼓励教师积极进行教师教育课程创新和改革，打造精品课程体系，建立精品课程资源库。

（三）新时代河南省地方师范院校教师教育改革行动

党的十八大以来，河南省教师教育事业围绕教育规划纲要目标任务，立足河南省教师教育事业发展实际情况，以中小学教师师德水平和业务能力素质提升为核心，以"六大体系"建设为抓手，不断深化教师教育体制机制改革，创新教师培养培训模式，着力推进现代教师教育体系建设。

1. 以教师教育课程改革为突破口，着力构建起基础教育教师培养的新体系

2013年以来，累计投入5000多万元，持续推进教师教育课程改革工程，着力构建高等学校、地方政府、中小学幼儿园、教研部门和县级教师培训机构共同参与、联合培养师范生、联合培训在职教师的融合发展、协同创新的教师教育新模式，促进教师培养、培训、研究和服务一体化建设。实施"教师教育改革创新实验区引导发展计划"，创建实验区20个，覆盖全省本科师范院校和全省2/3的区域，构建了一个由20所高校、16个省辖市教育局、1200余所中小学幼儿园和教研室、县级教师培训机构组成的合作共同体。[①] 在此基础上，启动实施了河南省教师教育联动发展共同体建设计划，以东、南、西、北、中五个片区为基本推进单位，建立了以河南大学、河南师范大学等8所高校牵头的片区联合联动发展共同体和河南省教师教育协同创新联盟。2016年，以小学教育全科教师为试点，启动实施了省级公费师范生培养计划，2019年完成了3000名小学全科教师的招生

---

① 《教育部部长谈2017年教育，31条干货快来看》，https://www.sohu.com/a/127913870_529060。

任务（其中本科层次1000名，专科层次2000名），2020年招生2900名小学全科公费师范生（其中本科层次1900名，专科层次1000名）。聘任"双导师"制教师1300名；立项教改项目1100余项，引发了全省师范院校"3+1""4+2"等培养模式的实践探索；立项建设54门省级教师教育精品资源共享课，初步构建起国家、省、校三级课程体系；启动实施幼儿师范学校博雅教育引导计划和卓越教师培养计划。

2．以"国培计划"为引领，着力构建起基础教育教师终身学习的新体系

依托"国培"，启动"省培"、引导"市培"、带动"县培"和"校培"，形成以"国培"为引领，以"校本研修"为基础的一体化管理、差异化培训的五级联动培训机制，形成从幼教到高中、从农村到城区的大培训格局，构建起为基础教育服务的教师终身学习体系。2013年以来，累计争取中央财政专项资金5.82亿元，培训教师近90万人次[①]，提供顶岗实习岗位近9000个。在"国培"没有覆盖的区域，累计安排专项经费近1亿元，实施"省培计划"，引导各地深入开展教师培训工作，实现骨干教师培训的全覆盖，督促各地建立自身的教师培训体系，打造地方特色。每年安排专项经费400万元，启动实施县级教师教育基地建设引导发展计划，夯实面向乡村教师最基础、最前沿的服务平台，构建乡村教师专业发展的支持体系。目前，全省已建成34所省级示范性县级教师培训机构，规划到2020年全省基本实现县级教师培训机构标准化。同时，组建了河南省县级教师培训机构联盟，实现优质教师教育资源的共建共享。

3．以中原名师为引领，着力构建起基础教育教师梯队建设的新体系

自2013年起，每年安排500万元，启动实施了中原名师培育引

[①] 《锻造一支高素质的"筑梦人"队伍》，https://baijiahao.baidu.com/s?id=1611088450484166764&wfr=spider&for=pc。

导工程，致力于构建以中原名师为引领、从新入职教师到教育教学专家、从校级骨干到省级骨干、从县级名师到省级名师的河南省基础教育教师梯队建设体系。中原名师培育工程得到了社会各界的广泛关注和认可，《人民日报》2015年7月16日在头版头条以"河南创新开展乡村教师支持计划——农村娃、名师教"为题予以报道，省委组织部将"中原名师"列入省人才质量发展指数，省人社厅将中原名师、省级名师列入职称评审绿色通道，激发了教师专业发展的内在动力。截至目前，共培育"中原名师"116名、省级名师3500余名、省级骨干教师近3万名，以此引导市县构建起区域内教师梯队建设体系，致力于全体教师的专业化成长。

4. 以"特岗计划"为引领，着力构建基础教育教师补充的新渠道

2013年以来，河南省同步实施国家和地方"特岗计划"，中央财政、省财政累计分别投入专项经费14.4亿元和11.8亿元，全省共招聘3.5万名特岗教师到农村学校任教。[①] 其中，被聘任为体、音、美、信息技术等薄弱学科的教师占招聘总数的19%，师范类毕业生的比例在70%以上，在村小、教学点任教的比例在30%以上，服务期满留任的比例达90%。大力实施农村教育硕士师资培养计划，累计为农村学校培养800名教育硕士生，为农村学校输送一批高学历、高素质和专业化的骨干教师。实施中、西部农村偏远地区学前教育巡回支教试点工作，累计设立683个支教点，招募1946名志愿者，逐步建立起一支巡回支教志愿者队伍，形成了覆盖农村偏远地区的学前教育服务网络。

5. 以绩效考核为核心，着力构建教师教育质量保障新机制

推动建立师范生教育实习经费保障机制。督促落实将教师培训经费列入同级财政预算，财政拨款按不低于教师工资总额1.5%—

[①] 《锻造一支高素质的"筑梦人"队伍》，https://baijiahao.baidu.com/s?id=1611088450484166764&wfr=spider&for=pc。

2.5%专项安排的政策；调动符合资质的、有爱心的社会机构捐资助教，探索建立了多元化的教师教育投入机制。① 贯彻落实教育部和河南省出台的各项教师专业标准、培训课程标准和资质标准等，推动教师教育"调研+规划+引导+制度+绩效"的管理模式，采取大数据评价、抽查评估和第三方评价的方式，构建以质量监测和信息管理为核心的教师培训质量保障体系，强化过程督导，强化绩效考核结果的分析利用，探索形成完整的管理回路。

6. 强化待遇保障，着力营造乡村教师安心从教的良好环境

2016年，河南省全面开展小学全科教师培养行动，在全省各主要区域的师范院校推行本、专科层次的小学全科教师培养计划，以响应国家乡村教师支持计划及卓越教师计划，全面提升全省农村基础教育教师综合素质，均衡城乡基础教育发展水平，保障农村学生享受优质教育资源的权利。为增加乡村教师的吸引力，全省实施城乡统一的中小学教职工编制标准，建立中小学教师编制城乡统一、区域统筹、动态管理的机制，对农村边远地区，在教师编制、岗位设置等方面予以倾斜。认真落实集中连片特困县乡村教师生活补助政策，2015年以来累计发放补助经费7亿多元，惠及12万名教师。启动实施贫困地区乡村教师周转宿舍建设工程，在"十三五"期间投入资金19亿元，建设周转宿舍3万套。职称评定向乡村教师倾斜，对外语成绩、发表论文不做刚性要求，将男满55岁、女满50岁并在农村从教30年以上的教师直接评聘为中教一级[2]；建立健全乡村教师荣誉制度，对在农村从教20年以上的教师由省政府颁发荣誉证书。建立乡村教师待遇政策落实保障督查机制。同时，将乡村教师队伍建设纳入省政府督政内容，与县域内城乡义务教育一体化改革发展、"全面改薄"、标准化建设等基础教育领域内的重大工程同部署、同落实、同考核，对实施不到位、成效不明显的，追究相关负责人的责任。

---

① 龚金星、马跃峰：《农村娃"名师"教》，《人民日报》2015年7月15日第1版。
② 《锻造一支高素质的"筑梦人"队伍》，https://baijiahao.baidu.com/s?id=1611088450484166764&wfr=spider &for= pc。

本章小结

本章主要总结了地方本科师范院校改革与发展的实践经验和存在的突出问题，指出师范院校发展所面临的教师教育专业化、基础教育改革的冲击和学校生存的挑战，重点分析了地方本科师范院校在办学定位、人才培养、专业设置、办学经费、生源质量等方面存在的突出问题，对地方本科师范院校生存发展的多重困境进行了具体阐释。根据调查研究，总结凝练了全国各地区地方本科师范院校的改革做法、实践经验和问题。

第四章 地方本科师范院校教师教育现状的调查分析

教师教育是教育事业的基础和根本,是提升教育质量的动力源泉。优质的教师教育能够有效落实新时代教师队伍建设的改革意见,推动教师教育改革实践,强化师德教育,提升师范生培养规格层次,创新教师教育模式,提高人才培养水平。开展地方本科师范院校教师教育现状调查研究,旨在考察地方本科师范院校多元化办学格局及教师教育特色与其成因,以期有效发挥地方本科师范院校教师教育的主体责任。

第一节 教师教育组织机构设置现状调查分析

从组织机构的功能定位上看,地方本科师范院校教师教育机构主要可以划分为三种类型。[①] 一是教学科研型:主要指在地方本科师范院校设置的教师教育学院,承担培养学科教育教学、教育科学研究、教育教学管理等方面师范生的多层次培养任务,同时承担在职专任教师、教育管理人员的培训工作。该类型教师教育组织机构是地方本科师范院校的主体。在地方师范院校整合升格为本科师范院校后,教育科学学院、教育学院、教育学部、继续教育学院、教师与教育发展学

[①] 张斌贤、董静:《"教师教育学院现象"与师范院校的发展战略》,《高等教育研究》2012年第10期。

院、教育科学研究院（中心）等相继组建成立。在此背景下，由于专业发展向纵深发展和高质量人才培养的社会需求，教师教育学院也逐渐应运而生，各个有实力的地方本科师范院校普遍进行改组整合，组建形成教师教育学院。二是管理服务型：主要指将原来由地方本科师范院校教务处或人事处等相关职能部门承担的管理和服务的职能进行划分，组建教师教育组织机构，这一机构不承担教学、科研或培训的任务，主要提供教师教育行政管理服务，一般指独立于教务处或人事处的教师发展服务机构，如教师工作部（处）、教师发展中心等。在调研中发现，贵州师范大学整合教务处和人事处部分职能成立教师工作部，统合全校教师专业发展和师范生培养任务。该类组织机构在职能分配中存在与教师教育学院重合的部分，有的地方本科师范院校教师教育学院也兼具一些教师发展服务的行政管理职能。三是管理教学型：该类组织机构功能特殊，不属于专业教学院系和管理机构，却融合二者的相关职能，配备专门教师，主要面向全校教师教育类师范专业进行资源整合，统筹全校师范生培养的顶层设计和改革建议，为师范类人才培养提供保障，如部分教师教育学院、教师教育课程教研部、教师教育公共教研部等。在调研中发现，泉州师范学院成立了教师教育专业群、院系课程组等，由分管教学的副校长担任组长、教务处处长和相关二级学院院长担任副组长、各相关师范类专业主任担任成员的教师教育专业群转型为发展工作领导小组，全面负责专业群建设方案的组织实施和监督检查。

第二节 教师教育学科建设的调查分析

一 地方本科师范院校教师教育学科建设现状

近年来，师范教育被弱化和边缘化的趋势得到有效遏制，振兴的势头正在显现，但是还有一些方面亟待改善。有的地方对教师教育学科的重视依然不够，师范院校综合化的意识较为严重，对师范院校、师范专业的投入支持不够，师范生生均拨款标准没有得到普遍提高。

生源质量下滑现象普遍且严重，当前招收的大都是位居40%—50%区间的高中毕业生，在基础学力和基本素质方面与高质量教师教育培养目标差距较大。在师范毕业生调查中发现，其适应基础教育教学实践的能力较弱，师范院校课程内容与教学方法相对陈旧，教育模式程式化现象严重，教育实践缺乏实效等。

近年来，我国教育事业改革逐渐倾向于提升教育质量和育人实效，地方本科师范院校也随着高等教育改革向应用型高校转型发展。为强化师范性和应用性人才培养特色，国家相继出台关于深化教师队伍的改革意见、教师教育振兴计划和卓越教师培养计划等政策，全面加大我国教师队伍质量提升力度，大力提高我国教师培养质量，助力教师教育改革发展。在"双一流"高等教育改革变迁和教师教育不断强化的新时代背景下，地方本科师范院校依然将教师教育学科作为重点建设对象，不断探索教师教育学科的建设问题。目前，地方本科师范院校教师教育学科建设改革行动主要是坚持以一流的教师教育为目标，坚持以教师教育学科为基础，坚持以教师培养绩效为杠杆，坚持以教师教育改革为动力。① 我国西部一些地方本科师范院校总体办学实力不强，特别是高层次人才匮乏，高水平学科少，科研成果转化率低，人才培养质量不高，管理水平较低。大部分高校具有高层次科技和人才培养平台支撑的学科仅是特色学科，而不是彰显一流学术水准的高水平学科。因此，在以一流学科为主要资源投入和分配杠杆的政策环境中，如果不能将学科特色转化为较高的学科建设水平，将面临学术评价和学术认可度低的问题，也就不可能获取"双一流"建设"突出绩效导向，建立动态调整机制"的政策红利。地方本科师范院校在发展过程中受到了多重挑战，这些挑战主要有教师教育在转型发展中价值取向的重新定位；要不断应对人工智能、大数据时代所带来的生存环境变迁和思维变化的冲击；在学术性与师范性矛盾中面

---

① 朱旭东、赵英：《"双一流"建设逻辑中师范院校的教师教育学科建设》，《教育发展研究》2018年第9期。

临教育信息化在教育变革中的实际地位争论，以及在城镇化进程中乡村教育变迁与发展问题等。其中，随着我国经济社会的快速深入发展，教师教育学科建设的滞后性与不适应性变得突出，教育科学研究的定位因评价的不规范导向而发生偏差，关注的重点人群和区域也存在着不均衡性，相对重视城市化进程的发展，弱化对农村本土化问题的思考，对乡村教师的培养标准、课程设置和教学内容缺乏针对性，无法为未来的乡村教师培养提供有效精准的资源供给。地方本科师范院校人才培养目标的普适性也体现出城市化、功利化、同质化倾向，忽视教师教育的城乡统筹和定向农村的师范毕业生的特殊学习需求，如小学全科教师和地方公费师范生的定向培养、特岗教师和定向农村的支教实习生等缺少农村本土化的教育资源供给，导致教育教学的不适应性和不规范性，教育职业的困惑性和消极性明显。在人才培养过程中，地方本科师范院校强调学科本位，忽视对教师专业成长的关注；在考核评价中，重视知识性测验，忽视教师核心素养和综合素养的考查，如师德评价、教育情感等内容相对弱化。教师教育学科面向的领域主要是学术性的，对教师教育人才的培养和专业发展起着基础性和指导性的作用。因为教师教育学术性工作需要在教育学科制度下开展教师教育科学研究，地方本科师范院校需要设置教师教育专业建设的方向，一般分为学前教师教育、小学教师教育、中学（初中和高中阶段）教师教育（下设不同学科类的教师教育方向）、大学教师教育、特教教师教育、职教教师教育等专业方向，根据国家要求提升各个教育阶段教师培养的规格和层次，一般学前、义务教育等在教师招聘中要求其具有本科层次及以上学历，高中阶段教育和大学教育在教师招聘中要求其具有硕士研究生及以上学历，这也为地方本科师范院校不同人才培养的课程教学及就业方向提供了指导。

教师教育的学科内涵，既是指教育学一级学科下的二级学科或通过硕士、博士学位的设立设置教授席位培养教师教育学术人才的制度，又是探讨教师教育知识体系、建立教师教育概念和范畴及其关系而形成理论的一种学术研究，还是为教师培养和培训的政策和实践等提供咨询的一种社会服务。因此，教师教育学科建设也包括教师教育的人才培养、科学研究和社会服务三个方面。教师教育的人才培养建设，是指在国家规定的学科目录中确立教师教育学科，地方本科师范院校重点培养教师教育的专职教师，并在职称评审中设置教师教育高级职称，鼓励专业教师以个人或团队形式参与教师教育学科建设，有效保障教师教育学术资源，在高级别课题研究中获取更多的优质学术资源，如积累国家社科基金项目、全国教育科学规划课题、教育部人文社科基金课题等教师教育学研究的成果，并建立教师教育研究的专项课题评审制度，助力教师教育学科的建设与完善。另外，地方本科师范院校还将教师教育学科建设中在职教师的培训作为学科延伸的重点工作内容，参与学科的社会服务建设，鼓励高职称、高级别专业教师参与地方基础教育教师培养、培训和专业发展等支持服务工作，并建立了服务标准和绩效奖励考核制度。

二　教师教育学科建设与教师培养

教师教育学科建设的主要目标是促进职前职后教师一体化发展，全面加强教师队伍建设，教师培养和培训属于地方本科师范院校教师教育学科建设中的重要内容。地方本科师范院校逐渐强化教师教育学科建设。在长期的师范教育历程中，由于缺乏实质性的教师教育学科，导致教师教育人才培养缺少研究性和学术性，课程与教学的育人过程变得盲目和混乱，多数院校缺少精准和科学的研究意识。在明确建设教师教育学科之前，教师教育研究主要散乱地存在于教育学一级学科下不同的研究方向之中，不能有效地实现人才培养和教育科学研究的专业性、独立性。教师教育学科地位得不到明确，教师教育学术研究成果也非常有限。在学科建设队伍组建过程中，地方本科师范院校由于专业人才队伍资源不足，将学科教学法（论）、教育科学研究人员和专业教师等拉起团队建设教师教育学科，教师教育学科建设质量难以得到保证。近年来，地方本科师范院校逐渐组建培养起一些学科建设团队，制定了专业的学科建设标准，不断加强教育行政部门、师范院校、中小学等多位一体的教师教育联盟等共同体，联合培养本专科师范生和师范类教育硕士、教育博士研究生，共同参与制定人才培养方案，注重团队协作和与地方教育行政部门、中小学进行项目合作，催生了较多的学术研究成果，提升了教师培养质量，推动了教师教育学科建设的完善。

第三节 教师教育师资状况的调查分析

部分高层次人才对做好一流科研孜孜不倦、废寝忘食，而开展本科教学的意识偏弱，教学得过且过、消极应付，有的甚至因为开展科研实验、参加学术会议等而对教学分身乏术、有心无力，"教授上讲台"的要求形同虚设，教授成了研究员，大学成了研究所。青年教师教育教学能力普遍需要提高，他们虽然学历较高，但大多是非师范院校毕业的，普遍缺乏教育教学方面的训练，在教学设计、教学研究、教学改革等方面还存在欠缺和不足，难以达到学科教学的要求。部分高校对传、帮、带优良传统弘扬不够，重建科研团队而轻组教学团队的现象较为严重，教研室等教学基层组织弱化，集体备课难见踪影。考核评价机制尚待完善。

部分地方本科师范院校教师教育师资力量不足主要表现在如下方面：一是教师教育师资年龄、职称、学历和专业学缘等方面不能有效满足教师教育人才培养的需要。同时，师资队伍结构不太均衡，低学历的中青年教师主要承担教学任务，却很难在教师教育学科建设方面发挥重要作用，高学历、高职称教师严重不足。中青年教师朝气蓬勃，容易体会学生的感受，师生融合度较高，但教学经验不足，育人缺乏专业性。二是部分教师缺少基础教育实践经历和任教经验，对基础教育课程改革的进度和实际问题掌握不精准，对中小学教育教学内容不太熟悉，内容讲授偏向理论性和理念性，相对脱离基础教育发展的现状和未来趋势，师范生直观感受性体验不足，课堂教学效果和学生满意度较差。所以，地方本科师范院校对教师教育课程进行了创新，实行一线中小学教师承担师范生实践类课程教学任务的管理政策，邀请一线名师走进师范生课堂开展专题性讲座活动，如以教师资格证的培训、班主任工作实践与思考、学科教学经验交流、中小学教师专业发展、城乡中小学差异化教育探讨等为专题进行师范生课堂研讨活动，这些能够让师范生直观地了解和感受中学教育教学实际状况和正在进行的教育改革，体验性学习过程促进了师范生快速的专业成长。

第四节 师范专业课程设置的调查分析

一 地方本科师范院校教师教育课程设置现状

地方本科师范院校在发展过程中多数经历过师范专科、机构调整合并升级的发展阶段，随着地方本科师范院校发展规模的不断扩大，学科体系不断健全，逐渐由师范专科向本科、研究生教育层次发展转变，有些师范院校直接转型成为综合性大学，但仍兼具教师教育人才培养和社会服务功能。地方本科师范院校在发展定位上基本都打出了建设特色鲜明的高水平地方师范大学的办学目标，突出特色和应用性，表面上虽然以强化"师范性"为主要方向和工作重点，但是，在学科和专业建设中，学校仍然大力支持非师范专业发展，在人才引进、经费拨付、科研投入等方面都给予了非师范专业较大的支持，不断增加新的应用性的非师范专业，并将其作为学校发展的基本成长点，而师范专业的资源获取就显得捉襟见肘，学科建设推动力度不够，专业发展经费支持较少，人才引进困难，教师教育被边缘化的风险较大。

（一）教师教育课程被边缘化

随着高等教育改革发展的功利化趋势，致力于综合性大学发展的地方本科师范院校把主要精力放在专业和学科的大而全上，对专业人才培养质量和学科建设成效关注度很低，在新建的非师范本科专业上的资源投入力度较大，师范专业改革幅度和力度都十分有限、建设速度缓慢。地方本科师范院校的发展起点普遍不高，且本科阶段发展历史较短，原有的专科培养经验还影响着本科师范生的培养，还没有形成较为系统稳定、科学规范的本科人才培养模式，师资力量又较为分散，重点建设非师范应用性专业，导致教师教育发展颇为迟缓。教师教育课程在教学安排中始终被各个学院学科专业课程所挤压，甚至有意减少教师教育类的课程或课时。① 教师教育类课程主要集中在教育学、心理学和学科教学法上。课程性质和类型的划分较为传统，且存在内容滞后、交叉重复的问题，教育类课程除了所占总课程比例偏低和门类偏少外，还体现在内容陈旧、方法单一、教学效果不佳上。

（二）通识教育课程不足，师范生综合素质培养缺乏载体

教师教育人才培养以有理想信念、有道德情操、有扎实学识、有仁爱之心为方向，培养学生宽广的知识视野、扎实的学科知识基础和较强的教育实践能力，加强公共基础类教师教育课程十分必要。增设通识教师教育类课程，拓展学生自主选择课程的空间，提升教师教育教学质量，为培养厚基础、高素质、强实践的师范生提供行之有效的课程体系。目前，地方本科师范院校教师教育课程主要问题在于任选课程少、限选课程多，课程内容覆盖面较窄，课程结构和布局缺少弹性，缺少可选择性的研究性专题课程，课程考核评价方式较为随意。缺乏多学科融合和多元文化的课程，方法论的课程更是稀缺，制约着师范生综合素质的提高。

（三）实践性课程匮乏，不利于教师教育的专业化

教师教育的专业化是师范生专业发展的重要特征，理论性课程是师范生专业成长的主要内容，但却不能有效地提升师范生专业发展质量，因为只通过理论课程很难培养学生的专业水平，需要辅助参与体验性强的实践性课程，实践性课程也有利于检验理论学习的程度和实践教学研究能力。教育实践是学生获得实践性知识和智慧的重要途

---

① 苏文兰：《地方师范院校教师教育课程改革的走向与实践》，《肇庆学院学报》2018年第1期。

径。据不完全统计，我国教师获得课程知识和技能的途径，有7.6%得益于专家讲座，有11.8%来自高等院校进修，有19.7%是自己学习的结果，有60.9%的则靠在实践中学习和体会。① 教师教育发展程度比较高的国家十分重视教育实践课程的计划和学时，美国教育实践的计划时间为1个学期，英、法等国要求为培养计划的1/2，我国台湾地区为1年。在调研中发现，地方本科师范院校师范生实践教学形式较为单一、课时较少，短暂的教育实习和见习等实践环节难以保证师范生形成对教师专业特殊性的深入认识，不利于教师教育的专业化。

二 地方本科师范院校教育类课程存在的突出问题

基础教育课程改革持续深入推进，对新时代教师培养质量提出了新要求。卓越师资力量成为基础教育改革成败的关键要素，改革对教师综合素质的要求提升，对地方本科师范院校的教师培养标准有了更加精准的定位，很多师范院校与基础教育中小学联合研制人才培养方案，并根据培养的突出问题和实际需求调整修订人才培养方案。《教师教育课程标准》提出的"育人为本，实践取向"课程理念，直接推动了教师教育课程改革步伐。但是，限于地方本科师范院校发展的惯性思维和相对落后的发展基础，教师教育类课程还存在如下问题。

（一）忽视教师教育类课程的地位和功能

综合化的院校发展目标，导致教师教育课程资源短缺，甚至被新开设的非师范专业挤占了发展空间和优秀师资，原有的师范专业日渐萎缩，师范特色和优势被弱化和被边缘化，教师教育课程的地位得不到保障，课程功能得不到充分发挥。学校总体发展定位和教育管理行动直接反映在教师教育专业内部，通过课程与教学呈现出来，本属于师范生专业课的教师教育课程，却被公认为是公共基础课程，在课程开设、课时划分安排中的比例较低。《教师教育课程

---

① 俞立中：《推进教师教育创新 提升教师专业水平》，《中国高等教育》2009年第9期。

标准》明确提出:"教师教育课程除去教育见习和教育实习,职前课程约为250学时。"在调研中发现,多数地方本科师范院校很难达到这个标准。另外,教师教育课程结构也存在较多不合理之处,课程的结构逻辑缺少科学专业的分析和研判,导致课程缺乏整合,交叉重复问题比较多;在重点内容方面课程结构需要细化,却又以整合性很强的课程呈现出来,难以进行纵深的专业研究,提高师范生的学术要求和能力。我国师范教育采取的是分专业培养模式,即各专业负责本专业课程的设置和教学(包括学科教学论类课程),大部分教育类课程则由教育学院或教师教育学院负责设置和开设。[①] 各个专业院系按照自己人才培养目标设置本专业的教师教育类课程,其他教师教育类课程则由教育学院或教育科学学院分配,这种情况极容易导致出现培养思路不统一,课程整合性低,知识点重复和断层,课程体系和逻辑混乱的问题。课程模块是地方本科师范院校解决这种问题的主要途径,具有很强的灵活性和创新性,但是很多院校的课程结构虽有模块的划分,但只是几门科目的一个名称而已。其内部并没有打破学科界限。

(二)课程内容陈旧滞后,脱节于基础教育实践

调查发现,师范院校的课程内容多以理论性或理念性知识呈现,学生对概念学习和理论思辨的兴趣较低,对教师教育课程与教学满意度较低。教师教育课程观念相对落后,不能及时反映当前基础教育课程改革的实际,陈旧的教材内容缺乏更新,没有吸引力。教育类教材缺少对多种课程内容的整合,专业性教育价值取向缺少不同角度的阐释,对最新教育改革发展的趋势和最新研究成果、经验的引介很少,务实的操作性较低;心理学类教材偏向专业性和实证性,理工科与人文社科类师范生学习心理学的认知基础存在较大差异,教材内容不能很好地兼顾二者的差异。另外,中小学教材的案例分析和教学指导内

[①] 武立民、马晓红、王凌霞等:《地方师范院校教育类课程改革:问题与路径》,《邢台学院学报》2018年第2期。

容在教师教育类教材中却很少涉及，只是限于空泛的理论和概念、原理铺陈。

（三）教学方式固化单一，无法调动起学生的兴趣

教师教育类的专任教师多数属于大学教师，而来自一线的中小学教师却很少。大学教师缺乏中小学工作经验，教育认知和理解源于书本知识、网络和个人经验，课堂教学方式倾向于理论讲授，教条式的教学过程很少结合实际问题，照本宣科，讲述空泛，缺少丰富多样的师生互动，课堂学习活力不足。专业水平不高的教师难以用教育理论十分专业地解释教育现实问题，不能够用教育实例对教育理论进行合理阐释。以教师主导和学生为主体的教育理念，只能存在于中小学课堂上，自己的课堂却扎实地贯彻"以教师为主导"，而"以学生为主体"严重缺位，长期忽视对学生学法的指导和自我教学方式的反思，教学与习得的矛盾关系只有对立，缺少统一。学生对教育学课程的教师预期通常比一般教师要高。如果他们发现教育学科教师的课堂行为与传递和倡导的教育理念相去甚远，其失望和不满会更加严重。

（四）教育实践课程重视度不高，实效不明显

多数发达国家对师范生教育实践的要求比较高，课程设置相对精细。我国教师教育也从顶层设计上反复强调提升教师教育的实践取向和能力并重等要求，应用性人才培养的模式也提出了对实践性课程的要求，实习见习和研习成为目前教育实践的主要形式，将学习的理论知识通过加工转化应用到教育实践之中，实践性智慧也是教师教育课程与教学的重点内容。目前地方本科师范院校的教育实践课程主要存在以下问题：一是对教育实践的育人作用理解不到位。传统教育认知过程是先学知识再进行实践，或者先进行理论学习再进行实践检验。理论与实践的辩证关系是螺旋式递进的，并非前后相接的单向关系，理论指导实践，实践反映理论，相互影响，相辅相成，共同促进师范生对理论的深刻体会和实践问题的深入思考，是一种科学的学习过程。地方本科师范院校主要将实践课程安排在大三下学期或大四上学期，在实践中呈现的很多问题不能得到有效及时解决，导致实践过程

中的低效。二是对实践教学的指导不足和管理松散。师范生在教育见习和教育实习过程中，一般由班级自行组织或学院安排专人统一负责，高校专任教师的实习指导频率较低，多以见习或实习学校的带教教师为主，不论是高校教师还是中小学教师都有较多的教学任务，很难抽出精力和时间指导学生实习工作，导致实习指导和管理的考核标准限于形式化和文本化，规范严格的实习制度与实践的随意性形成了明显的冲突关系。指导教师往往负责实践人员的分工和学生考勤，学生很少能得到专业性的指导，导致实践过程变成了学生盲目的自我探索。[1] 实践课程的考核标准主观性较大，没有理论课程那样的严格考核，得不到学生应有的重视。实践性学习在多数缺少教师的学校展开，师范生要承担主要的教学工作，缺少基本的教法指导和管理经验交流，很难接触到新的教学理念和教育改革做法。由于城区学校不缺教师，又担心实习生扰乱他们的正常教学秩序，因而选择拒收实习生，或者实习生成为带教教师的助教，做一些非核心要素的工作。这种"支教式实习"，不能最大限度地促进学生的成长。在调查中发现，师范生在学习教师教育课程之后，自认为所获取的职业素养多集中于教育观和教师观等理念认识层面，具体的课程训练的针对性素养相对欠缺（见图4-1）。

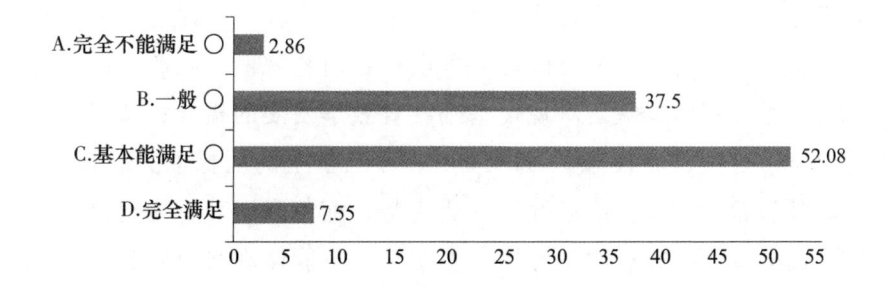

A.完全不能满足　2.86
B.一般　37.5
C.基本能满足　52.08
D.完全满足　7.55

图4-1　师范生在学习教师教育类课程后认为获得的基本素养（%）

---

[1] 武立民、马晓红、王凌霞等：《地方师范院校教育类课程改革：问题与路径》，《邢台学院学报》2018年第2期。

经过教师教育课程学习与训练之后，有52.08%的师范生认为基本能够满足自己和社会的需要，相对满意度不是很高，学习的需求与满意度之间存在着一定的差距（见图4-2）。

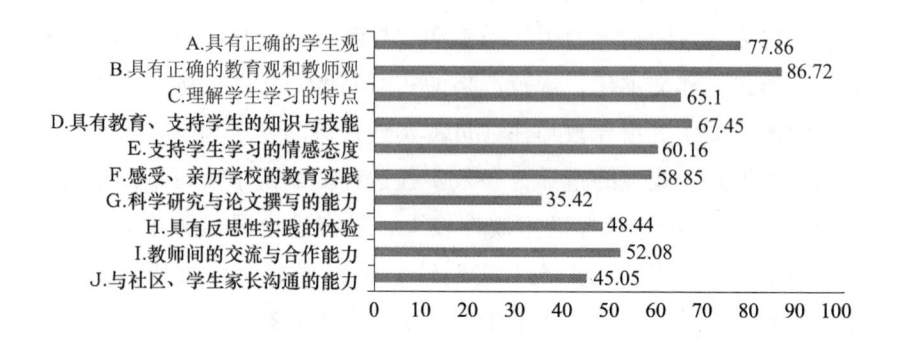

选项	百分比
A.具有正确的学生观	77.86
B.具有正确的教育观和教师观	86.72
C.理解学生学习的特点	65.1
D.具有教育、支持学生的知识与技能	67.45
E.支持学生学习的情感态度	60.16
F.感受、亲历学校的教育实践	58.85
G.科学研究与论文撰写的能力	35.42
H.具有反思性实践的体验	48.44
I.教师间的交流与合作能力	52.08
J.与社区、学生家长沟通的能力	45.05

图4-2　师范生认为教师教育类课程满足自己和社会需求状况（%）

地方本科师范院校课程设置体系普通课程约占总学时的21%，专业课程约占总学时的72%，教育课程约占总学时的7%。美国高等师范院校课程设置体系普通课程约占总学时的33%，专业课程约占总学时的33%，教育课程约占总学时的33%。[①] 在课程设置上，我国教师教育课程的分类及课时构成的比例与发达国家相比差距不是很大，也都由教育学院或教育科学学院完成教育学课程的教学任务。但是，现行的教育类课程本身也存在内容陈旧、脱离实际、时代感不强等问题，缺乏对现代基础教育教学发展的指导；课程内容理论学习过多，而教育实习时间少，导致学生的实操能力较低等，使教师教育人才培养优势逐渐变成劣势，变革意识和行为迟缓，决定了高等师范院校教师教育特色不明显，不能体现出教师教育专业化的发展趋势。[②]

[①] 季诚钧：《试论高师教育课程体系的调整》，《课程·教材·教法》2001年第10期。
[②] 杨建国：《高等师范院校教育学院课程体系建设研究》，《教育理论与实践》2016年第24期。

三 地方本科师范院校教师教育课程教学改革实践

为了应对师范专业认证、教师资格考试和教师教育课程改革等带来的挑战，各个地方本科师范院校正在积极调整教师教育办学策略，以顺应不断变化着的教育实践要求和改革标准。在课程与教学改革中，地方本科师范院校积极致力于课程内容的修订和完善，教学观念的更新，引入最新的教育理论，强化实践管理和评价机制，促进教师教育课程与教学改革顺利有效进行。

（一）调整办学方式与培养目标

为培养新时代高素质教师队伍，进一步加强教师队伍建设，推进教师教育质量保障体系建设，提高师范类专业人才培养质量，教育部决定开展普通高等学校师范类专业认证工作和教师资格证考试与定期注册制度。师范专业认证本着"学生中心，产出导向，持续改进"的理念对各个本科师范院校的教师教育专业的办学标准提出了分层分级认证要求，重点对师范专业的办学质量进行考核，考核结果直接作为师范生教师资格证获取的基本途径，若认证结果为不通过，专业办学资质就会受到极大挑战。因此，当前绝大部分师范生或非师范生都必须通过全国统一组织的教师资格证考试，才能获取教师资格证。在此背景下，地方本科师范院校受到了一系列挑战，办学的基本方略与人才培养的现状需要进行重新调整与完善，如对办学质量较差的非师范专业进行削减，增加师范生招生比例，拔高招生标准；及时按照标准修订人才培养方案，转变教师教育传统松懈的课程观念，变革落后的教学手段和方式，提升教育评价的科学性和严谨性；加强实践性教学效果，增加实践性教学经费的投入，严格实践教学过程管理，提高教师指导积极性和水平，延长教育见习和实习时间；不断强化校级和院系的教师教育教学督导和管理，完善过程性文档管理工作等。

（二）改变课程结构与教材内容

积极调整课程结构和教材样式，实现基础管理正规化。课程结构直接影响师范生的知识结构、学科教学能力、教育研究和管理等综合素养的提升，也间接影响其教师资格证的通过率。所以，人才培养方案的修订需要按照师范生综合素养的养成体系加以完成，如教育学类课程可以根据师范生培养方向的不同而确定不同的授课重点，是以小学为主还是以中学为主，抑或是以普适性理论学习为主等；课程的类型、学分、课时分配及时间安排需要根据人才素养结构的侧重来确定；实践性的理论专题和技能训练专题课程如何进行体系或模块化设置等都需要根据课程结构的规律性与人才培养的素养要求加以确定。增加课堂观察、案例分析、教材分析与教学设计的比重等。如湖北第二师范学院提出了"实践课程模块体系化"，将课程模块分为学科教学模块、教学观察模块、教学实践模块、教学研究模块、班级管理模块、综合活动模块、师德培养模块等。如湖南省第一师范学院就切合"考纲"紧扣"设计"优化课程知识体系，凸显学生设计能力与实践能力的培养，增加了片段教学设计、教案设计等内容。这些变化表明课程的设置不仅丰富，而且向着应用性、实践性调整。① 结合师范专业认证和教师资格证考试的基本要求，按照本校教师教育人才培养的特色和重点，调整教师教育课程知识重难点与教学的方式手段，甚至有些师范院校由教师自编校本教材，在课程知识内容和编写体例上也存在着对标的功利性呈现。

（三）变革课堂教学的方式方法

教师教育课程与教学在师范专业认证和教师资格证统考之前相对比较简单和松懈，师范专业办学压力小，师范生可以直接认定教师资格。只要课程修业完成、课程学时达标、课程内容考核合格，且能够顺利获取相应的普通话等级证书，教育实践和技能训练达标，就能够直接认定教师资格，这样教师教学压力和学生学习压力都比较小。由于任务性的教学和被动性的学习，教师丧失了教学的主动性和积极性，学生丧失了学习的主体性和自主性，教师教育的教与学在这样宽

---

① 龚伟：《新教师资格考试背景下师范教育课程改革研究》，《陕西广播电视大学学报》2018年第2期。

松的教学环境中变得不再严谨,教学效果和毕业标准都在无形中降低了。专业建设与发展需要有明确的认证标准,教学需要明确的质量管理标准,学习需要明确的考核评价标准,管理与执行标准应该让教师与学生同时体会到教与学的任务都要认真完成。理论学习与实践训练需要融会贯通于课程教学中,思维训练与动手操作能力应双管齐下。师范生的教师身份意识非常重要,通过微格教学训练、微课制作、翻转课堂、专题的文本撰写指导等,都能够提升师范生教师角色的身份意识。湖南第一师范学院利用现代教育手段有效开展了网络化教学,通过在线观课与评课、线上答疑等便捷化的教学方式,在与学生积极互动中促进理论理解,加强实践能力的培养。

（四）加强师范生技能训练

师范生口、脑和手的全面调动是技能训练的重要关注点。对学科教学目标叙写、导学案和教案的撰写、教学设计、说课讲课（一般是5分钟说课,10分钟讲课）、课程评价、教学总结反思等教育教学技能都应该熟练掌握,这些属于师范生基本的教学技能。师范生自觉自主学习,积极参与技能训练是强化综合素养的非智力行为因素的体现。在技能训练过程中,训练方式需要多样化,创设丰富的活动类型,以"课堂教学模拟""同课异构""课堂翻转""微课制作""微格训练"等形式有意识地进行技能提升,掌握技能操作的基本规范,并不断反思调整,将师范技能意识深刻融入自我课程学习与生活经验中。地方本科师范院校多数都建立了师范生微格教室,供师范生进行微格教学技能训练,但是,鉴于微格教室建设经费投入较多,教室建成数量比较有限,师范生使用机会相对有限,有的学校甚至只能在大三设置编排微格教学训练时,才有机会使用微格教室,难以达到教室利用的常态化。学校应全面加强微格教室的建设,扩充师范技能训练的资源投入和扩大覆盖面,让师范生都有机会以自我视角观看、评价自己的教学行为,形成自我反思和再次的技能强化提升。

（五）完善师范生教育实践课的设计

1. 加大见习力度,提高教学水平

教育见习课程在地方本科师范院校一般都有设置,但是,见习效果普遍不佳。因为教育见习属于在不脱离其他课程学习任务的前提下完成的教学观摩、交流和反思,深入度不足,有的院校教育见习完全形式化,师范生、教师和见习单位都难以投入充足的精力和给予相当的重视来完成该任务。教育见习是将课堂的教学理论在教学实践中加以检验反思的过程,以对自我教育进行反思和提高。地方本科师范院校教育见习要得到足够的重视,就要加强教育行政部门、师范院校和见习单位三方协作,提倡从大一就建立起师范生见习制度,组织师范生观摩中小学课堂教学的常态课,明确见习目的,加强见习的指导和研讨,不断提高师范生自身的教学水平。

2. 延长教学实习时间

教学实习是见习后的重要实践过程,部分地方本科师范院校的教学实习周期过短,有的甚至不足1个月,难以达成师范生实习的教学目标。目前,教学实习普遍只有1个学期的集中时间,能够达到1学年的院校比较少,且在实习过程中也存在师范院校教师指导不力、实习单位教师带教敷衍的问题,实习生很难在实习中获得有价值的教育教学经验。时间短、实习效果差是地方本科师范院校教育实践课程的普遍问题,所以,在教学实习改革中根据本校人才培养方案,应适当延长实习时间,在选择实习单位时应充分进行沟通研讨,制定切实可行的实习管理和带教指导方案,帮助师范生提升整体教学能力,提高综合育人素质。另外,实习课程应该根据现有条件分散安排,避免过于集中实习,理论与实践的反复检验与对接,有助于师范生深入理解所学教学理论,反思教学实践问题,积累大量教学经验和训练处理实际教学问题的能力,使师范生真正从思想上、心理上做好准备,完成角色的转换。这样培养出来的师范生更成熟、更富有经验、更适合教学工作。

第五节 教育教学实践的调查分析

一 地方本科师范院校教育教学实践现状

地方本科师范院校教育教学实践主要以教学实习为核心来开展,

一般属于全脱产的学习方式，集中进行实习。校内开展的教育教学实践活动主要以研究性、创业性、社团性和课程教学技能性为主，教育见习属于校内校外联动的实践形式。教育教学实践分为课程与活动两种类型，在课程内主要包括教育见习、实习、毕业论文等，一般都会在人才培养方案中以正式课程形式呈现出来；活动主要以课外学术竞赛、社团活动、教学比赛或技能竞赛等形式呈现出来，辅助于课程内的教育教学实践。校内校外、课程内外联动的教育教学实践是地方本科师范院校普遍的特征，创新性和特色性也会根据本校不同的人才培养定位而有所差异。但是，随着我国基础教育课程改革的不断深入推进，对教师的综合素质要求逐渐提升，尤其是对教师的教学综合能力的高质量要求更加强烈。在师范生教学综合素质难以达到地方基础教育学校的基本要求时，对地方本科师范院校的人才培养，尤其是对教育教学实践训练提出了较大挑战。调查发现，地方本科师范院校教育教学实践问题主要表现在以下方面。

（一）实习资源缺乏，针对性不强

实践资源一般需要师范院校、教育行政部门和地方基础教育学校共同提供，但是，实际结果却是师范院校承担着主要的资源供给任务，其他两方却很难承担起师范生的培养任务，在实践资源供给方面表现不佳。其中，主要原因在于师范院校的核心作用发挥不明显，行政部门协调不力，地方基础教育学校出于各种原因不愿认真培养实习中的师范生，甚至在接收实习生和发布招聘信息时对地方本科师范院校师范生带有明显的抗阻行为。在此条件下，师范生校内参与各种比赛、竞赛和社团活动的机会比较少，甚至有的师范生根本没有任何机会或意识参与课外教育教学实践类学习，课程内的教育教学实践也存在不用心、指导和管理缺位的现象。实践资源的严重不足、现有资源的针对性不强都体现了对师范生教育教学实践需求的关注度较低，问题解决不及时。另外，在基础教育学校见习和实习过程中，往往会出现所学内容与实际教学出入较大的现象，如学科教学训练中所用教材与中小学教材难以有效匹配，致使资源对接不上，高校师范生所用教材相对滞后于中小学教材的更新速度，教材储备更新不及时，造成很多师范生去实习基地之前不了解当地学校教材的使用情况。不仅如此，实习资源的针对性也不强，网上的很多视频资源针对的大多是在职教师，对没有经验的师范生的帮助不大。①

（二）实习管理落后，过程指导不够

在师范生实践管理中，课程方面主要是实践课程标准、过程和评价缺乏人才培养意识和规范的管理制度，活动方面主要是活动动员不及时、不全面，过程指导不足，师生对接不畅等。主要问题在于以下四个方面。

1. 师范院校对实践过程缺乏足够重视

地方本科师范院校实践管理主要由学校教务处和各院系教学副院长、系主任、实习专干等负责，虽然给师范生分配了专任教师，但教师积极性和动力不足，学校管理存在缺憾，导致实习指导缺乏有效性、全面性和长期性。在实践过程中，师范生出现的各种问题得不到及时处理和纠正，教育教学实践质量较低。

2. 实践单位对师范生安排不到位

教育见习和实习作为师范生教育教学实践的主要内容，需要师范院校和实践单位进行联合实施，但是却出现师范院校管理和指导不足，实践单位培养随意，带教教师不上心，师范生见习实习迷茫的问题。师范院校的核心作用发挥不充分，不能充分联系地方教育行政部门协调师范生实践安排和有效管理，导致实践单位以大批的见习生、实习生严重干扰学校正常的教学秩序为由拒绝接受师范生的培养任务，即使勉强接受师范生见习和实习，也难以起到充分的培养责任，对见习生交流过程简单和形式化，带教教师不敢放权给实习生，认为实习生对于很多教学内容讲不清或讲不透，只是让实习生做一些"助教"的工作，例如，批改作业或是自习辅导，实习生真正接触讲台的

---

① 祁真真、赵可云：《大数据对师范生教育实习质量的影响研究》，《数字教育》2018年第2期。

机会不多,因此对实习生的实习质量产生了不良的影响。①

3. 教育实践评价方式单一,缺乏科学性

目前师范生教育实践的评价机制存在较大问题,校内的课程评价标准不明确、过于简单和宽松,校外实践评价体系不完整、可操作性不够,教育见习和实习评价形式化、随意化,以及评价内容具有同质性等。另外,在校外实践过程中,校内专任教师的评价脱节于基础教育评价标准,教师缺乏针对性的评价知识、技能和标准,主观性评价较为严重,只是重视实践结果,对实践过程的评价明显不足,实践评价的结果缺乏真实性和公平性,对师范生实践质量影响较大。

4. 师范生教育实践态度和技能有待提高

教育教学实践是对校内和课程理论学习的检验,既能够充分积累实践性经验,又能深入将理论与实践结合起来。但是,长期的校内课程学习导致师范生的关注点只在于自己身上,理论认知的盲目性坚持缺少实践反思,与校内外指导教师存在理念认知的冲突,以自我的价值标准来评价和决定课堂的行为表现,缺少认真思考的基本态度和深度学习的基本品质,缺少客观性和理性思维意识。在实践技能训练中,思考和参与度不够,如听课只是限于现场的学习,现场外也只是限于任务的完成,难以做到自主性学习,导致教育教学技能较低,理论到实践的过渡困难,教学设计中明确认识到以学生为中心,技能展示中却又无法做到以学生为中心,学生的主体性直接被教师的主导性所覆盖,在实践行动过后,没有进行专业理性的分析和反思,对学习者的学习特征(如学习兴趣、个性特点和学习基础)了解不到位,影响学生个体的学习和发展,也影响其自我的专业成长。

---

① 祁真真、赵可云:《大数据对师范生教育实习质量的影响研究》,《数字教育》2018年第2期。

二 师范生实践能力培养现状

目前,地方本科师范院校师范生的综合实践能力培养已经逐渐成为学校人才培养的重要内容,重视程度正在逐步提升,在实践教学管理、实践质量管理和实践专业指导方面都进行了调整和完善,但是,仍然存在一定的问题需要解决:一是课程内容体系不健全。师范生的专业培养需要对接基础教育课程改革,按照基础教育发展的基本方向设定实践教学的基本内容,如现阶段中小学课程标准、教材和教学指导等都发生了较大变化,师范生实践性课程内容也应随着调整。部分院校仍沿用传统的实践课程内容,教学体系设置也不合理。二是师范生实践自主性不强。在实践课程或活动中,师范生整体主动参与意识不足,参与程度较低,职业定位不明确,专业学习存在懈怠心理。部分师范生受周围同学和社会环境的影响,对自己的职业定位有其他的想法,如在实习阶段将大部分时间和精力投入考研、公务员、事业单位复习考试,教育实践投入度较低,实践能力不强。[①] 三是实践课程安排不合理。地方本科师范院校在实践实习安排上缺乏专业研究和判断,安排相对保守,时间短且集中,专业教师实践指导水平不高、指导不及时,实践评价机制不完善等。四是实习单位资源短缺。实习单位是师范生实习的主要场所,师范院校固定的实习基地不足,师范院校的正式签约单位更是有限。在实习单位中,师范生本可以真实地感受实际教学的环境,体会真实场域的教育经验,然而,现实却是他们难以走进学校和课堂,这直接影响了他们岗前教学实践能力的培养。

地方本科师范院校对师范生教育教学实践能力培养比较重视,但是,教学中却很难实现高质量的改革行动,对实践导向的课程改革的尺度和边界把握不准,改革效果不明显。师范院校在改革中极力鼓励学生参与各种教学技能比赛、学术竞赛等,课堂上教师也积极采用翻

---

① 李唐海:《高师生实践能力培养途径分析》,《教育教学论坛》2018年第26期。

转课堂的形式，培养师范生基本的教师素养，锻炼其教学能力，也有的专业直接建立微格实训室，线上观摩优质课视频，远程在线连接名师课堂等，但是，师范生在走进真实的中小学课堂时却依然手足无措，工作适应速度较慢和教学能力存在很多不足之处。这种问题的产生可能受到师范生个性特点和实际环境的双重影响，但如果这种现象普遍存在，就只能从师范院校实践教学与育人过程中寻找原因了。其原因主要是起主导作用的技术理性理论，在狭隘的经验性实践观指导下的教育理论课程与教育实践课程，对提高师范生的教师专业实践能力效果低下。[1] 师范生教育教学实践能力的培养不能从理论或技术层面进行简单定位，教师教育课程或教师的经验可能存在对教育实践的误读，对师范生面对真实的教育现场时的理解和判读存在偏颇的价值性评价。

师范生的专业成长是一个复杂的过程，是一个长期由多种因素参与的知识积累和能力训练的过程。理论知识、教育理念、职业道德和思维能力等都需要在职前进行系统思考、提升，基本知识积累是前提，而实践能力也是实现师范生可持续专业发展的必备内容，知识通过实践才能变成经验，才能变成实际的教育行动。所以，理论与实践的并重才是师范生专业成长的关键，不可因实践能力必须在实践中养成而忽视理论学习，也不可因理论学习而忽视实践的作用。教育实践过程有其基本的规范和相对的标准要求，但是，却不能程序化地完成实践教学的任务。地方本科师范院校在实践管理和教学指导中，往往会陷入对见习实习管理程序化的误区。课堂教学流程的程序化极容易导致创新的缺乏，多以模仿的形式作为选择优质课和优秀教师的基本方向，程序化的课堂教学（如导入、新授、课堂练习、拓展延伸和布置作业等）让学生容易上手，功利性的教学体现得比较明显，让师范生很难有所思考和提升；程序化的教学文本材料撰写（课件、说课稿、教案和操行评语等）方面的问题较多，如教案、说课稿的撰写需

---

[1] 张霞：《教师教育实践取向的异化与理性回归》，《当代教育科学》2016年第20期。

要把教学设计的基本内容呈现完整,如课题、教学目标、教学重难点、教学过程、板书设计甚至教学反思等,在此过程中尤其强调课程标准所要求的三维目标的呈现方式,对多数不存在的目标,也要为迎合规范而杜撰材料。另外,师范生实践能力也不能完全技能化,要明确实践活动的复杂性、情境性和个体性,基本教学技能(如三笔一话、多媒体技术、沟通技能等)是教师基本素质的体现,却不能代表师范生的全部实践能力,更不能作为评判师范生教学质量高低的标准。目前,地方本科师范院校仍然将教师基本功和教师专业技能的训练作为师范生实践能力培养的重要课程内容和任务,这促使师范生在技能训练中对教育过程和行为的理论意义思考不深入,浅表化理解相对较多,对一名合格教师的理解比较简单,教师专业发展的意识和行动更是薄弱,难以深刻懂得教师的专业情感、专业态度以及热爱教育、热爱学生的使命感、责任感才是成为合格教师的灵魂之所在。

第六节　教师教育能力习得状况的调查分析

一　地方本科师范院校教师专业发展现状

地方本科师范院校教师教育的优秀师资是师范生培养的重要资源,其专业发展的情况也直接影响着师范生的培养质量。近年来,我国基础教育改革对优秀教师的需求越来越多,关于优秀教师的标准也越来越高,进而对师范院校的教师教育师资的整体水平提出了挑战,教师的专业发展成为师范院校教师的重要任务。所以,多数地方本科师范院校都在校级层面设立教师发展中心、教师工作部等机构,将教师专业发展工作正式纳入学校日常教学管理工作中,有的院校直接将教师教育专业教师培养与发展任务交由教师教育学院完成。

(一) 地方本科师范院校师范类教师专业发展实践

地方本科师范院校教师专业发展主要分为新进教师培训和在职教师培养两类。新进教师专业发展方面的主要实践有:一是组织新进教师进行教师专业发展理论集体学习,主要以培训讲座、专题报告的形式开展,主讲人多来自本校校级领导、教务处管理人员、教师发展中心主要负责人及相关的教师教育专家学者、一线教学经验丰富的专家型教师和取得较大进步的青年骨干教师等。[①] 他们各自从自己的管理工作、专业领域和教学经验方面分享教师专业发展的启示,具体内容包括教学管理制度介绍型、教学经验分享型,成长案例启示型、教育教学技术指导型、教育教学理念总结型,从各个层面向新进教师进行介绍和传授经验,使得新进教师能够获取对教师职业的整体认知。二是组织新进教师进行课堂教学现场观摩和开展听评课活动,在理论和经验讲座报告之后,就是教师跟岗学习,由学校和院系组织新进教师进课堂观摩,并分组进行学习心得交流研讨,开展听课评课活动。该过程主要是使新进教师对教师课堂教学语言、内容设计、教学组织、课堂纪律、课堂互动、教学活动、教师评价、课堂氛围等具有整体的感知,反思自我经验和构思自己的教学设计。三是组织新进教师参与学校组织的综合考核,从理论与实践两个方面,进行理论测试和实践展示等,完成新进教师课堂教学技能达标和教学达标评审小组的听课评课,以检验教师成长的效果。

在职教师的培养是教师入职后开展的专业发展行动,分为学历教育和非学历教育两类。学历教育主要指教师攻读硕士学位和博士学位。师范院校进行定向或委托培养,尤其是对博士学位的支持力度较大。非学历教育主要有岗位培训、低职称教师课程进修、国内外访问学者、博士后研究、国家公派出国留学、双师双能型教师培训进修、短期培训和学术交流会议等,通过多种形式的在职培养提升教师专业发展水平。另外,在职教师还要进行定期的学校及院系督导的听评课、教师互相听评课、薄弱教师教学能力帮扶、教学成果评比、教学技能竞赛和比赛等,以提升教学专业发展质量;通过

---

① 李唐海:《高师生实践能力培养途径分析》,《教育教学论坛》2018年第26期。

学术研讨、科研团队和重点学科建设等提升教师的科学研究能力；通过师德师风建设、优秀教师评比和优秀共产党员评比等提升教师的专业情怀和专业精神。

（二）地方本科师范院校教师专业发展中存在的问题

地方本科师范院校教师专业发展问题还比较突出，主要表现在教师发展服务机构职能交叉重复，系统化支持教师专业发展的职能体系不健全，专业发展服务的专业针对性不突出，校级职能部门与院系相关部门对接缺少精准性，教师培训内容针对性不强、实践性不够，可操作性和可持续性尚待加强，培训专家遴选以校内为主，缺少校外专家的参与，教师发展激励与评价措施过于简单和笼统，教师专业发展的内驱动力不足，教师专业成长的持续关注度较低，改进提高反馈机制不健全等方面。

1. 教师专业发展服务机构职能交叉重复

地方本科师范院校教师发展中心、人事处、教师教育学院、教务处和院系等部门在服务教师专业发展的过程中，各自所承担的职能和任务存在多重交叉和空白地带，且难以有效形成系统化的教师成长职能体系，部门核心作用、职能协作体现得不充分。在共性发展问题上，校级部门牵头组织活动、培训和派发相关制度文件，往往缺少关于专业教师精准发展的指导意见和管理制度，导致教师专业发展完全按照自己的思路盲目跟风，以职称评审和学历提升作为自己专业成长的主要指标，功利性的科研成果导向成为教师专业成就的重要来源。在解决教师提出的各种问题时，又因各部门多重职能交叉，导致问题迟迟得不到解决，长期被搁置，逐渐损耗教师专业发展的积极性。所以，地方本科师范院校教师专业发展应该积极鼓励激发教师的自我专业成长意识，以专业、院系为基础，完善专业发展的管理制度和评价制度等，厘清各部门的职能，力求实现部门职能协作，形成系统化的教师发展服务职能体系。

2. 教师专业发展培训针对性和实践性不足

地方本科师范院校随着高等教育学科、专业发展的精细化和高质化，培训内容的同质性很难全面满足各类教师的需求，在培训内容上缺少专业的精准性，院系支持的教师专业发展的功能很有限，课堂教学督导和新教师专业发展帮扶等活动开展得不充分，课堂教学能力达标和科研工作量要求脱离实际等，尤其是教师教育类青年教师理论功底较强、实践能力较弱，理论运用于实践的预判能力不足，应对各种教育教学挑战的自信力不够。专家型教师的指导和引领体现得不充分，自我摸索性专业发展成为教师成长的主流。在具体操作上，应重点关注青年教师的专业发展问题，在管理和评价过程中，强化专业性指导和培训，更加精准地服务教师成长。另外，在培训专家选择方面，应均衡专家构成结构，适度倾向于校外专家的指导，提升专业发展资源的开放性。

3. 激励与评价措施偏狭，专业发展内外驱动力不足

高校教师的主要压力来自于科学研究，高等教育评价发展的倾向是学科建设和高素质人才培养，高校日常管理中在硬件设备、资金投入上也是向科研倾斜，极力申请硕博士学位授权点，而助力高校实力提升和能够体现这些特征的就是教师的科研成果，随之出现教师专业地位和职称、名誉等都源自于教师的科学研究成果，这给高校教师带来了较大的心理压力和情绪负担。评价和管理的倾向性导致教师不得不将发展重心放在科研上，教学的关注度逐渐较低，教师专业发展结构出现了较大失衡，缺乏教师自身对参加培训的心理认同和激励机制，教师内外驱动力不足。

4. 缺乏持续性改进、提高的措施和跟踪反馈

在岗培训是新进教师专业成长中的重要内容，每年分批引进不同学历层次、不同学科背景、不同专业的教师需要较长期的资源整合和集中整体培训，无法实行一对一的有效指导和交流，精准培训的方式实现起来比较困难。目前，很多地方本科师范院校的教师专业发展只针对新进教师，缺乏对培训效果进行长期的持续改进、提高和跟踪反馈。这种"一劳永逸"的培训方式，使得教师在此后职业生涯中的专业发展完全

依靠个人的自觉努力。① 所以，很大一部分高校教师在专业发展过程中，过于注重科学研究，忽视教学研究，课堂教学形式传统落后，无法根据学生的实际需求及时更新教学观念和手段，学生满意度较低。现有的教师专业成长如在职教师培养、新进教师指导等方面的管理规定实效性不强，在具体落实推进过程中出现较多困难，缺乏有效监督。

二 师范生教学能力培养现状

（一）师范专业教学脱离基础教育实际

师范生教学能力的培养以课程学习、见习实习、社团活动、技能训练和比赛等方式实现。目前，地方本科师范院校一般是理论学习和能力训练并重，在理论学习中强化概念理解、理念感知和批判性思考等，构筑师范生针对教育问题的基本理解和开放创新思考的能力体系，为实践学习和技能提升奠定前期基础。但是，教师教育课程内容和学习方式的陈旧落后，导致学生面对枯燥的理论学习难以提起兴趣和认同，缺乏实践教学的体验和观察，理论思考不深入。高校教师多是从高校到高校，从书本到书本，很少接触基础教育的实际状况，平时又不太积极深入基础教育学校进行调查了解，导致课程教学的学理性强、实践性弱，学生认同度和理解水平低，最后师范生在见习和实习过程中遇到较多困难，难以适应中小学教育教学要求。

（二）师范生教学语言表达训练不到位

师范生教学语言能力是教学能力的重要方面，是教学能力的外在表现。一般教学语言能力体现在口头语言表达和书面语言表达上。口语组织和表达是教师的基本功，普通话训练达标、教学用语训练、逻辑组织思考、师生沟通对话、课堂互动表达、教学育人评价等都体现着教学语言能力的运用，而地方本科师范院校师范生教学口语的训练一般以教师礼仪、现代汉语和演讲与口才等课程形式呈现，并辅之以

---

① 刘湘玉：《关于地方师范院校教师专业发展实践的思考》，《黑龙江高教研究》2018年第3期。

相关的社团活动，个别表现积极的学生可以实现语言表达的快速提升，而大部分学生却因为各种原因而不能达成师范生的基本要求，课堂上不会主动回答和提问，课堂交流语言能力很弱，甚至在教师资格证面试时难以通过。在教师技能达标测试中，师范生教学语言表达能力是重要内容，但却有不少师范生难以实现一次性达标。教师是运用口头语言传授知识的人，口头表达能力是他们最重要的基本能力，口头表达能力的高低关系到教师的讲授是否清楚、课堂教学是否具有吸引力、教学目的能否达到，专门的、系统的口语训练对师范生教学能力培养非常重要。没有经历过扎实系统的口语训练的师范生在课堂教学中，极容易出现语言表达不清晰、不流畅、不简洁、不生动的现象，影响教学效果和教学质量。①

（三）师范生教学实践能力培养不足

师范生教学实践能力一般通过校内课堂教学实训和校外教学实践构成。教学理论学习与教学实践训练同时进行是师范院校的课堂教学常态，教师理论教授、课堂讨论、作业布置和师范生分组展示是师范生校内教学能力培养的主要形式，课外主要通过实训室教学实训和教学比赛活动、社团活动补充完善课内实践，之后进行师范生教学能力达标测试，并给予一定的学分。调研发现，多数师范生能够完成基本任务，但是，个别师范生不能适应模拟环境的教学实践，教学情境感知和问题处理不到位。校外教学实践能力培养以教育见习和实习的形式展开，前面章节已经论述过师范生见习和实习的问题，其主要问题是见习形式化、机会少，实习时间短、管理和指导不到位，教学实践交流与研讨几乎很难有机会实现全员参与，得到指导教师和带教教师的针对性辅导点评的机会也不多，见习仅限于走马观花式的课堂教学观摩，课堂观察记录混乱，教学展示的教师评课和理论反思不够，师

---

① 张红兵：《应用型转型背景下地方师范院校师范生教学能力培养的问题与措施》，《吉林省教育学院学报》2017 年第 5 期。

范生感到迷茫，进而对学习出现懈怠心理。在教育实习中，缺乏有效的组织管理，个别学校统一安排集中实习，一般都是在正式签约的实习基地，实习效果基本能够得到保证，而实习生指导和管理还有待加强。有些学校采取灵活实习（自主练习、分散实习）方式，实习弊端较大，一是个人联系的实习学校，实习生几乎处于放任自流状态，实习生的自觉性和责任感不高，师范院校的实习指导和管理很难得到保证；二是实习学校对师范生的培养和指导义务与责任不强，很少有针对性的培训和带教，松散、自由的实习环境，导致实习质量很低，教学能力训练便很难落实。

第七节 师范生就业意向的调查分析

一 师范生性别比例现状
（一）普通师范生性别比例现状

长期以来，师范生性别比例失衡是普遍现象，女多男少是基本事实。在2019年对贵州师范大学的调研中发现，现有师范专业硕士生中男生32人，女生506人，男女比达到1∶10以上；本科生中男生66人，女生841人，男女比例达到1∶12以上。福建师范大学数据显示（2019年），教育类硕士录取人数为702人，其中男生54人，女生638人，男女比例达到1∶10以上。广西师范大学数据显示（2018年），29个师范专业招收本科师范生2568人，其中男生200余人，女生2300余人，男女比例达到1∶10以上。衡阳师范学院数据显示（2018年），师范专业招生2054人，其中男生150余人，女生1900余人，男女比例达到1∶10以上。南宁师范大学是广西壮族自治区直属本科师范院校。在校生中，男女比例失衡严重。2018届毕业生共4210人，其中男生1261人，占总人数的30%，女生2949人，占总人数的70%；2016届毕业生共4505人，其中男生1232人，占总人数的27%，女生3273人，占总人数的73%。从调查的10614名师范生的情况来看，男生比例只占17.19%，而女生则高达82.81%（见图4-3）。

A.男：17.19
B.女：82.81

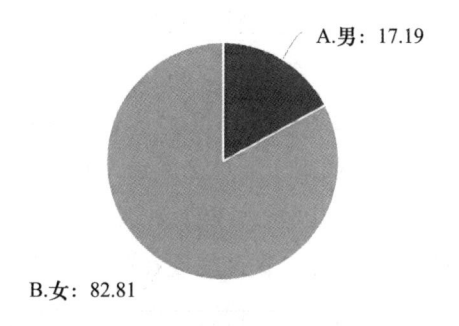

图4-3 地方本科师范院校师范生性别比

(二) 公费师范生性别比例现状

公费师范生在地方本科师范院校也存在男女性别比例失衡的问题，总体上男少女多。虽然，性别比依然比较大，但相对于普通师范生来说，性别比差距稍小，以洛阳师范学院为例，调查发现，从2016级到2019级，男女比例失调呈扩大趋势。这五届学生中男女比例最低的是2017级，为1∶2.5，最高的是2019级，为1∶3.6。河南省公费师范生群体内整体存在男女生比例严重失调问题。2019年，共招录3000名公费师范生，其中，女生2251人，男生749人，男女比例为1∶3。公费师范生是我国乡村振兴的一支不可或缺的重要力量，能够有效缓解乡村教育师资紧缺问题，有利于实现义务教育优质均衡发展，而乡村教师性别比失衡必然带来相关的学生培养问题。

二 师范生性别比例失衡的原因

(一) 职业待遇低和发展空间小

师范生性别失衡主要源于教师职业的属性、社会地位、职业待遇和发展空间等，其中主要是收入和发展前途问题。作为男性选择职业，主要看职业的发展前景和工资待遇，而教师职业在我国的社会地位还可以，而工资待遇在同等条件下却很难达到较为理想的水平，不能有效支撑其作为中国社会男性生存养家的需要，直接影响了男性从业者选择教师职业。另外，社会上落后的认知、教师工作重复性的劳动和与孩子交往的职业性质也是男性认为不适合自己择业意愿的主要原因。近些年来，国家通过各种途径和政策调整中小学教师的职业待遇和收入，主要以公务员为参考标准："中小学教师作为国家公职，在2020年底实现不低于或高于当地公务员平均工资水平的目标"，但是，教师总体收入水平与其他行业相比仍然偏低，导致教师行业对优秀男性从业者的吸引力不足，直接呈现在师范专业的选报上，男生选报师范专业的比例一直偏低。从稳定性的职业性质上说，教师行业对男生的挑战度、创新性和成就指数都比较低，多数不愿意从事教师行业。在我国中小学里，男女教师比例是从中学到小学、幼儿园逐渐拉大的，小学、幼儿园的性别比问题尤其突出。

（二）传统社会价值观念滞后

作为传统国家，中国社会观念相对偏向保守，长期的教育认知一直是女性适合教师职业，而男性不适合。被人艳羡的寒暑假、周末双休，工作稳定，有充裕的时间照顾家庭和小孩，而且女教师被赋予温柔、贤惠、知书达理的代言人形象。[①] 长期的思想浸润和父母意识的加持，导致女生多数愿意选择教师职业和报考师范专业，男生被动地选择报考或调剂师范专业，在真正步入教师岗位时，又有大部分学习师范专业的男生逃离了教师职业。传统的社会价值观和父母的观念强制对男生进入教师职业存在较多的批判和不解，定位男生不应追求稳定和不思进取，应该选择挑战性更大、更能够赚钱的行业，间接导致了教师的性别比失衡。

（三）师范生就业优势竞争性小

职业的定向性是师范专业就业的基本特征，但是，面对各种招聘条件和标准以及与其他行业的竞争，师范生也会因经历较大挫折而放弃教师职业。师范生择业时多数愿意选择城镇的重点中小学，在参加教师招聘考试时，却又面临重点学校直招的压力。在教师公开招聘考

---

① 廖春贵、熊小菊、胡宝清：《全国高等师范院校师范生性别比例失衡问题及其对策研究》，《教育现代化》2017年第28期。

试中，有的师范院校反映学生受到很多条件的限制，如明确是国家重点师范大学（部属的公费师范类毕业生）或985、211院校的毕业生，要求硕士研究生学历或第一学历为全日制本科等，让很多男性师范生在择业时望而却步，直接将就业方向改为公务员或事业单位编制等。另外，国家教师资格证考试属于开放式的，非师范专业也可以在通过笔试和面试后获取教师资格证，进而参加教师公开招聘考试，公费师范生（部属高校公费师范生、小学全科教师、地方公费师范生、硕师计划等）、农村特岗教师等在一定程度上压缩着普通师范生的就业空间，师范专业的就业优势也逐渐变小。在很多学校招聘过程中会优先考虑男教师，以努力改变男少女多的教师性别结构，但是，多数男性师范生的表现比较差，而女性教师在竞争过程中不占优势，优秀的专业对口的男教师更是稀缺。在所调查的10614名地方本科师范生选择师范专业的动机中了解到，有36.2%的师范生热爱教师职业，有26.82%的师范生出于考试成绩的因素，有24.48%的师范生迫于就业形势，还有6.77%的师范生考虑到家庭的经济因素，总之，动机各不相同（见图4-4）。

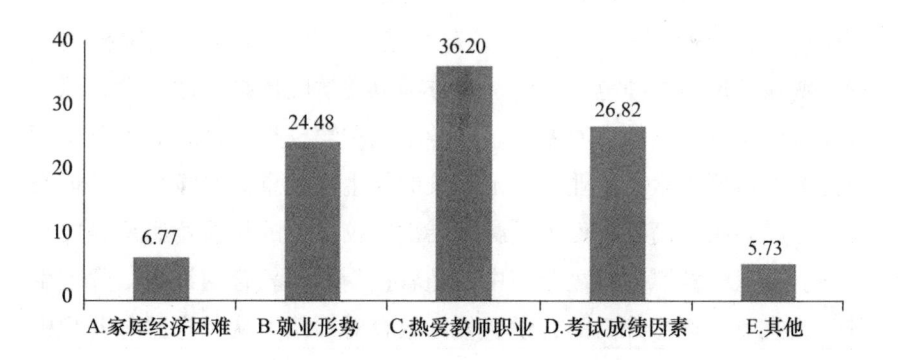

图4-4 师范生选择读师范专业的动机（%）

三 师范生就业意向选择现状

通过对全国8个省份地方本科师范院校1万多名师范生进行问卷

调查和数据分析后，发现师范生基本都会选择教师职业，并愿意从教，但是，部分师范生却不会将教师职业作为第一选择。女生、地方性师范大学和高年级师范生从教意愿相对较高，专业学习水平较高的师范生从教意向明显。

（一）部分师范生未把从教作为最佳职业选择

据相关调查结果，地方本科师范院校高达82.5%的师范生愿意从教，而将教师作为最佳职业选择的只有58%。[①] 师范专业中具有从教意向的师范生占据大部分，而这大部分中多数并非将教师作为第一职业选择。也有学者在对27所高等师范院校的调查中，使用高考填报的第一志愿是不是师范类专业作为师范生从教意愿的一个替代指标，调查发现，有81.5%的师范生高考第一志愿是师范类专业，但在这些学生中约有一半考虑过毕业后不做老师。[②] 所以，师范生从教意愿存在着较大的不确定性和不稳定性，在面对更具有竞争优势或自认为更好的职业选择时，便有部分师范生选择不从教。

（二）师范生从教意愿存在多维选择性差别

师范生的性别、所在学校类型和年级对其从教意愿存在选择性的差别。女生从教意愿远高于男生，这是基本的事实，从教意愿直接表明中小学教师的性别结构失衡是存在基本依据的。在师范院校类型中，明显发现地方师范类大学、地方师范类学院比综合性大学、综合性学院的师范生从教意愿要高。办学层次和学校类型是影响师范生就业意愿的重要因素，专业性师范院校的男生从教意愿明显高于其他类型和办学层次的高校，而不同类型层次院校女生的从教意愿差异要小一些。在从教意愿的年级分布中，随着接受教师教育的深入，师范生的从教意愿是逐步升高的，说明教师教育对师范生从教意愿有着积极的影响。

[①] 宋萑、王恒、张倩：《师范生教师教育质量认可度及其对从教意愿的影响研究》，《湖南师范大学教育科学学报》2018年第2期。

[②] 丁钢：《中国高等师范院校师范生培养状况调查与政策分析报告》，华东师范大学出版社2014年版，第7—35页。

(三) 师范专业满意度直接影响师范生从教意愿

地方本科师范院校专业满意度会直接影响师范生的从教意愿，这是基于对专业的基本了解、学习兴趣和专业发展规划。师范生对专业学习的理念、知识和能力相对比较认可，也能够理解其对专业成长的促进作用。相比综合院校师范生，师范类院校师范生的就业意愿更容易受到专业学习满意度的正向影响，但是，师范生普遍认为教师教育课程与教学对教师职业发展所起到的作用较小，负面评价较多，理论课程过多，实践技能类课程过少，教学方式方法落后，传统式教育教学比较普遍。总之，地方本科师范院校在教师养成教育中对未来教师培养仍然起到了重要的积极意义。

本章小结

本章主要对地方本科师范院校教师教育现状进行了调查分析，对教师教育组织机构、学科建设、课程设置、教师专业发展、人才培养等内容进行了研究。教师教育是地方本科师范院校发展的核心，对全校师范类专业发展起着统领作用，需要从全局的角度努力实现教师教育的专业化发展，提升教师教育的支撑力和创新性。

第五章 国外教师教育的改革及其启示

在国外，自 20 世纪 80 年代初的"教育改革浪潮"以来，教育界一直把提高教师质量作为改善教育质量的关键和教育改革的重点。他山之石，可以攻玉。本书开展国外教师教育改革研究，以美国、英国、法国、芬兰、新加坡五国为例，旨在探索发达国家教师教育的成功经验及对我国的启示，以期探寻我国教师教育改革方向和中国特色发展路径。

第一节 美国教师教育经验及借鉴

一 美国教师教育经验

美国以"卓越教师培养"为导向加强教师的专业素养培养，而职前教师教育又起着重要的奠基作用，它担负着对预备教师进行专业启蒙、知识结构储备、教育理念养成的职责，因此备受美国教育部门的重视。当下，美国职前教师的专业素养一般包括教育理念与情意、知识素养、专业技能素养，其具体内容与实施路径体现在以下几个方面。

（一）强调未来教师的教育理念与情意等专业精神素养

美国期待未来教师应具备的专业精神素养包括多元的教育价值观、坚定的职业道德信念。多元的教育价值观涵盖了追求自由与民主、倡导多元文化认同、教育机会均等，教师职业道德信念则包含了教师对教育事业的责任感、乐业与敬业的专业精神。美国对教师进行这些素养教育时，一方面设置有关教育宗旨、教育目的、教育价值的相关课程,并在教师资格考试中考核师范生对教育政策及过程的认识。另一方面,为未来教师提供探讨多元文化、自由平等教育价值观的平台。比如,一些高校为师范生构建在线网络对话平台,使他们与拥有不同文化背景、不同宗教信仰的社会志愿者进行沟通交流,观看多元文化的视频、图片,丰富师范生对于多元文化的感性认识,树立民主、自由、平等的教育价值观。除此之外,美国教师教育机构鼓励师范生到社区服务机构,实际接触不同年龄段、不同性格的学生及他们的生活环境与家庭背景,体验教育事业的崇高,树立以学生发展为中心的职业责任感与敬业精神。

(二) 提升未来教师的综合知识素养

美国职前教师素养教育同时强调教师知识的宽泛性和专业发展的持续性。在课程设置方面,美国国家教师教育鉴定委员会规定课程内容须包括通识教育知识、教育科学知识和学科专业知识。高校通常开设1—2年的人文学科、自然学科和社会学科课程,使师范生具备基本的文化修养,这部分课程约占总学分的1/2。在此之后,学校会为师范生提供教育基本理论、教学法和教学实践课程,比如教育哲学、教育心理学、课程设计与开发等,这部分课程的学时约占1/3,学分占1/4。最后是学科专业课程,即师范生未来教授的学科,比如数学、物理等。这部分课程的学时与学分均占1/3。此外,美国教师教育还注重培养未来教师的多元文化素养及信息技术素养。比如,威斯康星大学麦迪逊分校专门设有《多元文化教育与人类关系》和《解决冲突》课程,倡导多元文化与社会公平理念。俄亥俄州开设信息素养类课程,提高教师信息检索、组织和分析的能力。多样化与系统化的课程设置使美国的未来教师具备整合的专业知识与科学理论知识,有综合的教育认知结构。[1]

(三) 培养未来教师的专业教学技能

美国对未来教师的专业技能教育具体包括设计与实施教学的能

---

[1] 王定华:《美国基础教育:观察与研究》,人民教育出版社2016年版,第74—75页。

力、开展教育研究的能力、进行教育评价与反思的能力。在设计与实施教学能力的培养上，美国目前主要有两种培养师范生专业技能的模式——导师制和在线培养。导师制是指由大学为师范生安排教学实践，由指导教师与师范生以"模拟课堂"的形式共同开展讨论，带领他们观摩优秀教师的教学录像，指导他们如何设计课时计划与单元教学计划。在线培养则是未来教师通过学习在线课程、参与教师学习网络社区，与世界各地以及各学科领域有经验的教师进行交流。在教学实习方面，师范生将到教学基地或中小学校进行教育实习，并接受考核。在提升职前教师教育研究能力方面，美国常采取大学与中小学教师合作的模式，师范生或新任教师在大学教授的指导下，参加大量教学研讨与示范活动，并到中小学进行教学现状调研，提出创新性的教学方法。在提高职前教师教育评价与反思能力方面，美国教师教育机构规定师范生撰写日志，将其在参与教学观摩、训练研讨会时所观察和学习到的内容，以及教学实践过程中使用的教学资源、方法、遇到的问题等记录下来，并据此撰写反思性论文。学校使用教学标准档案袋，帮助师范生分析所取得的进步与不足，提高他们的教育评价与反思能力。

二　美国教师教育对我国的启示

（一）调整教育价值取向，提高未来教师职业品质

美国较为注重职前教师综合素质的培养，相对而言，我国高等师范院校在对学生的培养方向上注重师范生的专业知识建构，对教育价值观与职业品质方面的关注较少。这在一定程度上影响了师范生对教育教学工作的积极性与职业认同感。因此，我们需借鉴美国的职前教师教育观念及专业精神的培养经验进行调整。其一，增设教育价值观与职业道德方面的课程，比如教育观念与教育出路、职业道德与法律等；其二，邀请知名教育家定期为师范生作讲座或报告，组织他们学习陶行知的生活教育论、晏阳初的以人为本和多元教育观等教育思想，从而坚定教育信念，树立正确的教育观；其三，高师院校可组织

师范生学习各种教育法律、法规，利用校园网定期宣传关于师德师风的优秀案例，提高教师的职业品质。

（二）重构课程体系，拓展未来教师的知识结构

美国未来教师的知识结构面广泛，所学课程多样化、系统化，相比之下，我国职前教师教育的课程门类较少，而学科专业课程居多。为了培养职前教师的综合科学知识素养，我国高师院校可以重构教育课程体系，增加课程门类，并形成有机系统。其一，增加社会科学、自然科学及教育理论类课程，如文学、社会学、职业道德与法律、中外教育史、国内外教育论著等；其二，增加基本技术与方法类课程，比如课程设计、现代教育技术；其三，引入情景模拟、问题讨论模式的教学技能训练课程以及教育见习。在课时分配上，平衡教育基础理论与技能类课程、学科专业课程及教学实践课程的学习时间，为师范生学习多民族文化知识、外国文学知识、逻辑推理知识、社会交往知识等留出充足的时间，并提升他们的信息检索、信息分析等信息素养。

（三）变革教育实践模式，提高未来教师专业教学技能

我国大部分高等师范院校的专业课程教学存在重理论与实验演示而轻实践的现象，阻碍了职前教师专业教学技能、教育研究能力与教学反思技能的发展。所以，我国需要借鉴美国导师制、教学主体合作等模式，深化职前教师教育实践改革。其一，高师院校可为师范生安排特定导师，通过案例教学、模拟课堂、技能竞赛等方式，指导他们如何制订学生培养计划、如何高效备课、如何安排课程进度以及选择教学方法。其二，高师院校与中小学进行合作，安排师范生做课外辅导员或直接顶岗实习，进行教学实践，并由资深教师整体把关。其三，高校可利用现代教育技术，构建微课平台，整合优秀教师教学讲义、授课视频等资源并搭建学习社区，供师范生借鉴其他教师的教学经验。这样不断反思与总结教学内容和方法等方面的不足并加以整理完善，从而形成一系列研究成果，有助于提高职前教师的教育研究与教学反思能力。①

第二节 法国教师教育经验及借鉴

一 法国教师教育经验

（一）坚持教育机构的公立性质

较之美国等其他国家的教师教育专业化，法国始终强化教师教育机构的公立性，虽然法国各类教师教育机构的产生时间存在差异，其最初的教师教育机构亦存在私立元素，但是自 19 世纪末义务教育正式实施以来，法国的教师教育机构均开始转变为公立性质。这种转变源于法国集权思想，教育在法国当权者眼中的主要目的即为巩固现有的政权，法国的教师是属于公务员序列的，自其进入教师教育院校之日起即可享受最低的国家公职人员工资待遇，所以，教师职业受到公众的高度尊重，不少优秀青年因此选择教师职业。

（二）推行严格的资格证书制度

法国教师教育在不断发展的过程中逐渐建立起了较为完善的资格证书制度。如今，教师必须获得相应的资格证书才能从事教育工作。接受教师教育的学生通常需要经历两次考试，在第一学年学习结束之后需要参加法国教育部门组织的教师录用会考，只有通过录用考试者才能继续接受教师教育；在第二学年学习结束之后，学生需要接受教师教育大学院组织的评估测试，合格者会被政府正式录用为国家公务员，可在全法范围内执教。此外，法国还有中学高级教师资格证、体育教师资格证、职业教师资格证、技术教师资格证等多种资格证书。

（三）开放教师教育办学系统

法国最初的教师教育均为定向性质的，只有某些专门的特设机构才能从事教师培养工作，接受教师教育的学生日后必须从事教师工

---

① 熊明：《美国职前教师专业素养培养及对我国的启示》，《中国成人教育》2018 年第 15 期。

作，而从非师范院校毕业的学生通常是无法进入教师行业的，这种教师教育体制在工业化初期为法国教育的普及发挥了重要的推动作用。然而，20世纪中后期，时代发展对教师培养提出了更高的要求，法国教师教育由之前较为封闭的定向型慢慢发展为开放的非定向型，综合性大学陆续开始参与教师教育，非师范院校毕业的学生亦可在取得学士学位之后参加教师教育大学院（IUFM）组织的评估考试，从而取得从事教师职业的资格。如今，法国已经不再设立专门的教师培养院校。综合性大学、文理学院以及一些中小学等机构渐渐参与到教师教育体系之中，学生可以获得多个层次的教育知识与实践技能，提升自身的综合素质，促进个人能力的全面发展，最终成长为"一专多能"的复合型人才，教师专业化程度在此过程中获得了长足的发展，教师的社会地位亦逐步提升。

(四) 建立高校与中小学联合培养人才模式

法国早期的教师教育与我国有诸多相似之处，教师教育在很长一段时期内局限于高校阶段，学生在接受完专业教师教育课程并且通过录用考试和资格考试之后即到各个中小学任职。因为传统教育培养模式在实践中的弊端渐现，师范院校的毕业生在初入职时适应能力较差，无法有效地协调教育理论与教育实践之间的差异。因此，法国于20世纪80年代起，开始试点高校与中小学联合培养人才的模式，鼓励专家、研究者以及中小学教师均参与到教师教育之中，这种教育模式较好地弥补了新手教师经验不足的难题，并且实现了教学理论与教学实践的有机结合。①

二 法国教师教育对我国的启示

(一) 继续推进教师资格认证制度，规范教师教育

我国目前已经在多个省份推行了教师资格认证制度，大大提高了高等院校和师范生的积极性，但是教师资格证考核与高校教育的关系

---

① 徐晴：《法国教师教育专业化发展经验与启示》，《中国成人教育》2017年第4期。

不够密切，而且教师资格证的定期审核制度仍未落实。法国教师教育不仅对每一学年的知识与技能的考查内容具有明确的标准，而且其通过完善现行的教师资格认证制度以规范国内的教师教育发展：首先，分类规定教师的准入标准。教师资格认证制度对教师在专业素质、专业知识以及专业能力方面均可以进行较为统一的规定，如要求学生只有在综合具备教学能力、德育能力、班级管理能力、心理健康教育能力、协同能力、科研能力、指导学生的能力等专业能力之后才能正式进入教师行业。我国可以借鉴其教师资格考试与高校教学明确对应的优势，以资格考试促进高校教学和未来教师的专业成长。其次，实行定期的教师资格认证制度。终身制的教师资格认证制度无法有效激励教师进行终身学习，通过定期的教师资格认证可以不断提升教师的理论知识和实践技能，督促其积极接受职后培训，从而保证我国教师行业的总体质量。

（二）优化教师教育专业化的师资队伍

我国教师教育一直由高校和职业培训机构分别进行。专业的师范院校以及综合性大学的教育专业主要负责教师的职前教育。学生在这个阶段可以获得丰富的理论知识，但是理论与实践脱节，理论对教育实践的指导功能有限。职业培训机构负责教师的职后教育，它们的优势在于实践经验丰富，但是理论知识有所欠缺。这两类教育机构在实践中缺乏有效联系，使得我国教师教育专业化发展进程受阻。法国教师教育专业化进程表明，一支素质高、质量好、知识结构合理的教师教育师资队伍可以更好地实现教师教育专业化目标。

首先，要提升教师教育师资的教学素养。担任教师教育职责的教师不仅应当具有深厚的理论知识，还应具有丰富的实践技能；不但能够胜任职前教育，亦能保证职后教育的质量。

其次，让高校工作者积极参与中小学教学实践，让职业培训者加强理论学习，参与教育理论培训。

再次，加强高校教师与职后教育机构之间的合作，改革人才流动机制，畅通二者之间的人才沟通与交流渠道，使得高校和职后教育机构的师资都具有多元化的特征。

第三节 英国教师教育经验及借鉴

一 英国教师教育经验

目前英国主要实施两种各具特色的教师职前培养模式。一种是"教育学士学位（又称 BED）模式"。主要通过为期四年，交叉进行的学科专业培训与教育专业培训培养小学师资。另一种则是"研究生教育证书（又称 PGCE）模式"。受训者先获得学科专业的学士学位，再接受为期一年的教育专业训练，主要培养中学师资，这种模式近年来已成为英国教师教育的主流形式。现综合"BED 模式"和"PGCE 模式"在生源选拔、未来教师培养目标、教师教育课程设置、教师教育评价四个方面的共同特征，以窥知英国教师教育的经验。

（一）高标准选拔教育学院生源，从源头严把教师质量关

教育学院入学设置具体要求和多层选拔环节，对生源进行严格把关。"入学要求"涵盖学业成绩、身心状况等。在学业成绩方面，所有受训者在中学会考中英语和数学成绩都要达到 C 级，并分别满足 BED 和 PGCE 的招生要求。伦敦大学教育学院要求 PGCE 课程主修科目应与其已获学位所学课程内容一致或关联性较强，且专业学科的课程成绩要求为 A 等。此外，申请者必须符合英国教育部提出的身体和心理健康要求，经职业卫生服务部门的认定有"适合做教师"的资格，必须提供"披露与阻止服务机构"颁发的显示本人的任何不良社会行为及违法犯罪记录的披露证书。以"PGCE"为例，学生要经过三层选拔才能正式进入学校，即入学笔试选拔—见习学校评价反馈—面试选拔。入学笔试根据英国《合格教师地位》（The Qualified Teacher Status）和早期教师地位（Early Years Teacher Status，EYTS）标准要求设置考试内容。见习学校评价反馈主要由带队教师负责，申请者被指定到与大学教育学院有合作关系的学校参观、听课，带队教师会根据每个人的表现给出相应评价，包括对教师工作的性质、生活

环境是否感兴趣；对从事教师职业是否充满激情。院方依此考查申请者对教师职业的认同程度和热爱程度，以保证教师入职后全身心投入教育事业中。面试环节包括小组合作、分组讨论和单人面试三种形式，考察目的分别为：申请者是否具有良好的表达能力和沟通能力；申请者发现问题、解决问题的能力；申请者的基本专业知识、处理教学突发问题的能力以及自我评价。通过所有选拔之后的申请者方可获得修习 PGCE 课程的资格。①

（二）设置模块化课程，强调开放性与灵活性②

修习 BED 课程的时间为四年，前三年学习学术性知识，第四年重点是实习。修习 PGCE 课程的时间为一年，重点是教育实习。BED 课程内容大致可以分为"核心课程研究""专业研究""学科研究""学校体验"四大模块。每位未来教师都要研究英语、数学、科学三门国家"核心课程"；未来教师要根据自己的兴趣选择小学阶段的一门学科作为自己的专门领域，进行"学科研究""专业研究"的目的是培养对教育科学的理解和基于教育实习经验的反思；"学校体验"课程则"提供一种情境，使整个培养计划形成一个有意义的整体"。PGCE 课程则包括"学习与教学""专业研究""专业实践"三个模块，与 BED 课程一样，也注重未来教师的教学技能养成、研究能力提升和专业实践经验积累。这两种模式的教师教育课程都包含着"学科课程""学术性课程""教育类课程"三方面的知识和技能，但是这三方面的课程并不是割裂的，而是互相渗透、互相联系的，学科课程侧重教学技能、学科和教学研究能力的培养；学术性课程侧重锻炼学生的教育研究能力；教育类课程深化学科知识，锻炼和丰富教学技能。

英国教师教育的模块课程大力凸显开放性和灵活性。一个模块中

---

① 黄蓝紫：《英国伦敦大学教育学院 PGCE 培养模式研究》，学位论文，湖南师范大学，2017 年。

② 贺晔：《英国职前教师教育课程研究——以剑桥大学 BED 课程和 PGCE 课程为例》，学位论文，华东师范大学，2010 年。

的教育内容被分为若干单元,在有新的课程加入时,只是对该模块的内容进行了丰富。在保证课程方案相对稳定的情况下,可以及时增删课程内容,吸取教育研究的新成果,保持课程的前瞻性;模块化的课程单元因为内容量较小,便于灵活使用多种不同的教学方式。所以,模块式课程在客观上使得教师教育课程体系本身保持着相对的开放性,教师教育机构及教师教育者可以灵活地调整、更新教学内容,课程在实施过程中根据基础教育新需要、教育研究成果等因素持续更新,有利于改变学科体系的封闭性和局限性。

(三) 重视多样化、层次化的教育实践,循序渐进地提升未来教师实践技能[①]

英国职前教师教育课程中教学实践占有较大的比重,而且教学实践活动分散安排,未来教师从一开始就接触和联系中小学。英国的教育实习以中小学为基地,大学与中小学结成"伙伴合作关系学校",未来教师必须到伙伴学校实习。职前教师教育对实习生"学校体验"的时间作了明确要求:四年制本科教育学士学位(BED)课程,实习时间至少32周;二至三年制本科教育学士学位课程,实习时间至少24周;一年制初级和中级本科后教育证书课程(PGCE),实习时间分别为18周和24周。未来教师的"学校体验"至少要在2所学校进行。分散设置实习时间可保证每人每学期都能到中小学进行体验。

英国的教师教育实践课程具有连续性、层次性和丰富性等特征。首先,实践课程具备连续性和阶段性。教育实践分为多次进行而又相对集中,贯穿未来教师整个学习过程的始终。譬如,第一学年,秋季连续见习5周,春季连续实习2周,夏季连续实习5周。连续的实习给未来教师全面、深入了解学校及教师的工作提供了前提,同时又循序渐进地安排"实践体验"的内容,有计划、有步骤地训练未来教师的实际教育工作能力;阶段性实习为未来教师提供了反思自我、改

---

① 钟启泉、张文军、王艳玲:《教师教育课程标准的国际比较研究》,《全球教育展望》2008年第9期。

进教学的充分时间。其次,"实践体验"的内容与大学中的理论学习经验紧密结合在一起。譬如第三学年的实践,秋季连续 5 周在主攻学段的班级进行班级管理体验,夏季则连续 3 周进行基础学科的教学与学生活动的开展体验。实践体验与其他理论内容的学习交叉进行、互为支撑。另外,实践课程强调学生教育经验获得的多样化。实习生到中小学校见习或实习形式不仅有听课、上课,还有对中小学生学习情况的调查分析,对中小学生进行个别辅导,指导中小学生开展活动。还在中小学实习导师的指导下,就教学实习过程中的问题开展研究和讨论,大学教育学院的导师也会定期到中小学为实习生答疑解难,反馈他们的表现。如此,未来教师对影响教学过程的各种因素给予充分的关注,为之后的教育教学工作打下了良好的基础。

(四)重视对学生学习过程和结果的评价

英国的职前教师教育对未来教师的评价通常使用形成性评价和终结性评价相结合,以促进未来教师的成长。

形成性评价主要采用"成长记录袋"的方式。记录袋可以促进学习者持续的反思和自我评价,同时也是监督、记录和评价职前教师以及教师教育计划的手段。如某个教育学院对未来教师的实习制定了专门的分年级、分时段的"实习记录袋",如三年级的未来教师在一个幼儿园实习期——2 周的见习和 3 周的实习结束时,实习记录袋内要包括实习生及实习幼儿园的基本信息、本阶段实习的目标和计划、实地调查记录、自我评价四个部分的内容。每次实习结束,未来教师都要列出准备与实习导师探讨的问题,并做好讨论结果的记录;同时列出下一次实践中针对该问题的改进计划。借助于实习记录袋,学院将反思与评价贯穿于整个实习过程中。

终结性评价,严格按照英国《合格教师资格标准和教师职前培训要求》执行,保持一定的淘汰率。如威尔士大学班戈教育学院的第一、二学年,除"实践体验"外,学生学习其他模块所取得的成绩必须处于全部学习者的 40% 以上才能通过。"实践体验"分为五个等级,学生至少要达到四级标准才能获得相应学分,只有通过所有必修模块才能继续下一年的学习。在选修模块中，他们的成绩要处于全部学生的30%以上。①

二 英国教师教育的经验借鉴

英国现行教师教育模式自运行以来，教师实践技能得到显著提升，教师研究能力一直保持着较高水平。我国可以根据国情借鉴其先进经验。

（一）建立严谨的选拔标准，提高生源质量

2012年，国务院出台《加强教师队伍建设的意见》，首度提出要求选拔乐教、适教的优秀学生攻读师范类专业。2014年我国教育部在《关于实施卓越教师培养计划的意见》中指出，要强化招生就业环节，通过自主招生、入校后二次选拔、设立面试环节等多样化的方式甄选乐教适教的优秀学生攻读师范专业。这两个文件共同提及的"乐教""适教"，便是政府层面对未来教师的基本要求。然而，要选拔出符合标准的人才，还需要更加具体的标准和选拔制度。

在选拔标准方面，应当借鉴英国经验，将定量选拔与定性选拔相结合，多角度、多样化地涵盖学术性标准与非学术性标准。在本科层面上，师范生的学术性标准应包括获得高中学位、符合要求的高考成绩以及相关的学科知识能力测试等。在研究生层面上，教师教育学术性准入标准应包括符合要求的专业本科学位、通过规定学分的教育类选修课程等。而非学术性标准应该包括申请者的未来职业意愿和规划、性格因素和专业信念等，具体应考查申请者是否具备从事教师职业的身心健康条件、态度、价值观等基本素质。在选拔环节，可以学习英国的经验，让中小学也参与师范生的生源选拔。因为教师教育归根结底是为中小学培养输送优秀师资，是服务于中小学的。中小学是师范生职业生涯的起源地和归属地，也是从另一个维度对教师进行在

---

① 王艳玲、荀顺明：《试析英国教师职前教育课程与教学的特征》，《教育科学》2007年第1期。

职培训的地点,其工作职责与教师职业生涯紧密衔接。在较长时间里,我国师范生从入学选拔到毕业的过程全部由高校独立负责。不同于高等院校的是,中小学层面可以更直接地接触各类教师,也经历了优秀教师的成长和不合格教师出现的过程,对于什么人适合做教师有其独到的专业经验。所以让中小学参与到生源选拔环节中,共同进行环节设计、面试考查,更有利于全方位、多角度、科学严谨地对师范生生源进行筛选。

(二)丰富课程模块,培养综合型教师

在我国传统的"单一型"分科教师教育模式中,在课程设置方面通常按照核心专业学科对口设置各个专业,各专业再围绕核心专业学科来开设所有课程。在国际教师专业化浪潮、国内基础教育改革以及教师教育发展等众多因素的推动下,我国教师教育体系正从单一、对口的师范教育向多元化、综合型教师教育转型,传统单科型培养模式的不足已经显现。师范生具备单一学科教学的深度专业知识,但不具备相对完整的学科知识结构和基本的综合学科知识素养,导致其学习和教学的迁移性较差。教育部制定颁发的《基础教育课程改革纲要(试行)》明确提出"应设置综合课程,体现课程结构的综合性、均衡性和选择性"。在不颠覆现有分科培养框架的前提下,我国可以通过扩充课程模块和设置综合课程来实现新时代综合型教师人才的培养。

在课程设置方面,可以围绕学生核心素养的养成需要,衍生出相对应的课程模块。譬如,可以将教育内容结构化为文理学科知识模块、学科知识与能力模块、教学知识与能力模块、管理与指导教学知识与能力模块等,分别对应卓越基础教师应具备的基础素养、学科素养、教学素养、管理素养、研究素养;还可以借鉴伦敦大学教育学院PGCE培养模式课程设置中"课程学科研究"模块,分主科和辅科修习,以加强教师综合学科素质,提高职业适应能力。

(三)加强校校合作,提升未来教师实践能力

研究者普遍认为,"英国人重视实践经验,强调实际效用,表现

第五章　国外教师教育的改革及其启示

出经验主义的思维方式,这也是英国文化的独特之处"。以伦敦大学教育学院为代表的教师教育模式,就建立了伙伴合作式的 PGCE 教师职前培养模式,对教育实践高度重视。在我国传统的教师教育过程中,一般前期是通识课程、学科课程和教育学、心理学理论课程的学习,中期开始接触学科教学法、教育研究方法等,最后再进行教育教学实践板块的学习,采用的是理论和实践阶段分开进行的模式。我国传统的教师教育认为,理论是实践的基础,理论应该先行。事实上,理论和实践应当交叉进行、交融贯通。如我国学者王平在亲自参加体验过英国 PGCE 培养模式后指出:"PGCE 模式有一个关键性的功能,就是努力将教师教育作为一个连接教育理论与教学实践的桥梁。它可以为学生提供专业且关键的信息,从而影响到自身的教学实践。"这也刚好弥补了我国传统封闭化教师培养模式中教师教学实践技能短缺的弊端。

在伙伴合作方面,英国教师教育以伙伴关系为纽带,与中小学建立紧密联系,培养学生实践技能,我国教师教育模式在这方面也可以加以合理借鉴,取长补短。建立伙伴关系的前提是充分调动学校的积极性,使其参与到教师教育中来,这就需要保障合作学校能够获得相应的利益。譬如,大学应为合作学校参与教师培养提供相应的资金支持和报酬,与合作学校实行专业资源共享,为合作学校教师的在职进修提供相关的服务等。在中小学方面,也应合理安排教师的工作任务,减轻参与师范生实践活动教师原本的工作量,或者通过一定的奖励鼓励中小学教师成为师范生实践导师。大学指导教师和伙伴学校的导师也应保持紧密联系,共同商讨和制订师范生的实践计划,及时对师范生的近期表现做出反馈评估,从各自的专业领域出发,对教师教育专业化进行探讨,相互融合,互帮互助。[1]

---

[1] 黄蓝紫:《英国伦敦大学教育学院 PGCE 培养模式研究》,学位论文,湖南师范大学,2017年。

第四节　芬兰教师教育经验及借鉴

芬兰作为一个仅有 500 万人口的小国家，教育发展却走在世界前列。21 世纪，在 OECD 国家举行的世界广泛关注的学生综合素质的国际测试（PISA）中，芬兰学生在多方面表现都比较出色，他们在阅读与科学两项评比中多次位列第一，其解决问题的能力和数学能力位居第二。世界各国皆认为，芬兰学生之所以会取得优异成绩，在很大程度上是因为芬兰拥有高质量的中小学教师，追溯源头，则应归功于芬兰培养师范生的教师教育。

一　芬兰教师教育经验
（一）严格筛选优质师范生生源

芬兰教师教育的基本理念是培养出最合适的基础教育教师。《芬兰教师教育法》明确规定，中小学教师都要接受研究生教育，必须具备硕士学位，完成三年的学士学位课程和两年的硕士学位课程。在入职筛选中，一些学校甚至提出中小学教师需要具有博士学位。在芬兰，与其他从业者相比，教师职业享有很高的社会地位。从事学校课堂教学被看作有地位的工作，可以吸引很多优秀的高中毕业生报考大学教育学院，这意味着大学教师教育机构可以从众多的候选人中选择部分优秀毕业生来参加入学考试。在师范生毕业之后，即使不从事教育工作，也很容易在行政管理机构或公司找到工作。因此，报考师范专业的升学竞争非常激烈。芬兰师范专业招生制度非常严格，力图选拔出最优秀的人才做教师。高三学生申请就读师范专业者，必须经过笔试和面试，大学根据笔试和面试的成绩进行两轮筛选，最后确定入学师范生名单。笔试通常用来评估学生的学术能力和从事教师职业的资质，面试主要考查学生对教育的认识和选择教师职业的动机。提交申请的学生通过率通常只有 25%。预备成为小学教师的为班级教师，预备成为中学教师的为学科教师。申请班级教师的竞争力更大，一般只有15%的通过率，最低可至10%。在此类入学选拔机制下，一批最优秀的高中毕业生选择了师范专业，保证了良好的师范生生源。另外，国家对教师的入职资格要求非常高，规定师范生不但要具备硕士及以上学历，还要通过教师资格考试，这样才能申请基础教育的教师职位。芬兰通过这样一系列严格的过程，筛选出十分优秀和适合的学生作为师范生，他们具有"优秀教师"的特质，为入学后的教师教育打下了良好的基础。

（二）强调在教学实习中培养师范生的实践经验

芬兰教师教育质量与师范生未来的教育教学实践紧密相连。学校培养注重实践训练，让师范生持续不断地参加实习，强调对实践技能和研究方法的掌握，通过参与实践，发现实际问题，结合进一步的学习，利用科学的研究方法得出研究结论。师范生的教学实习通常分为初级、中级和高级三个阶段，贯穿师范教育的全过程。初级实习在大学一年级进行，中级实习在大学二年级和三年级进行，都是在大学的附属中学展开的。初级实习的指导教师由大学教师担任，主要是观察训练师范生的能力，使之熟悉不同学科的教学。中级实习的指导教师是附中教师，指导师范生参与具体学科的教学实践，形成自己的教学风格。高级实习通常安排在两年硕士学习期间，在地方性的综合学校进行，由当地学校的教师指导，在教学实践中发展教学专长，并从中找到可能的硕士学位论文研究的问题。师范生通过持续的教学实习来获得教学实践能力，以及在具体教学情境中批判性地反思自己的教学实践能力。师范生培养力图将理论与实践紧密融合，更好地促进教师专业发展。此外，教师专业成长也与教师的实际需求相联系，为教师量身定做长期在职培训计划（In-service Training for Teachers Project），丰富教师的教学主题和教育学学科知识，促进教师的专业发展。在计划实施过程中，每一位师范生都有专业的指导教师，双方根据教师的实践需求，共同商定教师的专业发展计划和展示其能力的方法，以此确定适合师范生个人发展的系列活动。

（三）重视在研究中培养师范生的科研素养

芬兰教师教育最大的特点是以研究为基础，重视师范生的思维品质和科研能力的培养，将研究融入日常教育教学中，引导师范生实施有效的项目和职业计划以及帮助他们实现个人目标。芬兰教师教育以研究为本，重点培养师范生批判性的科学素养以及使用研究方法的能力。师范生培养的专业性和研究性相结合，在硕士学习5年共300学分的课程安排中有140学分为教育主修课程，而在教育主修课程中，教育研究课程70学分，占教育主修课程的50%，充分体现出芬兰教师教育注重培养师范生的教育研究素养的特点。师范生对研究方法的学习是通过项目驱动的形式，参与很多研究项目，通过独立查找和收集相关信息和数据，在该领域最新的研究背景下详细理解这些信息，并且用论文的形式总结研究结果。在这一过程中，师范生潜移默化地形成自主研究的态度和兴趣，掌握所教学科最新发展研究的前沿知识，熟悉关于如何教与学的最新研究动态，以研究的态度开展学习，在学习中进行理性分析并保持开放态度。这样，学习、研究与思考同步，培养出来的教师不仅具有扎实的教育学、教学法和学科课程的知识，而且具有较强的教育教学研究能力。在基础水平的研究实践中，师范生主要学习一些基础的教育研究方法，运用所学习的研究方法开展一些与专业相关的小规模调查研究。研究实践采取螺旋式上升安排形式，最终达到具有综合水平的研究实践阶段。硕士学位论文作为在指导教师指导下独立进行的课题研究，是整个学习的集大成体现，被安排在培养的最终阶段。

  以研究为基础的教师教育分基本水平和一般水平两个层次。基本水平指向日常教学思考、教学方法和教学常规等，师范生经过教师教育后达到基本水平是不够的，还需达到更高层次的一般水平。一般水平与基本水平紧密相连，与未来教师的日常教学实践发生深层次联系，指向反思、思考及其他的与教育教学研究相关的活动。在此水平上，教师不再仅仅基于自己的直觉经验进行教学，而是通过反思、元认知与自己的教学思考来从事教学，角色内涵也发生了改变，不仅是教育科学知识的消费者，也是教育科学知识的生产者。

二　芬兰教师教育的经验借鉴

芬兰提升教师教育质量的成功经验，不能被直接照搬到我国的教师教育中来，但是可以为我国解决教师培育过程中的问题提供经验和视角。对照我国的师范教育发展现状，我们可以从以下几个方面借鉴芬兰的做法，提升我国教师职业的吸引力，推进师范教育的发展。

（一）优化师范招生路径，提升教师职业的竞争力

我们应该充分吸收芬兰教师培养的经验，创设途径吸纳优秀生源，让有志于做教师的高中学生从事师范学习。第一步，要完善中学职业生涯教育，让有志于选择教师职业的学生对教师职业有清晰的认识，建立职业认同感。在职业生涯规划指导中，要对教师职业的特色进行宣传，增强教师职业的吸引力，指导学生主动选择做教师，让优秀的高中生自觉自愿选择师范院校，并对教师职业有清晰的认识，有高度的职业认同感。避免高中生在家长的要求或个人懵懂无知的状态下随意选择师范专业，之后又出现迷茫、厌学等情绪，进入工作岗位后还会出现"留不住""教不好"等问题。第二步，要优化师范教育的招生政策，在每年的高校招生录取工作中，同批次优先录取第一志愿报考师范院校的学生，实施师范生免费定向委托培养政策，通过单独招生、招收保送生等方式，畅通愿意做教师的优秀学生选择做教师的途径，保证将有志于做教师的优秀学生吸纳到教师队伍中来，不是仅靠考试成绩来决定高中学生的职业去向，避免出现高中生因为理想的学校和专业读不了，而勉强选择师范院校或师范专业的现象。

（二）强化师范生实践能力，增强未来教师的岗位自信

我国教师教育需要在增强未来教师的岗位自信力方面做出更多的变革，让教师经过实际的岗位训练，能够从容适应岗位需求。一方面，要加强师范教育改革，努力建设高水平师范院校，聚焦教师教育，改进教师培养机制，从全纳教育视角，以市场需求为导向，优化专业结构，及时调整和设置新专业，打造师范类学科的优势和特色，加强小学全科教师和紧缺学科教师培养，扩大特殊教育、学前教育专

业招生规模，建设一批优势师范学科研发团队，产生在国内有较强影响力的教师教育研究成果，为教师教育改革提供决策参考。另一方面，我国应努力构建师范院校—地方政府—中小学协同培养师范生的新机制，三方开展深度合作，建立教师教育协同创新培养中心，增加实践类课程比例，加强师范本科生和在职硕士研究生学习阶段实践能力的培养，尤其是增强中小学校在培养师范生过程中的参与功能，利用优质资源协同培养符合实践需求的高素质教师。改进师范生培养机制，延长师范生在校实习期，保证本科阶段的学生在学校进行3年专业课的学习，1年的中小学教学实践参与；硕士研究生阶段实施2年在校专业学习，1年参与中小学教学实践锻炼。如此，可给师范生提供专业实践、成长、顿悟的平台，通过较长时间的教育实习积累教学实践智慧，以便师范生更好地走上工作岗位。

（三）提升思维品质，培养未来教师的教育科研力

教师职业的核心素养之一是擅长思考，思考在实践中怎样做优秀教师。师范生需要将敏于思考作为终生的职业追求，这样才能够养成良好的思维品质。高校教育要培养师范生的科研素养及敏锐的思维品质，即训练师范生在教育教学岗位上发现问题的敏感度，改变他们对教育教学研究重要性认识不够、不愿积极思考或不善思考的状况。因为当下中小学教师提及思考尚能接受，但提及研究就心存畏惧，害怕触及研究，对研究望而生畏，将研究看成高深、遥不可及的事。换言之，教师们积累了大量的教育想象和教育问题案例，但是缺乏深度的思考和探究。所以，教师教育应加强对师范生研究性课程的设置，增加研究性课程的比例，鼓励师范生从事研究性学习。在研究性学习的过程中，师范生要反复体验，积极思考，发现问题、搜集材料、对材料进行加工处理直至问题解决。这种过程性学习潜移默化地将学习自觉地转化为行动研究。通过持续的积累，打破研究神圣化的壁垒，从思考自然地过渡到研究，最后让研究变成一种习惯融入师范生的教育行为中。

第五节　新加坡教师教育经验与借鉴

2015 年，在国际教育成就评价协会（IEA）发起和组织的国际数学和科学评测趋势（TIMSS）报告中，新加坡学生的数学和科学两项成绩排名均居世界榜首；2016 年，在 PISA 国际学生能力测试中，新加坡又居于首位。这一系列成绩在很大程度上说明新加坡基础教育课程改革成果显著，而其高素质的师资队伍是提高教育质量的关键。

为了适应新加坡教育体制不断变化的需求和全球教育发展的趋势，新加坡国立教育学院基于广泛的文献综述，以及对现有和新兴趋势的理解，当地政策和举措的变化趋势以及研究数据，于 2008 年发布了《21 世纪教师教育模型》（Teacher Education Model for the 21st Century，TE21）。[1] 在职前教育阶段，新加坡从课程、教法、评价评估等方面对职前教师教育模式进行改革，实现了教师教育从技术取向到改造取向的转变。

一　新加坡教师教育经验

（一）以树立新型教师信念为基础

新加坡在教师培养过程中，非常重视新型教师信念的树立。一方面，新加坡不断强化教师信念，要求教师树立新型价值观。这种价值观强调以学习者为中心，要求教师具有高度的职业认同感，并积极服务于专业与社会。另一方面，新加坡拟定了新的教师信约，以对教师信念产生约束作用。2010 年，新加坡拟定新的教师信约，要求所有教师学习并践行该信约。信约的五大原则是：教师应致力于发掘学生的最佳潜力；教师在从事教职时，要以身作则；教师要引导学生成为新加坡的良好公民；教师要把热爱学习的精神传给学子；为了实现教

---

[1] 杨丽：《高标准教师的培养：新加坡教师教育的经验与启示》，《教育现代化》2018 年第 32 期。

育团队的愿景，教师要赢得家长和民众的信任、支持以及配合。

（二）以设置合理的教师教育课程为着力点

新加坡设置了全面、合理的职前教师教育课程，以努力把教师培养成为具有专业精神、专业技能的反思型专业教师。在课程结构上，由核心课程、限定选修课和通选课程三大部分组成，大致分为教育研究、课程研究、学科知识、基础课、教育实习、语言与写作技能以及专业科目等模块。其中，教育研究、课程研究、教育实习、语言与写作技能是重点模块。教育研究课时量为20%，课程研究为50%，教育实习达到25%，语言与写作技能达到5%。从课程内容的设置上可以看出，新加坡职前教师教育课程强调理论和实践紧密联系，既涉及特定专业的知识，又能增加教师知识和技能的广度与深度。在课程内容上，教育研究模块是所有师范生的公共课，该模块设置了教与学的理论及运用、教育批判、信息技术运用、教与学的社会情境、课程教学与管理等必修课程。其中"教与学的社会情境"是为适应时代需要而设置的特殊科目。该课程旨在为师范生讲授新加坡的教育体制、主要教育政策和政府制定新措施的理论基础，理论联系新加坡的实际，让学生知晓教育是要在当今多民族、多元文化的社会里培养公民的经济、政治和社会意识方面的功能。师范生在该模块中不仅要学习教育学的核心理念和原则，而且要对教育学中的一些重要知识进行深入研究，这对其以后成为反思型教师十分必要。在课程教学上，新加坡更加注重体验和自主学习。在教育实习模块中，实习课程包括2周的校园生活体验、5周的教学助理体验、5周的第一次教学实践、10周的第二次教学实践，这为师范生提供了直接接触实际教学情境的机会，并可以在不同的情境和层次中培养师范生的教学能力。校园生活体验课程为师范生提供了接触课堂的机会，师范生通过观察中小学的课程教学，反思教师的角色和责任，进而获得更多参与学校建设的经验，进一步激发专业热忱，坚定专业信念。同时，新加坡重视教育部、大学和中小学的三方合作，师范生不仅在中小学可以向有经验的教师学习教学方法，还可以接受国立教育学院讲师和中小学校合作教师的监督和指导，这种良好的合作模式可以更好地为教师教育服务。在课堂教学中采取合作探究、反思教学、自主学习、分享教学、校本研究等新型教学模式，以帮助职前教师养成独立思考与学习的习惯。

（三）以建立发展型教师教育评价体系为保障

新加坡教师教育在改造取向的主导下，形成了多元的、发展型的教师教育评价体系，并从技术向下的结果性评价向过程性评价转化，这种评价方式不仅重视职前教师的知识、技能、方法的习得，而且重视过程中的情感、态度、价值观的体验与反思。一方面，新加坡使用多种评价方式，既有总结性评价又有形成性评价，其评价活动大体分为四种类型：反思、实践型评价、考试和分析。反思，是为了培养自我评价的能力，用反思日志、个案研究、档案袋等方式对自己的反思性学习和自我引导学习进行评价。实践型评价，主要是在真实的课堂情境中评价理论运用的情况，利用微格教学、实地考察、校本评估等，加强与真实教育生活的联系。考试，是为了精确评估学生在理论基础和内容知识方面的能力层次，采用试卷测验、终结性测验、形成性测验的方式进行。分析，是为了加强理论与实践的联系，分析职前教师应然素养与实然素质的关系，以帮助其更好的成长。另一方面，新加坡根据社会需求和教师教育课程设置、构建了师范毕业生的能力框架，规定了三类能力表现维度，即专业实践能力（包括培养学生全面发展的能力、传授学生知识的能力等）、领导和管理能力（如沟通交往能力、团队协作能力）及个人素养（如自我理解能力、洞察力和适应力）。这三类能力又分为能力养成和潜在意识两个层次，前者为师范毕业生的规定技能，是师范毕业生需要具备的专业能力。后者则要求师范毕业生能够意识到专业技能知识所包含的意义，能理解上述三类能力，由于潜在意识在职前阶段并不能完全形成，因此，在师范毕业生能力框架构建时，便已将其传达给教师教育模式中的另外两方合作伙伴，以在入职和职后阶段对其进行进一步的培养。

二　新加坡教师教育对我国的启示

(一) 摒弃终结性师范教育观

新加坡强调教师的价值在于"对新加坡下一代的精神进行铸造""对他们终身学习的技能进行武装""培养新加坡情结",教师必须在"价值、思维、学习和变革"方面成为学习的楷模。因此,其教师教育模式倡导教学回归至根本——道德行为。教师需具备奉献、忠诚、正直的个人品格以及关心爱护学生的职业情怀。相比新加坡,我国的教师教育更倾向于实践取向,更注重系统的教育理念学习,期望通过一次性的理论学习解决终身的实践问题,是典型的终结性师范教育观。因此,可借鉴新加坡的有效做法改革我国的教师教育,从教师专业化发展的需求出发,以终身教育思想为指导,按照教师的成长规律对职前、入职和职后的道德培养进行统一规划,使之协调发展、相互贯通。同时,将价值观培养融入课程教学,并在职前培养中加强教师价值观的培养和增加关于教师职业道德的课程内容,从而促进教师职前阶段专业精神的成长。

(二) 引导教师教育实施开放式合作

在新加坡,由于大学国立教育学院无法独自完成教师教育转型,教育部、大学和中小学校遵循目标一致性原则,建立了开放的、有效合作的三方合作伙伴关系,以加强理论与实践的融合。三方都受益于教师专业化成长,目标都是培养适应新世纪发展需要的新加坡教师,从而培养出新加坡所需要的人才,实现"思考型学校、学习型国家"的愿景。较之新加坡,我国职前教师教育培养与教师职后工作需求脱节,不利于教师一体化的专业发展。因此,我国应通过建立教育主管部门、中小学、师范生培养单位之间的合作机制,加强职前教师培养、教师实践、在职教师专业学习之间的联系,扩大实习实验基地范围,增进合作,深化与本地教育主管部门的协作,构建开放、合作的教师教育模式。同时,准确定位师范生培养单位与实习学校之间的关系,建立师范生培养单位与实习学校的平等互惠关系。师范院校不能将师范生完全托付给实习学校,"寄养"于实习学校。在学生整个实习过程中,师范生培养单位指导教师应采取多种方式全程参与指导,通过重新建构以中小学实践经历为基础的教师教育课程,以伙伴合作的方式构建职前教师教育新模式。

(三) 促进教师自主反思能力的提升

新加坡教育管理部门充分认识到教师专业发展不是从理论学习到实践应用的线性过程,而是一个在实践体验的基础上,结合经验进行反思的螺旋式上升过程。新加坡教师教育不仅保证教师对专业理论知识的摄取,而且保证教师实践技能的习得,同时也培养教师的批判、思考和学习能力,使其具备终身学习的能力,进而不断促进自身的专业化发展。而我国传统的教师教育模式缺乏对教师反思能力的培养,教师职前阶段的成长处于自发、自为的状态。我国教师教育在一定程度上忽略了教师批判性反思精神和能力的培养,使部分教师缺乏自主思想,不能适应未来社会的快速发展。因此,我们应以新加坡为鉴,在教师职前培养中合理安排理论课程学习,优化实践技能培养,建立具有可操作性的反思教学模式,进一步促进教师专业化成长。首先,可依托开放合作的教师教育模式,多渠道发展师范生的反思能力,如师范生培养单位、实习学校可通过共同举办"师范生教学实践研讨会"等形式的教研活动,帮助师范生形成对教学实践中各类实际问题的系统认识,并由此提高反思能力。其次,建立教师职前教育阶段的自我评估机制,如建立"师范生成长档案",使师范生可定期对自身成长予以评估。自我评估可帮助师范生反思自己的理论学习与实践经历,提升其系统反思的能力,进而提高我国教师教育的成效。[①]

本章小结

通过对美国、法国、英国、芬兰、新加坡五个国家教师教育经验

[①] 谢欧、张凌洋:《新加坡教师教育模式评述与启示》,《教师教育学报》2014年第4期。

的研究发现：美国注重对未来教师的教育理念等专业精神素养的培养，强调关注未来教师综合知识素养和专业教学技能的提升；法国推行严格的教师资格证书制度，以开放的教师教育办学系统激发人才培养改革的活力，建立高校与中小学联合培养人才模式；英国强调设置开放与灵活的模块化课程，重视多样化、层次化的教育实践，循序渐进地提升未来教师实践技能，高标准地选拔教育学院生源；芬兰严格筛选优质师范生生源，强调在教学实习中培养师范生的实践经验，重视在研究中培养师范生的科研素养；新加坡以树立新型教师信念为基础，以设置合理的教师教育课程为着力点，建立发展型教师教育评价体系。

综合美国、法国、英国、芬兰、新加坡五个国家的教师教育经验，我们可以发现，这些国家在提升教师教育质量的过程中有诸多共同之处：（1）选拔优秀生源进入师范专业学习，从教师培养源头保障未来教师的质量；（2）保证教育实践的持续性和连贯性，重视教师实践能力的提升；（3）注重教师教育研究能力的培养，理论学习与研究运用相结合，提升未来教师的教育改革能力；（4）建立高校与中小学的合作共赢，为教育实践和教育观察研究提供稳定的资源。我国地方本科师范院校目前正面临着生源质量不高、实践能力不足等问题，我们可以发达国家的改革经验为镜，结合自身的政策环境、文化环境、基础条件，制定出适合自己的改革方案。

第六章　新时代师范院校发展的宏观政策建议

在新时代，地方本科师范院校作为我国教师教育改革的主战场，进入了一个崭新的发展时期，急需政府宏观政策的环境保障和制度牵引。本书展开新时代师范院校发展的宏观政策建议研究，旨在借鉴国外教师教育先进经验的基础上，针对我国地方本科师范院校改革发展中所存在的问题提出宏观政策建议，以期为新时代地方本科师范院校改革发展提供决策咨询。

第一节　创新教师教育体系

地方本科师范院校是我国现有的师范院校和教师教育体系中数量最多的，在发展定位、服务面向、办学历史、发展基础、教育资源、社会需求和办学水平等方面存在极大的差异性。[①] 因此，建议教育部和省级教育行政部门加强对地方本科师范院校的区域布局，构建分类、分层、递进式、一体化的教师教育体系，使师范院校能够充分利用自身的发展优势，形成更加鲜明的发展特色。

从高等教育系统内部看，高校是分层次的，相互间存在着分工与合作，不同层次、不同类型的高校同等重要。《中国改革与发展纲要》指出，高等教育的发展要区别不同的地区科类和学校，确定发展

---

① 孙翔：《转型时期广西高师院校发展战略研究》，学位论文，广西师范大学，2011年。

目标和重点，各种类型的学校合理分工，在各自层次上办出特色。[①]当前我国教师教育体系存在着师范院校、综合院校和职业院校三种轨道和中专、大专、本科和研究生四个层次的"三轨四级"的"金字塔形"特征。[②] 其中地方本科师范院校因师范生招生数量最多而在教师教育体系中占据着重要位置，是为区域基础教育发展提供合格师资的重要来源。教师教育人才培养层次主要可分为学前教育师资培养、小学教育师资培养、初中教育师资培养、高中教育师资培养。省域教师教育分层培养是指各师范院校根据自身办学层次以及人才培养层次，依据各自的目标定位、培养规律，在学士、硕士和博士阶段分层实施。

一　加强教师教育机构的供给侧改革

当前中职学校数量在"三轨四级"教师教育体系中占据较大比例，而新时代中职学校所招生的师范生生源和20世纪八九十年代中等师范学校的生源质量相距甚远，难以支撑起高质量的教师培养格局，与教育强国建设的目标极不相称。因此，建议加强教师培养质量的供给侧结构性改革，逐步压缩低端教师培养机构。建议在省域范围内遴选1—2所师范大学，将其打造为示范性师范大学，组建以示范性师范大学为龙头，以省内本科师范院校为主体，其他高校和教师培训机构参加的教师教育共同体，优化教师教育结构布局，"探索教师教育人才协同培养机制，合作开展教师教育学科建设、科学研究、队伍建设、课程开发、技能培养等工作，推进优质教师教育资源共建共享"[③]，提升教师教育发展水平。强化示范性师范大学在教师教育全面发展、整体提升中的核心和引领作用。

[①] 王庆辉：《地市高师升格转型与教师教育创新》，学位论文，江西师范大学，2005年。
[②] 朱旭东：《师范院校的教师教育面临的挑战》，《中国教师》2019年第11期。
[③] 郁娟：《协同创新视阈下云南省高等学校教师教育联盟运行机制构建研究》，学位论文，云南师范大学，2014年。

二 推进教师教育人才培养的供给侧结构性改革

由省级教育行政部门加强统筹，明确不同院校人才培养的目标，分层分类推进不同类型教师教育人才培养。其中，综合型大学、师范类重点大学多为研究型大学，要重点培养研究型人才。一般性师范大学、新升本师范学院多以培养本科生和研究生为主，特别是本科生数量最大，可以作为高中和初中师资的主要培养基地。师范专科学校多培养小学师资和幼儿师资。

第二节 强化教师教育制度供给

《中共中央 国务院关于全面深化新时代教师队伍建设改革的意见》和《教师教育振兴行动计划（2018—2022年）》等政策的出台为全面深化教师队伍建设改革打造了高位坚实的有力平台，也推出了一系列振兴教师教育的改革举措，且明确提出"严控"师范院校更名为非师范院校。然而，现有的教师教育制度难以从政策和资源上保障师范院校坚守师范主业，也不足以化解师范院校在转型过程中所面临的制度性问题。

一 完善教师教育制度建设

紧密围绕发展优质教师教育，制定地方师范院校教师教育办学标准，建立一套完整而严格的教师教育机构资质的认证和动态质量评价制度，对教师教育机构的准入、预警和退出建立完整的机制，以保证教师教育机构按照国家的规定规范运行。[1] 此外，要设置师范专业建设标准、教师教育课程标准、师范生实践教学标准，制定科学的、定量与定性相结合的地方本科师范院校教师教育工作评估体系和考核体系，构建科学有效的教师教育专业建设监督评估体系，使地方本科师

---

[1] 张勇军：《地方高等师范院校综合化发展研究》，学位论文，华东师范大学，2012年。

范院校教师教育制度建设的内容具体化，逐步把教师教育制度建设引上规范化、制度化的轨道，促进新时代地方本科师范院校教师教育质量的提升，"通过一系列配套措施促进师范院校坚守初心、保持定力、恪守使命"①。

二 落实地方政府责任，加强教师教育政策支持

要通过制度要求地方政府坚持优先发展教师教育，加大对地方师范院校的支持力度，推动落实教育财政投入、师范院校布局调整、基础设施完善、教师队伍建设等政策措施。地方政府应加强区域各部门间的统筹协调，统筹好教育规划的实施，强化相关部门间的协同配合，科学制定政策和配置公共资源，精心组织实施重大工程项目，建立规划实施责任制，对规划所提出的目标任务进行分解，明确责任分工，制定实施方案，保障地方师范院校教师教育的发展。

三 实施精英化的教师教育制度

改革师范生招生制度，"通过有编有岗、公费培养等政策吸引有志于从事教育工作的优秀学生报考师范院校"，将同学龄人中的前20%—30%吸引到师范院校，从源头上提高教师队伍建设的质量。构建教师终身教育体系，加强在职教师岗位培训，提高教师社会地位和工资待遇，真正让其成为让人羡慕的职业，"强化教师对教育教学工作的专业态度、专业知识、专业能力的认知，坚定职业理想，厚植职业情感"，促进教师专业发展。②

四 加强教师教育智库建设

教师教育智库是专门进行教师教育研究，为政府出台教师教育政

---

① 李瑾瑜：《师范院校要"名至"更要"实归"》，《教育发展研究》2017年第2期。
② 智学、徐爱新：《教师供给侧改革背景下构建教师教育培养新机制》，《教师教育研究》2017年第6期。

策出谋划策、提供决策咨询的组织机构。① 教师教育智库作为一种特殊形式的专业智库，是我国新型教育智库建设的重要组成部分，在教师教育有效制度供给中发挥着重要作用。建议根据国家和各地教师教育的实际需要，充分利用国家教育政策加强教师教育智库建设，鼓励高师院校积极创新智库建设，更好地发挥教师教育智库在重大教师教育政策制定、解决实际教育问题和满足教育需求等方面的功能。

第三节 加大对地方师范院校发展的扶持力度

大多数地方本科师范院校分布在非省会城市，学校发展受所在地经济水平的制约，国家的投入相对较少，地方财政拨款有限，学校本身的生均收费较低，导致教学投入不足，基础教育设置薄弱，学科建设和师资建设落后，发展举步维艰。② 同时，地方本科师范院校升格压力巨大，办学资源严重匮乏。中西部地区多数省份师范大学数量较少而本科师范学院数量较多，升格需求大。但在面对"双一流"建设的高等教育机构争夺资源的严峻形势下，地方本科师范院校既要应对更加残酷的人才竞争，又要面对资源匮乏的严峻挑战，还有部分地方本科师范院校要同时应对新校区建设和内涵建设资金需求叠加后沉重的债务压力。

一 加大对地方师范院校的经费支持

建议完善高校拨款制度，建立高校分类管理差异化拨款机制，提高地方师范院校经费保障水平，同时落实教师教育投入的主体责任，要求地方政府结合当地实际，切实提高师范生生均拨款标准，落实教师教育资助政策。

---

① 李艳丽、李玮：《高师院校新型教师教育智库建设思考》，《长春师范大学学报》2019 年第 11 期。
② 林腾辉：《地方高等师范院校生存与发展研究》，《牡丹江师范学院学报》（哲学社会科学版）2015 年第 3 期。

二 实施中西部地区师范院校基础能力提升工程

通过该工程的实施，重点支持中、西部地区对地方基础教育发展具有重要支撑作用的地方本科师范院校，提升中、西部地区师范教育整体发展水平。

三 完善学位授权点布局

根据中西部地区实际及师范院校实际，切实实现教育博士、教育硕士授予单位及授权点向中西部地区师范院校倾斜，扩大研究生培养规模，提高研究生层次教师培养数量和质量。

第四节 推进教师教育一体化

教师教育的一体化主要是指教师教育的职前培养和职后培训的相互连接，使教师教育呈现出一体化发展趋势，形成一个统一的整体。振兴新时代地方本科高等师范院校教师教育的关键在于保持地方本科高师院校的教师教育特色，提升其师范性，沟通职前教育与职后教育，突出教师成长的连续性、阶段性和发展性，将职前教育与贯穿于教师职业一生的职后教师培训作为一个连续的过程。在这个过程中，地方本科高等师范院校的教师教育培养仅为优秀师资成长的第一阶段，其主要任务是为未来优秀师资的培养奠定基础，包括教育基本理论基础的掌握与教育实践能力的培养。而教师能力的提高和教学潜力的开发，则更依赖于贯穿教师整个职业生涯的职后继续教育来完成。

一 建立统筹实施的长效机制

建议建立教师教育一体化管理和指导机构。由教育部、国家发改委、财政部、教育部等部门组建教师教育一体化指导机构，统筹制定指导意见，并由省级政府制定具体实施办法。省级政府要组织教育行政部门建立当地教师教育一体化组织管理机构，制定当地规划实施方案,统筹衔接各阶段课程、师资、管理、评估、保障等。

二 加强教师教育资源整合

协调整合师范院校的优质教育理论资源和中小学优质教学实践资源,建立多方合作协同育人模式。通过地方政府的支持,地方本科师范院校与中小学、幼儿园进行全面合作,将地方本科师范院校的职前培养、中小学和幼儿园的入职教育以及在职培训等统一起来,不断推进教师教育实践,践行教师教育多方合作协同育人模式。

三 推动教师教育创新实验区建设

由省级教育行政部门划拨专项经费推进教师教育创新实验区建设,在实验区内实现基础教育、职业教育、学前教育、特殊教育各类别师资培养全覆盖和整体提升,真正构建中小学师资职前培养和职后培训一体化体系,实现"地方高等师范院校—地方政府—中小学教师教育"协同化,协同实施"师范生实习支教",推进在职教师"置换培训"和"校际交流",实现区域师范生培养、教师专业发展、教育研究、信息化建设、教师教育资源共享。将实验区建设成为振兴区域教师教育专业发展的教师教育理论探索与创新实践高地。

四 落实绩效评估的问责制度

教育行政部门应制定教师教育一体化发展的一系列标准,并对各部门的实施情况进行定期的检查和评价。教师督导部门应制定督导评价标准、更新督导评价方法、开发督导评估工具、完善督导评估体系。通过制定科学的教师教育绩效考核和执法监督检查机制,建立教师教育深化改革发展的监督评价与问责制度,促进教师教育一体化发展。[1]

---

[1] 朱有明:《以供给侧改革引领我国教师教育的发展》,《教学与管理》2017年第18期。

第五节　促进教师教育供给侧改革

在调研中发现，受教师供给的制度、编制、财政及师范生的招生计划、培养质量等因素的影响，当前中小学教师区域间、学段、学科间结构性矛盾突出，教师队伍建设处于"两难"境地：一方面幼儿教师和偏远贫困地区的中小学师资短缺问题突出，教学点教师招聘难；另一方面大量师范生就业难，造成师范教育投入的浪费，同时还存在教师教育难以解决教育新发展、教师资源结构性矛盾突出、教师教育机构培训质量欠缺等问题。因此，亟须构建合理的教师教育供给体系。

一　优化基础教育师资供给结构

建议地方教育行政部门结合区域基础教育师资队伍数量、年龄及学科结构等状况和学龄人口的变化来深入分析、预判，提高教师教育供给侧数量、层次、类别、学科结构等与实际需求的匹配度，发挥好教育行政部门在教师教育资源配置上的统筹和调控作用，促进教师教育可持续发展。

二　建立教师教育与教师需求有效衔接的培养新机制

地方教育行政部门通过给地方师范院校提供基础教育人才市场需求调研报告，结合第三方专业评估，督促师范院校优化师范专业的布局结构。通过撤、并、转等方式盘活学校教师教育专业存量资源，加快师范院校结构调整，实现由规模扩张向质量提升的转化，逐步化解教师教育供需矛盾。

三　建立教师教育供需预警机制

一方面，针对需求侧对教师质量提升的要求，政府主管部门应宏观把握教育事业对教师需求变化趋势的预测，注重教师教育的培训计划、专业设置、师范生就业和教师职后培训等方面的顶层设计，同时在教师人事招聘、人事管理、职称评级等方面进行不断完善，通过"生师比"和"班师比"相结合，制订教师培训计划；另一方面，通过实施名师特岗计划、教师交流轮岗机制、教师人才池、县管校聘示范区等模式促进教师培训计划和实际需求的良性循环，实现教师资源城乡结构、年龄结构、性别结构、学科结构等方面的合理配置。①

本章小结

教师教育是教育事业的工作母机，是提升教育质量的动力源泉。地方本科师范院校是我国培养基础教育师资的重要阵地，也是提高基础教育师资水平，加强师资队伍建设的重要保障。随着我国高等教育改革的不断深入，地方本科师范院校面临着艰难生存的困境与转型发展的难题。现如今，我国对教师教育振兴与乡村振兴问题的日益重视，无疑给地方本科师范院校坚持师范特色，坚定地传承自身的师范办学传统提供了强大的政策环境。在此关键时刻，新时代地方本科师范院校应在破除传统师范院校教师教育发展弊端，借鉴与汲取国外教师教育发展经验的基础之上，以宏观政策的颁布为契机，创新教师教育体系，强化教师教育制度供给，加大对地方师范院校发展的扶持力度，推进教师教育一体化，促进教师教育供给侧改革等，从而实现自身的跨越式发展，实现教师教育质量的提高。

---

① 王双玲：《走出困境之希望：教师教育供给侧改革》，《继续教育研究》2017年第11期。

第七章　新时代地方本科师范院校改革发展的战略抉择

地方本科师范院校承载着促进我国教师教育发展和培养高素质专业化教师的双重使命。在面临新时代教师教育供给侧结构性改革要求和高校治理体系与治理能力现代化需求转向的背景下,地方本科师范院校应该借鉴美、法、英等发达国家教师教育的经验,做出适合我国国情特色的改革与发展战略抉择。本书从发展定位、发展走向、发展路径、发展保障四个层面提出了新时代地方本科师范院校改革发展的战略抉择,以期为新时代我国地方本科师范院校改革发展与卓越教师培养提供指导。

第一节　发展的定位——错位发展,明确发展目标定位

一　办学目标定位:以师范教育为特色,办特色鲜明的地方高水平师范大学

地方本科师范院校在发展过程中,如何选择适合自身实际的办学定位方向,明确改革与发展的目标,关系到其未来是否具有可持续发展力。清晰、准确的办学目标定位不仅可以保证地方本科师范院校自身的可持续发展力,而且是提高其师资队伍质量、优化学科专业结构的依据和准绳。

经调研发现,我国很多地方本科师范院校办学定位与"师范"偏

第七章 新时代地方本科师范院校改革发展的战略抉择

离,出现办学目标模糊化、雷同化、求大不求实、盲目攀高等问题。具体表现在以下方面:(1)校本研究(school-based research)不足,无法明确"本校有什么,本校适合干什么";(2)发展定位(developing orientation)不准,在办学定位上,或追求高大全,或与其他高校雷同,或自身定位模糊①;(3)优势(strengths)认识不清,师范院校主要是以师范专业体系化和教师职前职后一体化为优势,然而,在大众化进程中很多地方本科师范院校发展转向以非师范专业谋特色,"淡化"师范专业体系,弱化教师教育职前职后一体化布局,忽视教师职后培训;(4)社会责任(social responsibility)不明,地方本科师范院校自我发展定位不明晰,直接影响其对责任与承担责任所需的要求的认识,尤其是在培养地方性、应用型人才方面,无法明确"本校要为地方发展服务什么";(5)功利性(utility tendency)有余,盲目追求"省内领先"或"国内一流",缺乏客观评估自身发展的能力,导致办学定位缺乏传承性与连续性。

地方本科师范院校办学目标定位应基于校本研究、从内而外地进行决策选择。校本研究可以借鉴企业管理领域常用的 SWOT 态势分析法,即优势(Strengths)、劣势(Weaknesses)、机会(Opportunities)和威胁(Threats)。② 通过 SWOT 态势分析法,对本校发展所处情形进行全面、系统、准确的研究,并对"能够做的"(即组织的强项 S 和弱项 W)和"可能做的"(即环境的机会 O 和威胁 T)要素进行有机整合分析,从而根据分析结果制定相应的办学定位目标、计划以及对策等,即明确发展的方向定位。

综上所述,地方本科师范院校在办学目标定位上,应保留师范性的传统优势,积极顺应高等教育改革的大趋势,坚持以服务地方(或区域)基础教育和社会经济发展为主要面向,尤其是要根据地方基础教育发展水平、社会经济特征和区域文化资源筹划学科建设、确定专

---

① 康丽滢、李秀云:《地方新建本科师范院校的发展困境及出路》,《河北民族师范学院学报》2017 年第 3 期。

② 颜明健:《管理学原理》(第 2 版),厦门大学出版社 2017 年版,第 193 页。

业设置以及从事课程开发。基于校本研究理清自身办学定位思路，明确办学目标定位方向，始终以师范教育为特色，办特色鲜明的地方高水平师范大学。

二 培养目标定位：以服务区域经济社会发展和基础教育为宗旨，培养具有创新精神的高级应用型人才

经调研发现，大多数地方本科师范院校因办学定位存在求大、攀高等弊端，学校办学定位多为综合性大学，导致其培养目标定位偏离实际。例如，A校将目标定位为培养"科研能力较强、全面发展的人才"；N校将目标定位为培养"德才兼备、通专兼备的创造性人才"；S校将目标定位为培养"适应社会发展需要的人才"。可见，大多数地方本科师范院校对本校人才培养目标定位宽泛模糊，而且比较笼统。地方本科师范院校人才培养定位理应充分体现出地区基础教育培养卓越师资目标指向，促进区域教师教育专业发展。

地方院校主要是以支撑产业转型升级与适应区域经济社会生产、管理、服务等一线需要，培养具备一定知识、能力和创新精神的高级应用型人才的教育机构。服务于"支撑产业转型升级与区域发展"是地方院校发展的合法性基础。因此，地方本科师范院校在人才培养目标定位方面，需要结合本校地方特性以及社会责任，以服务区域经济社会发展和基础教育为宗旨，致力于教师教育人才培养、社会服务和创新研究，为区域内基础教育、中等职业教育与高等教育提供人才保障和智力支撑。在教师教育人才培养方面，研究生层次教师教育专业人才的培养，应侧重研究型与学术型的人才功能与培养类型，其中师范大学应发挥教育教学科研、理论创新与引领的重要作用；承担教育硕士培养任务的地方本科师范院校应侧重教育理论教学，注重教育学科逻辑的组织与教学理论的传授，提升教师教育专业人才研究水平。本科与专科层次教师教育专业人才培养应突显教学型和应用型人才培养特点，注重学生实践能力的培养，在教学方法、教学手段、评价体系、实践教学等方面要充分体现实践性、应用型人才的特点。

三 学科发展定位：坚持应用型转向，优先发展服务区域经济和基础教育发展的学科群

学科是大学的基石。[①] 基于"双一流"建设的基本逻辑，若干一流的学科群形成一流大学，而若干关联的一流学科形成一流学科群[②]，"双一流"建设的出发点应聚焦于学科。学科的形成与发展通常遵循学术逻辑和社会逻辑[③]，既是对社会环境需求的满足，又是知识领域走向专业化的必由之路。学科建设的首要任务是解决内部的一致性和外部的合法性问题，即一方面必须形成学科共同体，另一方面学科必须为解决社会问题做出贡献，获得其发展的合法化基础。学科发展定位既要重视通过学科规训（即知识逻辑）实现内部的一致性，又要重视以学科的社会功能取得合法性。[④]

因此，地方本科师范院校在制定学科发展定位战略与决策规划时必须观照这两个"契合度"：一是学科发展与其知识体系内部一致性的契合度；二是学科发展与其社会功能合法性的契合度。地方本科师范院校学科发展定位首先应立足于区域经济发展实际，以地方需求为导向，坚持应用型转向，优先发展服务区域经济和基础教育发展的学科群；要将重点学科专业建设与科研工作倾向于教师教育专业发展，实现重点学科与相关研究支持教师发展，建立教师教育专业发展反哺重点学科与相关研究的良性机制。要强化教师教育学科建设，优先发展教师教育特色学科群，优化以地方需求为导向的学科专业布局。要建立学科专业动态调整机制，以差别化方式整体提升专业的核心竞争力，加快学科专业群的建设。

---

① 张德祥：《高校一流学科建设的关系审视》，《教育研究》2016 年第 8 期。
② 何芝暨：《地方高校对接国家"双一流"建设的思考》，《应用型高等教育研究》2016 年第 4 期。
③ 袁广林：《学术逻辑与社会逻辑——世界一流学科建设价值取向探析》，《学位与研究生教育》2017 年第 9 期。
④ 孟照海：《制度化与去制度化：世界一流学科建设的内在张力——以美国芝加哥大学社会学为例》，《中国高教研究》2018 年第 5 期。

第二节 发展的走向——强化特色，做精做优教师教育

一 打造师范特色，做精做优教师教育

师范特色定位是判断一所师范院校是否拥有竞争力、生命力、可持续发展力的关键指标之一，同时也是吸引优质生源、做精做优教师教育的前提基础。因此，地方本科师范院校发展以师范为特色，做精做优教师教育，应观照三个维度，即生源质量、培养模式和评价体系。

第一，要把好入口关，保证教师教育生源质量。调研发现，有35.7%的学生因"家庭经济因素"而选择就读教师教育专业，在择业动机中占比最高；其中，仅有15.3%的学生因"热爱教师职业"而选择就读教师教育专业，在择业动机中占比较低。因此，地方本科师范院校应根据全省教育事业发展的需要，科学核定教师教育专业招生计划，向紧缺学科倾斜；坚持将教师教育专业安排在提前批次招生。教师教育专业在招生中应严格把守入口关，进一步完善考生的综合测评体系，增加面试等环节，帮助学生树立正确的择业观，保证教师教育生源质量，以做精做优教师教育。

第二，要重视培养过程，重构课程体系，拓展未来教师知识结构，转变传统教师教育人才培养模式。调研发现，目前地方本科师范院校的教师教育专业课程体系总体满意度较低，存在的问题主要是两个方面：一是理论课与实践课失衡；二是专业课与公共课失衡。调查结果显示，全国范围内地方本科师范院校关于教师教育专业的课程体系设置，其理论课程与实践课程设置比例严重失衡。例如，有46%的被调查者认为，目前教师教育课程设置中"理论课程太多，实践课程太少"；有34%的被调查者认为"理论与实践脱节"；其中，仅有4%的被调查者认为理论与实践课程"设置合理"。此外，在教师教育专业课与公共课的满意度调查中发现，专业课满意度指数明显高于

公共课。因此，地方本科师范院校要整合教师教育资源，全面修订人才培养方案，科学架构教师教育专业课程体系，加强学科专业课程与教育专业课程的融合，加强教育学科课程与教育教学实践课程的融合，强化教育实践课程和实践环节，突出教学技能培训。要深入实施卓越教师培养模式，按照小学教师全科培养、初中教师一专多能培养、高中教师辅修第二专业的要求，积极推进师范教育复合培养，以满足不同类型师范生学习的需要和地方中小学对人才结构的要求。

第三，要强化教师教育专业师资建设。在调研中发现，因教师教育存在不同程度的弱化，承担教师职前培养和职后培训的"教师教育者"普遍存在队伍不稳定、身份认同困难、职业成就感不高、上升通道狭窄等问题。因此，地方本科师范院校要建立"教师教育者"准入机制，完善人才引育机制，优化教师教育专业师资学历、年龄与职称结构，完善"教师教育者"的管理、使用、考核与评价与服务工作。同时，加大聘请中小学名师名校长担任兼职教师的工作力度，充实教师教育师资队伍。

第四，要严守出口关，重构教师教育人才培养质量评价体系，以保证服务社会质量。毕业生是最重要的教育"产品"，用人单位对毕业生的满意度是评判教师教育人才培养质量的重要维度。调查发现，聘用学校对教师教育专业毕业生满意度指数为53.4分，质量指数、忠诚度指数和期望指数分别为52.4分、50.1分和52分，总体上处于"不太满意"状态。地方本科师范院校要根据人才培养目标，构建科学合理、符合不同学科和专业特点的各层次人才培养质量评价体系，充分运用现代化的管理和质量监控手段，建立健全教学质量管理系统、教学质量评价系统、教学质量信息反馈系统，切实提高人才培养质量。

二 打造区域特色，构建城乡一体化的教育公共服务体系

我国地域辽阔，不同区域在经济资源开发、科技利用以及文化教育等方面都存在着明显的差异性。往往因区域之间经济、科技与文化

的发展不平衡特性而制约着地方本科师范院校的发展速度、水平、结构以及范式。

调研发现,教师教育专业学生满意度指数整体上呈现出"东高西低"的特点,呈现出东部、中部和西部依次下降的趋势。东部地区满意度指数(69.1分)比西部地区(65分)高4.1分。教育公平感知指数,西部地区得分明显偏低,为62分,与东部地区67.5分差5.5分。教育质量感知指数,东部地区(63.2分)与西部地区(58分)差5.2分,教育实践满意度指数,东部地区平均为61.8分,与西部地区的56分,相差5.8分,差距较为明显。此外,不同区域教师教育专业教师满意度情况呈现出"东高西低"的走势,中部地区处于中游水平。东部地区在总体满意度、学校管理、政府保障和教育期望四个测评维度的平均指数都是最高的,西部地区的指数都是最低的,不同区域教师教育专业满意度处于中等水平,从各维度来看,东西部地区差异较大。

本次调查的教师教育专业学生家庭居住地占比依次是村(占35%)、城区(占27%)、乡镇(占23%)和县城(占15%)。调研结果显示,城区居住地教师教育专业学生的满意度指数明显高于村居住地学生。经统计分析发现,学生满意度指数从城区到县城、乡镇和村呈现阶梯式递减趋势,在总体满意度、教育公平、教育期望、教育质量和教育实践五个维度上存在显著的差异性,分差值域在1.8—5.7分。

因此,地方本科师范院校发展应立足于本区域经济、科技与文化水平,打造区域特色,打破城乡壁垒,构建城乡一体化体系,服务地方基础教育。

三 打造校本特色,培养卓越教师

基于师范特色和区域特色,地方本科师范院校应打造属于自身的校本特色,做精做优教师教育,培养卓越教师。打造校本特色应着力于三个方面,即开发校本课程、编写校本教材、开展校本研究。

开发校本课程，培养卓越教师。现阶段中国高等教育正处于内涵式发展阶段，内涵发展无外乎包括三方面内容，即课程、教学和师资。其中师资是核心，课程是载体，教学是手段。这里讲到的"课程"，包括学科课程和校本课程。根据师范专业的特点及校情，开发具有校本特色的课程，培养卓越教师，势在必行。调研发现，湖南省校本课程开发做得比较好。借鉴湖南经验，地方本科师范院校可以酌情考虑开发师范类校本课程，并召集专家编写校本教材，使国家教师队伍建设战略落地生根，见到成效。

编写校本教材，培养卓越教师。开发校本课程就需要有校本教材作为支撑。调研发现，地方本科师范院校在师范类专业校本课程开发和校本教材编写方面仍有很大的作为空间。此外，编写校本教材已成为目前国内各高校教学改革的目标。例如 D 大学 2019 年教改立项指南之一，就是支持本科必修课程或专业主干课程教材及其配套教材、辅助教材的编写；对于选修课程，原则上只支持具有突出特色的课程教材。

开展校本研究，培养卓越教师。大学发展受其内涵逻辑和地域文化背景的影响，这决定了大学发展不可以完全照搬他校模式，地方本科师范院校的发展也不例外。尤其是目前中国大学改革已经到了深水区，已经完全超越了之前复制和模仿的外延式发展阶段，正在向内涵式发展阶段转向。开展校本研究是符合大学探索内涵式发展的路径和方法。正如很多一流大学纷纷成立高等教育研究院一样，开展校本研究是高等教育研究院的主要任务与旨归。因此，建议地方本科师范院校建立一个高等教育研究平台，组建科研团队（非专家团队），开展校本研究，继往开来（即继承校史、着眼未来），探索向内涵式发展转向之路。

第三节　发展的路径——提高质量，有力地服务地方发展

一　提高培养质量，改进地方基础教育师资薄弱状况

地方本科师范院校不容置疑地担负着为地方基础教育输送师资之

社会使命。而提高教师教育人才培养质量的有效路径包括两条：一是探索多元化人才培养模式，满足地方基础教育对师资层次和类型的需求；二是改革实践课程实施范式，提高师范生的教育实践参与度，满足地方基础教育对师资质量的需求。

目前我国地方本科师范院校教师教育人才培养模式有三种：一是高中起点的四年制本科人才培养模式，即所谓"4+0"模式；二是初中起点的六年一贯制本科人才培养模式，即所谓"4+2"模式；三是高中起点的中外合作办学模式，亦即"2+2"模式。调研发现，基于用户友好维度审视，"4+2"模式、"2+2"模式人才培养质量更优，用人单位满意度更高。然而，目前很多地方本科师范院校在不同程度上存在着教师教育人才培养模式单一的弊端，例如大多数仍采用单一的"4+0"模式，以高校为培养主体，产教融合缺失，人才培养质量标准与基础教育实际需求脱节，适应不了基础教育的发展要求。此外，在关于"教育实践学生参与度"的调查中发现，有39%的学生认为教育实践参与度较低，有30%的学生选择"基本没参与"，认为"参与程度较高"的学生占比为25%，所占比重较低，更有6%的学生认为"没有参与"。

因此，在新时代背景下，地方本科师范院校应探索多元化人才培养模式，建立高校—政府—实习单位一体化的实践课程实施范式，提高教师教育人才培养质量，改变地方基础教育师资薄弱困境，为我国乡村教育服务，有利于服务地方发展。

二 提高教学质量，转变课堂教学重"术"轻"道"之态势

质量是高等教育的生命，教学是高等学校生存的本真。纵使现代高等学校承载着培养人才、发展科学、服务社会以及文化传承与创新等多重功能与职责，但是"人才培养都是其最根本、最核心和最重要的职能，是高等教育永恒的使命"。纽曼也曾提出："如果大学是为了科学和哲学的发现，我不明白为什么大学应该拥有学生。"

目前，师范院校课堂教学水平及其质量评价仍停留在教学技能、方法等"术"的层面，对课堂教学内涵质量"道"的层面关注不够。

这个问题在新一轮国家本科教学审核评估中暴露得比较明显,尤其是专升本新建本科师范院校仍然沿用其专科阶段课堂教学模式和评价方式。立足新时代,教育部正在积极推进大学课堂革命,并提出了"两性一度"(即高阶性、创新性和挑战度)的"金课"标准。

调研发现,在关于教师教育专业学生最欠缺的学科专业领域知识调查中,学科前沿知识占比最高,达到39.32%;其次为学科核心和难点知识,占比为19.22%;再次为学科技能与操作知识,占比为18.71%;而学科基础知识占比仅为2.48%。调查结果表明,在教师教育专业教学中,教师在课堂教学过程中对学科前沿知识以及学科核心和难点知识关注不够。从本质上讲,教师在教育课堂教学中存在着教学内容虚空、形式异化为内容、本末倒置等弊端。因此,在课堂革命的大背景下,地方本科师范院校必须努力提高课堂教学内涵维度质量,关注学科前沿,打造具有高阶性、创新性和挑战度的"金课"课堂,转变课堂教学重"术"轻"道"之态势,有力地服务地方发展。

三 提高研究质量,推动地方基础教育教学改革

目前地方本科师范院校在科学研究方面,立足服务地方基础教育发展,体现校地、校企等协同创新的应用型科学研究较少,推动地方基础教育教学改革的能力相对不足。

调研发现,我国大部分地方本科师范院校定位于建设"教学型"或者"教学科研型"大学,但事实上,学校在科研方面没有明确的要求和相应的激励机制,重教学轻科研的倾向较为明显,甚至有的学校在计算工作量的时候可以用教学工作量来抵消科研工作量,这也潜在地引导教师群体向教学发展而忽视科研。对科研激励机制的不足,削弱了教师科研的积极性,进而影响到整个学校的科研水平。此外,经费投入不足也是一大因素。就目前情况来看,地方高等师范院校的办学经费来源十分单一,主要是靠上级拨款,有限的办学经费在满足学校日常的支出之后,很难有充裕的资金吸引到足够数量的学科带头人和高层次人才,更

难以支撑高水平学科建设和科学研究所需的硬件设施的配套。

因此,地方本科师范院校应立足于服务地方基础教育发展,提高研究质量,推动地方基础教育教学改革,提高服务地方发展能力。

第四节 发展的保障——促进大学之治,为高质量发展提供坚强的制度保障

一 把握高校治理体系和治理能力现代化的基本点

地方本科师范院校要"紧紧围绕'立德树人'这一根本任务,尊重教育规律和人才成长规律,坚决破除一些不合时宜的思想观念和体制机制弊端,突破利益固化的藩篱"[①]"强化党对地方师范院校的全面领导,坚持社会主义办学方向,为地方师范院校内部治理体系和治理能力现代化提供坚强的政治保证"[②]。

"要坚持和完善党委领导下的校长负责制""高校党委对学校工作实行全面领导,履行管党治党、办学治校的主体责任,要细化党委会议事规则,落实'三重一大'决策制度"[③],切实发挥"把方向、管大局、作决策、抓班子、带队伍、保落实"的作用。"坚持党管干部、党管人才,深化干部人事制度改革。校长办公会要细化议事规则,认真组织落实党委会决策事项,切实履行办学治校的执行权。高校纪检监察机构要切实履行全面从严治党及党风廉政建设监督责任,根据上级纪委监委要求和有关规定,强化对高校党委和行政的办学治校监督工作。"[④]

---

① 袁占亭:《治理体系和治理能力现代化:"双一流"大学建设的重要保证》,《中国高等教育》2019年第22期。
② 陈世伟、俞荣建:《"双一流"建设背景下地方高校内部治理体系和治理能力现代化研究》,《黑龙江高教研究》2019年第2期。
③ 陈世伟、俞荣建:《"双一流"建设背景下地方高校内部治理体系和治理能力现代化研究》,《黑龙江高教研究》2019年第2期。
④ 陈世伟、俞荣建:《"双一流"建设背景下地方高校内部治理体系和治理能力现代化研究》,《黑龙江高教研究》2019年第2期。

二 聚焦高校治理体系和治理能力现代化的重要路径

"大学章程是建立现代大学制度的基石。"[①] 高校治理体系和治理能力现代化离不开法制保障,大学章程是地方师范院校依法自主办学,推进治理体系和治理能力现代化的基本准则。地方师范院校要依法建设、完善和实施好大学章程,确保章程在学校的根本地位,做到有章可依、照章办事、违章必究,将学校各项办学活动纳入法治化轨道,把章程作为指导学校改革发展的纲领性文件和推动学校事业高质量发展的行动指南。

要扎实推进大学章程的贯彻落实。以大学章程为核心,紧紧围绕章程的各项要求,对标章程、围绕章程,对学校现行规章制度进行全面的审查清理和修订完善,实现学校各项管理制度与章程从原则层面到操作层面的有机衔接,建立健全系统完备、科学规范、运行高效的制度体系。同时要强化制度的执行力,依法依章程行使办学自主权,强化章程在学校依法自主办学、实施管理和履行公共职能方面的基础作用[②],"完善内部治理结构,健全学校自主管理、自我约束的体制、机制,凸显学校的办学特色"[③]。要加强章程文化建设,发挥章程在承载大学精神和建构大学先进制度文化中的作用,通过大学章程的制定和实施,传承大学灵魂和精神,弘扬大学文化价值,坚持办学优势特色,凝聚办学理念共识。[④]

三 抓住高校治理体系和治理能力现代化的关键点

构建科学合理的大学内部治理结构是我国建设现代大学制度的主

[①] 陈世伟、俞荣建:《"双一流"建设背景下地方高校内部治理体系和治理能力现代化研究》,《黑龙江高教研究》2019年第2期。

[②] 《关于深化高等教育领域简政放权放管结合优化服务改革的若干意见》,http://www.moe.edu.cn/srcsite/A02/s70-49/201704/t20170405301912.html。

[③] 陈世伟、俞荣建:《"双一流"建设背景下地方高校内部治理体系和治理能力现代化研究》,《黑龙江高教研究》2019年第2期。

[④] 袁占亭:《治理体系和治理能力现代化:"双一流"大学建设的重要保证》,《中国高等教育》2019年第22期。

要着力点。推进高校治理体系和治理能力现代化的进程,其关键在于规范学校内部校院两级管理体制和构建权责运行机制,是积极深化地方师范院校综合改革的重要目标。

一方面,"地方师范院校要理顺内部管理体制,明晰校院两级关系权责,切实传导内部治理压力""深化地方高校内部管理体制改革,理顺学校及二级学院在人权、财权及物权方面的责权利关系,坚持权责匹配、权责对等"[①]。建议推动形成扁平化的校院两级管理体制,管理中心下沉,扩大二级学院的办学自主权,使二级学院成为相对独立的办学主体,"明确二级学院'管思想、管政策、管人才、管干部'的'四管'职责",同时也"充分调动二级学院内设系、室、所和教学团队、科研团队、学科团队负责人办院治院的积极性"[②]。

另一方面,要建立权责明晰的工作推进机制和责任机制。理清学校和二级学院权责清单和权责边界,完善二级学院分类考核评价体系,建立责任考核机制与责任追究机制,在制度重建的基础上,进一步明确主体责任、部门责任,加强绩效考核,强化责任追究。通过合理配置校院两级责权,建立清单化的工作推进机制,明确责任追究机制,在"放管服"中优化对二级学院的支持与服务,增强学院在内部治理中的地位和作用。

本章小结

本章立足新时代教师教育供给侧结构性改革要求和高校治理体系和治理能力现代化需求转向,借鉴发达国家教师教育经验,从发展定位、发展走向、发展路径、发展保障四个层面提出了新时代地方本科师范院校改革发展的战略抉择,以期为新时代我国地方本科师范院校改革发展与卓越教师培养提供指导。

---

① 陈世伟、俞荣建:《"双一流"建设背景下地方高校内部治理体系和治理能力现代化研究》,《黑龙江高教研究》2019年第2期。
② 陈世伟、俞荣建:《"双一流"建设背景下地方高校内部治理体系和治理能力现代化研究》,《黑龙江高教研究》2019年第2期。

附录 A 中共中央 国务院关于全面深化新时代教师队伍建设改革的意见

(2018年1月20日)

百年大计，教育为本；教育大计，教师为本。为深入贯彻落实党的十九大精神，造就党和人民满意的高素质专业化创新型教师队伍，落实立德树人根本任务，培养德智体美全面发展的社会主义建设者和接班人，全面提升国民素质和人力资源质量，加快教育现代化，建设教育强国，办好人民满意的教育，为决胜全面建成小康社会、夺取新时代中国特色社会主义伟大胜利、实现中华民族伟大复兴的中国梦奠定坚实基础，现就全面深化新时代教师队伍建设改革提出如下意见。

一 坚持兴国必先强师，深刻认识教师队伍建设的重要意义和总体要求

1. 战略意义。教师承担着传播知识、传播思想、传播真理的历史使命，肩负着塑造灵魂、塑造生命、塑造人的时代重任，是教育发展的第一资源，是国家富强、民族振兴、人民幸福的重要基石。党和国家历来高度重视教师工作。党的十八大以来，以习近平同志为核心的党中央将教师队伍建设摆在突出位置，作出一系列重大决策部署，各地区各部门和各级各类学校采取有力措施认真贯彻落实，教师队伍建设取得显著成就。广大教师牢记使命、不忘初衷，爱岗敬业、教书育人，改革创新、服务社会，作出了重要贡献。

当今世界正处在大发展大变革大调整之中，新一轮科技和工业革命正在孕育，新的增长动能不断积聚。中国特色社会主义进入了新时代，开启了全面建设社会主义现代化国家的新征程。我国社会主要矛盾已经转化为人民日益增长的美好生活需要和不平衡不充分的发展之间的矛盾，人民对公平而有质量的教育的向往更加迫切。面对新方位、新征程、新使命，教师队伍建设还不能完全适应。有的地方对教育和教师工作重视不够，在教育事业发展中重硬件轻软件、重外延轻内涵的现象还比较突出，对教师队伍建设的支持力度亟须加大；师范教育体系有所削弱，对师范院校支持不够；有的教师素质能力难以适应新时代人才培养需要，思想政治素质和师德水平需要提升，专业化水平需要提高；教师特别是中小学教师职业吸引力不足，地位待遇有待提高；教师城乡结构、学科结构分布不尽合理，准入、招聘、交流、退出等机制还不够完善，管理体制机制亟须理顺。时代越是向前，知识和人才的重要性就愈发突出，教育和教师的地位和作用就愈发凸显。各级党委和政府要从战略和全局高度充分认识教师工作的极端重要性，把全面加强教师队伍建设作为一项重大政治任务和根本性民生工程切实抓紧抓好。

2. 指导思想。全面贯彻落实党的十九大精神，以习近平新时代中国特色社会主义思想为指导，紧紧围绕统筹推进"五位一体"总体布局和协调推进"四个全面"战略布局，坚持和加强党的全面领导，坚持以人民为中心的发展思想，坚持全面深化改革，牢固树立新发展理念，全面贯彻党的教育方针，坚持社会主义办学方向，落实立德树人根本任务，遵循教育规律和教师成长发展规律，加强师德师风建设，培养高素质教师队伍，倡导全社会尊师重教，形成优秀人才争相从教、教师人人尽展其才、好教师不断涌现的良好局面。

3. 基本原则

——确保方向。坚持党管干部、党管人才，坚持依法治教、依法执教，坚持严格管理监督与激励关怀相结合，充分发挥党委（党组）

的领导和把关作用，确保党牢牢掌握教师队伍建设的领导权，保证教师队伍建设正确的政治方向。

——强化保障。坚持教育优先发展战略，把教师工作置于教育事业发展的重点支持战略领域，优先谋划教师工作，优先保障教师工作投入，优先满足教师队伍建设需要。

——突出师德。把提高教师思想政治素质和职业道德水平摆在首要位置，把社会主义核心价值观贯穿教书育人全过程，突出全员全方位全过程师德养成，推动教师成为先进思想文化的传播者、党执政的坚定支持者、学生健康成长的指导者。

——深化改革。抓住关键环节，优化顶层设计，推动实践探索，破解发展瓶颈，把管理体制改革与机制创新作为突破口，把提高教师地位待遇作为真招实招，增强教师职业吸引力。

——分类施策。立足我国国情，借鉴国际经验，根据各级各类教师的不同特点和发展实际，考虑区域、城乡、校际差异，采取有针对性的政策举措，定向发力，重视专业发展，培养一批教师；加大资源供给，补充一批教师；创新体制机制，激活一批教师；优化队伍结构，调配一批教师。

4. 目标任务。经过 5 年左右努力，教师培养培训体系基本健全，职业发展通道比较畅通，事权人权财权相统一的教师管理体制普遍建立，待遇提升保障机制更加完善，教师职业吸引力明显增强。教师队伍规模、结构、素质能力基本满足各级各类教育发展需要。

到 2035 年，教师综合素质、专业化水平和创新能力大幅提升，培养造就数以百万计的骨干教师、数以十万计的卓越教师、数以万计的教育家型教师。教师管理体制机制科学高效，实现教师队伍治理体系和治理能力现代化。教师主动适应信息化、人工智能等新技术变革，积极有效开展教育教学。尊师重教蔚然成风，广大教师在岗位上有幸福感、事业上有成就感、社会上有荣誉感，教师成为让人羡慕的职业。

二 着力提升思想政治素质，全面加强师德师风建设

5. 加强教师党支部和党员队伍建设。将全面从严治党要求落实到每个教师党支部和教师党员，把党的政治建设摆在首位，用习近平新时代中国特色社会主义思想武装头脑，充分发挥教师党支部教育管理监督党员和宣传引导凝聚师生的战斗堡垒作用，充分发挥党员教师的先锋模范作用。选优配强教师党支部书记，注重选拔党性强、业务精、有威信、肯奉献的优秀党员教师担任教师党支部书记，实施教师党支部书记"双带头人"培育工程，定期开展教师党支部书记轮训。坚持党的组织生活各项制度，创新方式方法，增强党的组织生活活力。健全主题党日活动制度，加强党员教师日常管理监督。推进"两学一做"学习教育常态化制度化，开展"不忘初心、牢记使命"主题教育，引导党员教师增强政治意识、大局意识、核心意识、看齐意识，自觉爱党护党为党，敬业修德，奉献社会，争做"四有"好教师的示范标杆。重视做好在优秀青年教师、海外留学归国教师中发展党员工作。健全把骨干教师培养成党员，把党员教师培养成教学、科研、管理骨干的"双培养"机制。

配齐建强高等学校思想政治工作队伍和党务工作队伍，完善选拔、培养、激励机制，形成一支专职为主、专兼结合、数量充足、素质优良的工作力量。把从事学生思想政治教育计入高等学校思想政治工作兼职教师的工作量，作为职称评审的重要依据，进一步增强开展思想政治工作的积极性和主动性。

6. 提高思想政治素质。加强理想信念教育，深入学习领会习近平新时代中国特色社会主义思想，引导教师树立正确的历史观、民族观、国家观、文化观，坚定中国特色社会主义道路自信、理论自信、制度自信、文化自信。引导教师准确理解和把握社会主义核心价值观的深刻内涵，增强价值判断、选择、塑造能力，带头践行社会主义核心价值观。引导广大教师充分认识中国教育辉煌成就，扎根中国大地，办好中国教育。

附录 A　中共中央 国务院关于全面深化新时代教师队伍建设改革的意见

加强中华优秀传统文化和革命文化、社会主义先进文化教育，弘扬爱国主义精神，引导广大教师热爱祖国、奉献祖国。创新教师思想政治工作方式方法，开辟思想政治教育新阵地，利用思想政治教育新载体，强化教师社会实践参与，推动教师充分了解党情、国情、社情、民情，增强思想政治工作的针对性和实效性。要着眼青年教师群体特点，有针对性地加强思想政治教育。落实党的知识分子政策，政治上充分信任，思想上主动引导，工作上创造条件，生活上关心照顾，使思想政治工作接地气、入人心。

7. 弘扬高尚师德。健全师德建设长效机制，推动师德建设常态化长效化，创新师德教育，完善师德规范，引导广大教师以德立身、以德立学、以德施教、以德育德，坚持教书与育人相统一、言传与身教相统一、潜心问道与关注社会相统一、学术自由与学术规范相统一，争做"四有"好教师，全心全意做学生锤炼品格、学习知识、创新思维、奉献祖国的引路人。

实施师德师风建设工程。开展教师宣传国家重大题材作品立项，推出一批让人喜闻乐见、能够产生广泛影响、展现教师时代风貌的影视作品和文学作品，发掘师德典型、讲好师德故事，加强引领，注重感召，弘扬楷模，形成强大正能量。注重加强对教师思想政治素质、师德师风等的监察监督，强化师德考评，体现奖优罚劣，推行师德考核负面清单制度，建立教师个人信用记录，完善诚信承诺和失信惩戒机制，着力解决师德失范、学术不端等问题。

三　大力振兴教师教育，不断提升教师专业素质能力

8. 加大对师范院校支持力度。实施教师教育振兴行动计划，建立以师范院校为主体、高水平非师范院校参与的中国特色师范教育体系，推进地方政府、高等学校、中小学"三位一体"协同育人。研究制定师范院校建设标准和师范类专业办学标准，重点建设一批师范教育基地，整体提升师范院校和师范专业办学水平。鼓励各地结合实际，适时提高师范专业生均拨款标准，提升师范教育保障水平。切实

提高生源质量，对符合相关政策规定的，采取到岗退费或公费培养、定向培养等方式，吸引优秀青年踊跃报考师范院校和师范专业。完善教育部直属师范大学师范生公费教育政策，履约任教服务期调整为6年。改革招生制度，鼓励部分办学条件好、教学质量高院校的师范专业实行提前批次录取或采取入校后二次选拔方式，选拔有志于从教的优秀学生进入师范专业。加强教师教育学科建设。教育硕士、教育博士授予单位及授权点向师范院校倾斜。强化教师教育师资队伍建设，在专业发展、职称晋升和岗位聘用等方面予以倾斜支持。师范院校评估要体现师范教育特色，确保师范院校坚持以师范教育为主业，严控师范院校更名为非师范院校。开展师范类专业认证，确保教师培养质量。

9. 支持高水平综合大学开展教师教育。创造条件，推动一批有基础的高水平综合大学成立教师教育学院，设立师范专业，积极参与基础教育、职业教育教师培养培训工作。整合优势学科的学术力量，凝聚高水平的教学团队。发挥专业优势，开设厚基础、宽口径、多样化的教师教育课程。创新教师培养形态，突出教师教育特色，重点培养教育硕士，适度培养教育博士，造就学科知识扎实、专业能力突出、教育情怀深厚的高素质复合型教师。

10. 全面提高中小学教师质量，建设一支高素质专业化的教师队伍。提高教师培养层次，提升教师培养质量。推进教师培养供给侧结构性改革，为义务教育学校侧重培养素质全面、业务见长的本科层次教师，为高中阶段教育学校侧重培养专业突出、底蕴深厚的研究生层次教师。大力推动研究生层次教师培养，增加教育硕士招生计划，向中西部地区和农村地区倾斜。根据基础教育改革发展需要，以实践为导向优化教师教育课程体系，强化"钢笔字、毛笔字、粉笔字和普通话"等教学基本功和教学技能训练，师范生教育实践不少于半年。加强紧缺薄弱学科教师、特殊教育教师和民族地区双语教师培养。开展中小学教师全员培训，促进教师终身学习和专业发展。转变培训方式，推动信息技术与教师培训的有机融合，实行线上线下相结合的混

附录 A　中共中央　国务院关于全面深化新时代教师队伍建设改革的意见

合式研修。改进培训内容，紧密结合教育教学一线实际，组织高质量培训，使教师静心钻研教学，切实提升教学水平。推行培训自主选学，实行培训学分管理，建立培训学分银行，搭建教师培训与学历教育衔接的"立交桥"。建立健全地方教师发展机构和专业培训者队伍，依托现有资源，结合各地实际，逐步推进县级教师发展机构建设与改革，实现培训、教研、电教、科研部门有机整合。继续实施教师国培计划。鼓励教师海外研修访学。加强中小学校长队伍建设，努力造就一支政治过硬、品德高尚、业务精湛、治校有方的校长队伍。面向全体中小学校长，加大培训力度，提升校长办学治校能力，打造高品质学校。实施校长国培计划，重点开展乡村中小学骨干校长培训和名校长研修。支持教师和校长大胆探索，创新教育思想、教育模式、教育方法，形成教学特色和办学风格，营造教育家脱颖而出的制度环境。

11. 全面提高幼儿园教师质量，建设一支高素质善保教的教师队伍。办好一批幼儿师范专科学校和若干所幼儿师范学院，支持师范院校设立学前教育专业，培养热爱学前教育事业，幼儿为本、才艺兼备、擅长保教的高水平幼儿园教师。创新幼儿园教师培养模式，前移培养起点，大力培养初中毕业起点的五年制专科层次幼儿园教师。优化幼儿园教师培养课程体系，突出保教融合，科学开设儿童发展、保育活动、教育活动类课程，强化实践性课程，培养学前教育师范生综合能力。

建立幼儿园教师全员培训制度，切实提升幼儿园教师科学保教能力。加大幼儿园园长、乡村幼儿园教师、普惠性民办幼儿园教师的培训力度。创新幼儿园教师培训模式，依托高等学校和优质幼儿园，重点采取集中培训与跟岗实践相结合的方式培训幼儿园教师。鼓励师范院校与幼儿园协同建立幼儿园教师培养培训基地。

12. 全面提高职业院校教师质量，建设一支高素质双师型的教师队伍。继续实施职业院校教师素质提高计划，引领带动各地建立一支技艺精湛、专兼结合的双师型教师队伍。加强职业技术师范院校建设，支持高水平学校和大中型企业共建双师型教师培养培训基地，建立高等学校、行业企业联合培养双师型教师的机制。切实推进职业院校教师定期到企业实践，不断提升实践教学能力。建立企业经营管理者、技术能手与职业院校管理者、骨干教师相互兼职制度。

13. 全面提高高等学校教师质量，建设一支高素质创新型的教师队伍。着力提高教师专业能力，推进高等教育内涵式发展。搭建校级教师发展平台，组织研修活动，开展教学研究与指导，推进教学改革与创新。加强院系教研室等学习共同体建设，建立完善传帮带机制。全面开展高等学校教师教学能力提升培训，重点面向新入职教师和青年教师，为高等学校培养人才培育生力军。重视各级各类学校辅导员专业发展。结合"一带一路"建设和人文交流机制，有序推动国内外教师双向交流。支持孔子学院教师、援外教师成长发展。服务创新型国家和人才强国建设、世界一流大学和一流学科建设，实施好千人计划、万人计划、长江学者奖励计划等重大人才项目，着力打造创新团队，培养引进一批具有国际影响力的学科领军人才和青年学术英才。加强高端智库建设，依托人文社会科学重点研究基地等，汇聚培养一大批哲学社会科学名家名师。高等学校高层次人才遴选和培育中要突出教书育人，让科学家同时成为教育家。

四 深化教师管理综合改革，切实理顺体制机制

14. 创新和规范中小学教师编制配备。适应加快推进教育现代化的紧迫需求和城乡教育一体化发展改革的新形势，充分考虑新型城镇化、全面二孩政策及高考改革等带来的新情况，根据教育发展需要，在现有编制总量内，统筹考虑、合理核定教职工编制，盘活事业编制存量，优化编制结构，向教师队伍倾斜，采取多种形式增加教师总量，优先保障教育发展需要。落实城乡统一的中小学教职工编制标准，有条件的地方出台公办幼儿园人员配备规范、特殊教育学校教职工编制标准。创新编制管理，加大教职工编制统筹配置和跨区域调整力度，省级统筹、市域调剂、以县为主，动态调配。编制向乡村小规

附录 A　中共中央　国务院关于全面深化新时代教师队伍建设改革的意见

模学校倾斜,按照班师比与生师比相结合的方式核定。加强和规范中小学教职工编制管理,严禁挤占、挪用、截留编制和有编不补。实行教师编制配备和购买工勤服务相结合,满足教育快速发展需求。

15. 优化义务教育教师资源配置。实行义务教育教师"县管校聘"。深入推进县域内义务教育学校教师、校长交流轮岗,实行教师聘期制、校长任期制管理,推动城镇优秀教师、校长向乡村学校、薄弱学校流动。实行学区(乡镇)内走教制度,地方政府可根据实际给予相应补贴。逐步扩大农村教师特岗计划实施规模,适时提高特岗教师工资性补助标准。鼓励优秀特岗教师攻读教育硕士。鼓励地方政府和相关院校因地制宜采取定向招生、定向培养、定期服务等方式,为乡村学校及教学点培养"一专多能"教师,优先满足老少边穷地区教师补充需要。实施银龄讲学计划,鼓励支持乐于奉献、身体健康的退休优秀教师到乡村和基层学校支教讲学。

16. 完善中小学教师准入和招聘制度。完善教师资格考试政策,逐步将修习教师教育课程、参加教育教学实践作为认定教育教学能力、取得教师资格的必备条件。新入职教师必须取得教师资格。严格教师准入,提高入职标准,重视思想政治素质和业务能力,根据教育行业特点,分区域规划,分类别指导,结合实际,逐步将幼儿园教师学历提升至专科,小学教师学历提升至师范专业专科和非师范专业本科,初中教师学历提升至本科,有条件的地方将普通高中教师学历提升至研究生。建立符合教育行业特点的中小学、幼儿园教师招聘办法,遴选乐教适教善教的优秀人才进入教师队伍。按照中小学校领导人员管理暂行办法,明确任职条件和资格,规范选拔任用工作,激发办学治校活力。

17. 深化中小学教师职称和考核评价制度改革。适当提高中小学中级、高级教师岗位比例,畅通教师职业发展通道。完善符合中小学特点的岗位管理制度,实现职称与教师聘用衔接。将中小学教师到乡村学校、薄弱学校任教 1 年以上的经历作为申报高级教师职称和特级教师的必要条件。推行中小学校长职级制改革,拓展职业发展空间,促进校长队伍专业化建设。进一步完善职称评价标准,建立符合中小学教师岗位特点的考核评价指标体系,坚持德才兼备、全面考核,突出教育教学实绩,引导教师潜心教书育人。加强聘后管理,激发教师的工作活力。完善相关政策,防止形式主义的考核检查干扰正常教学。不简单用升学率、学生考试成绩等评价教师。实行定期注册制度,建立完善教师退出机制,提升教师队伍整体活力。加强中小学校长考核评价,督促提高素质能力,完善优胜劣汰机制。

18. 健全职业院校教师管理制度。根据职业教育特点,有条件的地方研究制定中等职业学校人员配备规范。完善职业院校教师资格标准,探索将行业企业从业经历作为认定教育教学能力、取得专业课教师资格的必要条件。落实职业院校用人自主权,完善教师招聘办法。推动固定岗和流动岗相结合的职业院校教师人事管理制度改革。支持职业院校专设流动岗位,适应产业发展和参与全球产业竞争需求,大力引进行业企业一流人才,吸引具有创新实践经验的企业家、高科技人才、高技能人才等兼职任教。完善职业院校教师考核评价制度,双师型教师考核评价要充分体现技能水平和专业教学能力。

19. 深化高等学校教师人事制度改革。积极探索实行高等学校人员总量管理。严把高等学校教师选聘入口关,实行思想政治素质和业务能力双重考察。严格教师职业准入,将新入职教师岗前培训和教育实习作为认定教育教学能力、取得高等学校教师资格的必备条件。适应人才培养结构调整需要,优化高等学校教师结构,鼓励高等学校加大聘用具有其他学校学习工作和行业企业工作经历教师的力度。配合外国人永久居留制度改革,健全外籍教师资格认证、服务管理等制度。帮助高等学校青年教师解决住房等困难。推动高等学校教师职称制度改革,将评审权直接下放至高等学校,由高等学校自主组织职称评审、自主评价、按岗聘任。条件不具备、尚不能独立组织评审的高等学校,可采取联合评审的方式。推行高等学校教师职务聘任制改革,加强聘期考核,准聘与长聘相结合,做到能上能下、能进能出。教育、人力资源社会保障等部门要加强职称评聘事中事后监管。深入推进高等学校教师考核评价制度改革,突出教育教学业绩和师德考核,将教授为本科生上课作为基本制度。坚持正确导向,规范高层次人才合理有序流动。

五 不断提高地位待遇,真正让教师成为令人羡慕的职业

20. 明确教师的特别重要地位。突显教师职业的公共属性,强化教师承担的国家使命和公共教育服务的职责,确立公办中小学教师作为国家公职人员特殊的法律地位,明确中小学教师的权利和义务,强化保障和管理。各级党委和政府要切实负起中小学教师保障责任,提升教师的政治地位、社会地位、职业地位,吸引和稳定优秀人才从教。公办中小学教师要切实履行作为国家公职人员的义务,强化国家责任、政治责任、社会责任和教育责任。

21. 完善中小学教师待遇保障机制。健全中小学教师工资长效联动机制,核定绩效工资总量时统筹考虑当地公务员实际收入水平,确保中小学教师平均工资收入水平不低于或高于当地公务员平均工资收入水平。完善教师收入分配激励机制,有效体现教师工作量和工作绩效,绩效工资分配向班主任和特殊教育教师倾斜。实行中小学校长职级制的地区,根据实际实施相应的校长收入分配办法。

22. 大力提升乡村教师待遇。深入实施乡村教师支持计划,关心乡村教师生活。认真落实艰苦边远地区津贴等政策,全面落实集中连片特困地区乡村教师生活补助政策,依据学校艰苦边远程度实行差别化补助,鼓励有条件的地方提高补助标准,努力惠及更多乡村教师。加强乡村教师周转宿舍建设,按规定将符合条件的教师纳入当地住房保障范围,让乡村教师住有所居。拿出务实举措,帮助乡村青年教师解决困难,关心乡村青年教师工作生活,巩固乡村青年教师队伍。在培训、职称评聘、表彰奖励等方面向乡村青年教师倾斜,优化乡村青年教师发展环境,加快乡村青年教师成长步伐。为乡村教师配备相应设施,丰富精神文化生活。

23. 维护民办学校教师权益。完善学校、个人、政府合理分担的民办学校教师社会保障机制,民办学校应与教师依法签订合同,按时足额支付工资,保障其福利待遇和其他合法权益,并为教师足额缴纳社会保险费和住房公积金。依法保障和落实民办学校教师在业务培训、职务聘任、教龄和工龄计算、表彰奖励、科研立项等方面享有与公办学校教师同等权利。

24.推进高等学校教师薪酬制度改革。建立体现以增加知识价值为导向的收入分配机制,扩大高等学校收入分配自主权,高等学校在核定的绩效工资总量内自主确定收入分配办法。高等学校教师依法取得的科技成果转化奖励收入,不纳入本单位工资总额基数。完善适应高等学校教学岗位特点的内部激励机制,对专职从事教学的人员,适当提高基础性绩效工资在绩效工资中的比重,加大对教学型名师的岗位激励力度。

25.提升教师社会地位。加大教师表彰力度。大力宣传教师中的"时代楷模"和"最美教师"。开展国家级教学名师、国家级教学成果奖评选表彰,重点奖励贡献突出的教学一线教师。做好特级教师评选,发挥引领作用。做好乡村学校从教30年教师荣誉证书颁发工作。各地要按照国家有关规定,因地制宜开展多种形式的教师表彰奖励活动,并落实相关优待政策。鼓励社会团体、企事业单位、民间组织对教师出资奖励,开展尊师活动,营造尊师重教良好社会风尚。

建设现代学校制度,体现以人为本,突出教师主体地位,落实教师知情权、参与权、表达权、监督权。建立健全教职工代表大会制度,保障教师参与学校决策的民主权利。推行中国特色大学章程,坚持和完善党委领导下的校长负责制,充分发挥教师在高等学校办学治校中的作用。维护教师职业尊严和合法权益,关心教师身心健康,克服职业倦怠,激发工作热情。

六 切实加强党的领导,全力确保政策举措落地见效

26.强化组织保障。各级党委和政府要满腔热情关心教师,充分信任、紧紧依靠广大教师。要切实加强领导,实行一把手负责制,紧

扣广大教师最关心、最直接、最现实的重大问题，找准教师队伍建设的突破口和着力点，坚持发展抓公平、改革抓机制、整体抓质量、安全抓责任、保证抓党建，把教师工作记在心里、扛在肩上、抓在手中，摆上重要议事日程，细化分工，确定路线图、任务书、时间表和责任人。主要负责同志和相关责任人要切实做到实事求是、求真务实，善始善终、善作善成，把准方向、敢于担当，亲力亲为、抓实工作。各省、自治区、直辖市党委常委会每年至少研究一次教师队伍建设工作。建立教师工作联席会议制度，解决教师队伍建设重大问题。相关部门要制定切实提高教师待遇的具体措施。研究修订教师法。统筹现有资源，壮大全国教师工作力量，培育一批专业机构，专门研究教师队伍建设重大问题，为重大决策提供支撑。

27. 强化经费保障。各级政府要将教师队伍建设作为教育投入重点予以优先保障，完善支出保障机制，确保党和国家关于教师队伍建设重大决策部署落实到位。优化经费投入结构，优先支持教师队伍建设最薄弱、最紧迫的领域，重点用于按规定提高教师待遇保障、提升教师专业素质能力。加大师范教育投入力度。健全以政府投入为主、多渠道筹集教育经费的体制，充分调动社会力量投入教师队伍建设的积极性。制定严格的经费监管制度，规范经费使用，确保资金使用效益。各级党委和政府要将教师队伍建设列入督查督导工作重点内容，并将结果作为党政领导班子和有关领导干部综合考核评价、奖惩任免的重要参考，确保各项政策措施全面落实到位，真正取得实效。

附录 B　教师教育振兴行动计划
（2018—2022 年）

　　教师教育是教育事业的工作母机，是提升教育质量的动力源泉。为深入认真贯彻习近平新时代中国特色社会主义思想和党的十九大精神，根据《中共中央 国务院关于全面深化新时代教师队伍建设改革的意见》（中发〔2018〕4 号）的决策部署，按照国民经济和社会发展第十三个五年规划纲要及国家教育事业发展"十三五"规划工作要求，采取切实措施建强做优教师教育，推动教师教育改革发展，全面提升教师素质能力，努力建设一支高素质专业化创新型教师队伍，特制定教师教育振兴行动计划。

一　指导思想

　　以习近平新时代中国特色社会主义思想为指导，全面学习贯彻党的十九大精神，紧紧围绕统筹推进"五位一体"总体布局和协调推进"四个全面"战略布局，坚持和加强党的全面领导，坚持以人民为中心的发展思想，坚持全面深化改革，牢固树立新发展理念，全面贯彻党的教育方针，坚持社会主义办学方向，落实立德树人根本任务，主动适应教育现代化对教师队伍的新要求，遵循教育规律和教师成长发展规律，着眼长远，立足当前，以提升教师教育质量为核心，以加强教师教育体系建设为支撑，以教师教育供给侧结构性改革为动力，推进教师教育创新、协调、绿色、开放、共享发展，从源头上加强教师队伍建设，着力培养造就党和人民满意的师德高尚、业务精湛、结构合理、充满活力的教师队伍。

二 目标任务

经过5年左右努力，办好一批高水平、有特色的教师教育院校和师范类专业，教师培养培训体系基本健全，为我国教师教育的长期可持续发展奠定坚实基础。师德教育显著加强，教师培养培训的内容方式不断优化，教师综合素质、专业化水平和创新能力显著提升，为发展更高质量更加公平的教育提供强有力的师资保障和人才支撑。

——落实师德教育新要求，增强师德教育实效性。将学习贯彻习近平总书记对教师的殷切希望和要求作为教师师德教育的首要任务和重点内容。加强师德养成教育，用"四有好老师"标准、"四个引路人"、"四个相统一"和"四个服务"等要求，统领教师成长发展，细化落实到教师教育课程，引导教师以德立身、以德立学、以德施教、以德育德。

——提升培养规格层次，夯实国民教育保障基础。全面提高师范生的综合素养与能力水平。根据各地实际，为义务教育学校培养更多接受过高质量教师教育的素质全面、业务见长的本科层次教师，为普通高中培养更多专业突出、底蕴深厚的研究生层次教师，为中等职业学校（含技工学校，下同）大幅增加培养具有精湛实践技能的"双师型"专业课教师，为幼儿园培养一大批关爱幼儿、擅长保教的学前教育专业专科以上学历教师，教师培养规格层次满足保障国民教育和创新人才培养的需要。

——改善教师资源供给，促进教育公平发展。加强中西部地区和乡村学校教师培养，重点为边远、贫困、民族地区教育精准扶贫提供师资保障。支持中西部地区提升师范专业办学能力。推进本土化培养，面向师资补充困难地区逐步扩大乡村教师公费定向培养规模，为乡村学校培养"下得去、留得住、教得好、有发展"的合格教师。建立健全乡村教师成长发展的支持服务体系，高质量开展乡村教师全员培训，培训的针对性和实效性不断提高。

——创新教师教育模式，培养未来卓越教师。吸引优秀人才从教，师范生生源质量显著提高，用优秀的人去培养更优秀的人。注重协同育人，注重教学基本功训练和实践教学，注重课程内容不断更新，注重信息技术应用能力，教师教育新形态基本形成。师范生与在职教师的社会责任感、创新精神和实践能力不断增强。

——发挥师范院校主体作用，加强教师教育体系建设。加大对师范院校的支持力度，不断优化教师教育布局结构，基本形成以国家教师教育基地为引领、师范院校为主体、高水平综合大学参与、教师发展机构为纽带、优质中小学为实践基地的开放、协同、联动的现代教师教育体系。

三 主要措施

（一）师德养成教育全面推进行动。研制出台在教师培养培训中加强师德教育的文件和师德修养教师培训课程指导标准。将师德教育贯穿教师教育全过程，作为师范生培养和教师培训课程的必修模块。培育和践行社会主义核心价值观，引导教师全面落实到教育教学实践中。制订教师法治培训大纲，开展法治教育，提升教师法治素养和依法执教能力。在师范生和在职教师中广泛开展中华优秀传统文化教育，注重通过中华优秀传统文化涵养师德，通过经典诵读、开设专门课程、组织专题培训等形式，汲取文化精髓，传承中华师道。将教书育人楷模、一线优秀教师校长请进课堂，采取组织公益支教、志愿服务等方式，着力培育师范生的教师职业认同和社会责任感。借助新闻媒体平台，组织开展师范生"师德第一课"系列活动。每年利用教师节后一周时间开展"师德活动周"活动。发掘师德先进典型，弘扬当代教师风采，大力宣传阳光美丽、爱岗敬业、默默奉献的新时代优秀教师形象。

（二）教师培养层次提升行动。引导支持办好师范类本科专业，加大义务教育阶段学校本科层次教师培养力度。按照有关程序办法，增加一批教育硕士专业学位授权点。引导鼓励有关高校扩大教育硕士招生规模，对教师教育院校研究生推免指标予以统筹支持。支持探索普通高中、中等职业学校教师本科和教育硕士研究生阶段整体设计、分段考核、有机衔接的培养模式。适当增加教育博士专业学位授权点，引导鼓励有关高校扩大教育博士招生规模，面向基础教育、职业教育教师校长，完善教育博士选拔培养方案。办好一批幼儿师范高等专科学校和若干所幼儿师范学院。各地根据学前教育发展的实际需求，扩大专科以上层次幼儿园教师培养规模。支持师范院校扩大特殊教育专业招生规模，加大特殊教育领域教育硕士培养力度。

（三）乡村教师素质提高行动。各地要以集中连片特困地区县和国家级贫困县为重点，通过公费定向培养、到岗退费等多种方式，为乡村小学培养补充全科教师，为乡村初中培养补充"一专多能"教师，优先满足老少边穷岛等边远贫困地区教师补充需要。加大紧缺薄弱学科教师和民族地区双语教师培养力度。加强县区乡村教师专业发展支持服务体系建设，强化县级教师发展机构在培训乡村教师方面的作用。培训内容针对教育教学实际需要，注重新课标新教材和教育观念、教学方法培训，赋予乡村教师更多选择权，提升乡村教师培训实效。推进乡村教师到城镇学校跟岗学习，鼓励引导师范生到乡村学校进行教育实践。"国培计划"集中支持中西部乡村教师校长培训。

（四）师范生生源质量改善行动。依法保障和提高教师的地位待遇，通过多种方式吸引优质生源报考师范专业。改进完善教育部直属师范大学师范生免费教育政策，将"免费师范生"改称为"公费师范生"，履约任教服务期调整为6年。推进地方积极开展师范生公费教育工作。积极推行初中毕业起点五年制专科层次幼儿园教师培养。部分办学条件好、教学质量高的高校师范专业实行提前批次录取。加大入校后二次选拔力度，鼓励设立面试考核环节，考察学生的综合素养和从教潜质，招收乐教适教善教的优秀学生就读师范专业。鼓励高水平综合性大学成立教师教育学院，设立师范类专业，招收学科知识扎实、专业能力突出、具有教育情怀的学生，重点培养教育硕士，适度培养教育博士。建立健全符合教育行业特点的教师招聘办法，畅通优秀师范毕业生就业渠道。

（五）"互联网+教师教育"创新行动。充分利用云计算、大数据、虚拟现实、人工智能等新技术，推进教师教育信息化教学服务平台建设和应用，推动以自主、合作、探究为主要特征的教学方式变革。启动实施教师教育在线开放课程建设计划，遴选认定200门教师教育国家精品在线开放课程，推动在线开放课程广泛应用共享。实施新一周期中小学教师信息技术应用能力提升工程，引领带动中小学教师校长将现代信息技术有效运用于教育教学和学校管理。研究制定师范生信息技术应用能力标准，提高师范生信息素养和信息化教学能力。依托全国教师管理信息系统，加强在职教师培训信息化管理，建设教师专业发展"学分银行"。

（六）教师教育改革实验区建设行动。支持建设一批由地方政府统筹，教育、发展改革、财政、人力资源社会保障、编制等部门密切配合，高校与中小学协同开展教师培养培训、职前与职后相互衔接的教师教育改革实验区，带动区域教师教育综合改革，全面提升教师培养培训质量。深入实施"卓越教师培养计划"，建设一流师范院校和一流师范专业，分类推进教师培养模式改革。推动实践导向的教师教育课程内容改革和以师范生为中心的教学方法变革。发挥"国培计划"示范引领作用，加强教师培训需求诊断，优化培训内容，推动信息技术与教师培训的有机融合，实行线上线下相结合的混合式培训。实施新一周期职业院校教师素质提高计划，引领带动高层次"双师型"教师队伍建设。实施中小学名师名校长领航工程，培养造就一批具有较大社会影响力、能够在基础教育领域发挥示范引领作用的领军人才。加强教育行政部门对新教师入职教育的统筹规划，推行集中培训和跟岗实践相结合的新教师入职教育模式。

（七）高水平教师教育基地建设行动。综合考虑区域布局、层次结构、师范生招生规模、校内教师教育资源整合、办学水平等因素，重点建设一批师范教育基地，发挥高水平、有特色教师教育院校的示范引领作用。加强教师教育院校师范生教育教学技能实训平台建设。

国家和地方有关重大项目充分考虑教师教育院校特色，在规划建设方面予以倾斜。推动高校有效整合校内资源，鼓励有条件的高校依托现有资源组建实体化的教师教育学院。制定县级教师发展中心建设标准。以优质市县教师发展机构为引领，推动整合教师培训机构、教研室、教科所（室）、电教馆的职能和资源，按照精简、统一、效能原则建设研训一体的市县教师发展机构，更好地为区域教师专业发展服务。高校与地方教育行政部门依托优质中小学，开展师范生见习实习、教师跟岗培训和教研教改工作。

（八）教师教育师资队伍优化行动。国家和省级教育行政部门加大对教师教育师资国内外访学支持力度。引导支持高校加大学科课程与教学论博士生培养力度。高校对教师教育师资的工作量计算、业绩考核等评价与管理，应充分体现教师教育工作特点。在岗位聘用、绩效工资分配等方面，对学科课程与教学论教师实行倾斜政策。推进职业学校、高等学校与大中型企业共建共享师资，允许职业学校、高等学校依法依规自主聘请兼职教师，支持有条件的地方探索产业导师特设岗位计划。推进高校与中小学教师、企业人员双向交流。高校与中小学、高校与企业采取双向挂职、兼职等方式，建立教师教育师资共同体。实施骨干培训者队伍建设工程，开展万名专兼职教师培训者培训能力提升专项培训。组建中小学名师工作室、特级教师流动站、企业导师人才库，充分发挥教研员、学科带头人、特级教师、高技能人才在师范生培养和在职教师常态化研修中的重要作用。

（九）教师教育学科专业建设行动。建立健全教师教育本专科和研究生培养的学科专业体系。鼓励支持有条件的高校自主设置"教师教育学"二级学科，国家定期公布高校在教育学一级学科设立"教师教育学"二级学科情况，加强教师教育的学术研究和人才培养。明确教育实践的目标任务，构建全方位教育实践内容体系，与基础教育、职业教育课程教学改革相衔接，强化"三字一话"等师范生教学基本功训练。修订《教师教育课程标准》，组织编写或精选推荐一批主干课教材和精品课程资源。发布《中小学幼儿园教师培训课程指导标准》。开发中等职业学校教师教育课程和特殊教育课程资源。鼓励高校针对有从教意愿的非师范类专业学生开设教师教育课程，协助参加必要的教育实践。建设公益性教师教育在线学习中心，提供教师教育核心课程资源，供非师范类专业学生及社会人士修习。

（十）教师教育质量保障体系构建行动。建设全国教师教育基本状态数据库，建立教师培养培训质量监测机制，发布《中国教师教育质量年度报告》。出台《普通高等学校师范类专业认证标准》，启动开展师范类专业认证，将认证结果作为师范类专业准入、质量评价和教师资格认定的重要依据，并向社会公布。建立高校教师教育质量自我评估制度。建立健全教育专业学位认证评估制度和动态调整机制，推动完善教育硕士培养方案，聚焦中小学教师培养，逐步实现教育硕士培养与教师资格认定相衔接。建立健全教师培训质量评估制度。高校教学、学科评估要考虑教师教育院校的实际，将教师培养培训工作纳入评估体系，体现激励导向。

四 组织实施

（一）明确责任主体。要加强组织领导，把振兴教师教育作为全面深化新时代教师队伍建设改革的重大举措，列入重要议事日程，切实将计划落到实处。教育行政部门要加强对教师教育工作的统筹管理和指导，发展改革、财政、人力资源社会保障、编制部门要密切配合、主动履职尽责，共同为教师教育振兴发展营造良好的法治和政策环境。成立国家教师教育咨询专家委员会，为教师教育重大决策提供有力支撑。

（二）加强经费保障。要加大教师教育财政经费投入力度，提升教师教育保障水平。根据教师教育发展以及财力状况，适时提高师范生生均拨款标准。教师培训经费要列入财政预算。幼儿园、中小学和中等职业学校按照年度公用经费预算总额的5%安排教师培训经费。中央财政通过现行政策和资金渠道对教师教育加大支持力度。在相关重大教育发展项目中将教师培养培训作为资金使用的重要方向。积极争取社会支持,建立多元化筹资渠道。

(三)开展督导检查。建立教师教育项目实施情况的跟踪、督导机制。国家有关部门组织开展对教师教育振兴行动计划实施情况的专项督导检查,确保各项政策举措落到实处。按照国家有关规定对先进典型予以表彰奖励,对实施不到位、敷衍塞责的,要追究相关部门负责人的领导责任。

各省、自治区、直辖市要因地制宜提出符合本地实际的实施办法,将本计划的要求落到实处。

附录 C　我国高等师范院校师范生培养现状调查问卷

亲爱的同学：

　　您好！本问卷旨在了解您对在师范院校的学习以及对未来实习就业的规划，请选择每题中最符合您和学校实际情况的选项。问卷不记名，答案无对错之分，数据仅用于学术研究。请如实填写，不必有顾虑，也不要有遗漏。感谢您在百忙之中抽出时间来配合我们的调查！

　　　　　　新时代地方本科师范院校改革发展方略研究课题组

一　个人基本信息

1. 您的性别（　　）［单选题］

　○A. 男

　○B. 女

2. 您就读学校的层次（　　）［单选题］

　○A. 本科

　○B. 专科

3. 您现在所处的年级？（　　）［单选题］

　○A. 一年级

　○B. 二年级

　○C. 三年级

○ D. 四年级

4. 您所在或者毕业的高校名称：[填空题] _____

5. 您选择读师范专业的主要动机是什么？[单选题]

○ A. 家庭经济因素

○ B. 就业形势

○ C. 热爱教师职业

○ D. 考试成绩因素

○ E. 其他 _____

二 学校师范教育概况

6. 通过教师教育类课程的学习，您认为获得了哪些基本素养：（　）[多选题]

○ A. 具有正确的学生观

○ B. 具有正确的教育观和教师观

○ C. 理解学生学习的特点

○ D. 具有教育、支持学生的知识与技能

○ E. 支持学生学习的情感态度

○ F. 感受、亲历学校的教育实践

○ G. 科学研究与论文撰写的能力

○ H. 具有反思性实践的体验

○ I. 教师间的交流与合作能力

○ J. 与社区、学生家长沟通的能力

7. 您认为学校是否重视教师职业道德的培养？（　）[单选题]

○ A. 很重视　　○ B. 重视　　○ C. 一般　　○ D. 不重视

8. 您认为学校开设的教师教育类课程能够满足您和社会的需求吗？（　）[单选题]

○ A. 完全不能满足　○ B. 一般　○ C. 基本能满足　○ D. 完全

能满足

9. 关于学校的教师教育类课程（除教育实习）中理论课程与实践课程的比例您认为（　　）［多选题］

　　○A. 理论课程太多，实践课程太少

　　○B. 实践课程太多，理论课程太少

　　○C. 理论与实践脱节

　　○D. 一般

　　○E. 设置合理

　　○其他_____

10. 您所在学校现有以下哪些师范技能的训练方式？（　　）［多选题］

　　○A. 开展师范技能类比赛

　　○B. 举办师范技能交流讲座

　　○C. 进行微格教学训练

　　○D. 开展教育见习和实习实践活动

　　○E. 提供优秀教学视频资源

　　○F. 组织实地教学观摩

　　○G. 开设相关师范技能类课程

　　○H. 邀请资深教师进行指导

三　教育实践情况

11. 对于师范技能培训的频率，您认为以下哪种更为合适？（　　）［单选题］

　　○A. 每周一次

　　○B. 每月一次

　　○C. 每两个月一次

　　○D. 每学期一次

　　○E. 不定时开展

12. 您有和教师交流过教学实践方面的问题吗？您觉得对老师的回答你满意吗？（　　）［多选题］

　　○A. 想交流但没有机会

　　○B. 只有书面交流

　　○C. 没有交流

　　○D. 积极交流

　　○E. 满意

　　○F. 基本满意

　　○G. 不满意

13. 您第一次进入学校实习（或见习）是什么时候？（　　）［单选题］

　　○A. 大一

　　○B. 大二

　　○C. 大三

　　○D. 大四

　　○E. 从未实习（或见习）过

14. 您在实习（或见习）过程中有过讲课经验么？（　　）［单选题］

　　○A. 有过多次讲课经验

　　○B. 有过少数几次讲课经验

　　○C. 仅有一次讲课经验

　　○D. 没有过讲课经验

15. 您在实习（或见习）过程中参与过班主任工作吗？（　　）［单选题］

　　○A. 总是参与班主任工作

　　○B. 经常参与班主任工作

　　○C. 偶尔参与班主任工作

　　○D. 从未参与过班主任工作

16. 你们学校对师范生实习效果考核的形式是怎样的？（　　）［单

选题］

○A. 指导老师专人考核

○B. 录像视频形式考核

○C. 实习生互相考核

○D. 其他形式_____

17. 您认为实习（或见习）期间对你帮助最大的是？（　）［单选题］

○A. 本校指导老师

○B. 实习单位的指导老师

○C. 实习单位的学生

○D. 同期实习的平辈实习生

○E. 其他_____

18. 经过实习您认为您最需要改进的方面是什么？（　）［单选题］

○A. 班主任工作方面

○C. 多媒体运用方面

○E. 其他方面

19. 进行教育教学研究情况调查（多选）（　）［单选题］

○A. 主持（参加）过校内外大学生科研项目

○B. 参加过校内外大学生专业大赛

○C. 发表过本专业相关研究论文

○D. 参加过教师科研项目

○E. 以上皆无

20. 您参加过学校或学院组织的哪种教师职业技能方面的竞赛？（　）［多选题］

○A. 演讲赛

○B. 多媒体课件 PPT 制作竞赛

○C. 书法竞赛

○D. 师范生教学技能（备课、说课、讲课、课件制作、板书设

计等综合内容）竞赛

○E. 上述四种竞赛全部没参加过

四　教师教育能力习得

21. 您认为用人单位更看重师范生的哪些能力？（　　）［多选题］

○A. 扎实的专业知识

○B. 科学的教育理论

○C. 广博的文化知识

○D. 学生和课堂管理能力

○E. 尽责的教学态度

○F. 其他_____

22. 您认为在当前学习中，您还欠缺哪方面的知识或能力？（　　）［多选题］

○A. 学科专业知识

○B. 教育综合知识

○C. 教学能力与技巧

○D. 教学实践经验

○E. 学生管理和课堂管理

○F. 基础教育课程改革

23. 制作和使用教学课件水平情况（　　）［单选题］

○A. 经常学习和使用网络资源，经常主动独立创作，使用和创作都熟练

○B. 学习和使用网络资源较多，能熟练使用，自己创作较少，熟练度一般

○C. 以使用网络资源为主，自己基本没有创作，比较生疏，熟练程度一般

○D. 既不学习和使用网络资源，自己也不创作，熟练程度不清楚

24. 对现行中小学教材，新课标的阅读频率和熟悉程度（　　）

[单选题]

　　○A. 经常翻阅，非常熟悉

　　○B. 翻阅较多，比较熟悉

　　○C. 偶尔翻阅，一知半解

　　○D. 几乎不翻阅，几乎不熟悉

25. 教案设计和撰写的训练情况和现有水平（　　）[单选题]

　　○A. 经常训练，熟练掌握

　　○B. 训练较少，基本掌握

　　○C. 很少训练，掌握较少

　　○D. 几乎不训练，掌握非常少

26. 日常开展班队活动设计和管理模拟训练情况（　　）[单选题]

　　○A. 经常训练，熟练掌握

　　○B. 训练较多，基本掌握

　　○C. 很少训练，掌握较少

　　○D. 几乎不训练，掌握非常少

27. 在您的学习实践中您感到最欠缺的能力是什么？（　　）[多选题]

　　○A. 教学能力

　　○B. 专业能力

　　○C. 表达能力

　　○D. 组织能力

　　○E. 沟通能力

　　○F. 其他能力_____

五　就业意向

28. 您本科毕业后选择就业还是考（保）研？（　　）[单选题]

　　○A. 就业

　　○B. 考（保）研

29. 您是否已有明确的未来职业规划？（　　）[单选题]

○A. 有明确规划

○B. 有，还不具体

○C. 没有

○D. 无所谓

30. 您毕业后是否愿意从事教师职业？（　）［单选题］

○A. 是

○B. 否

31. 您不愿意从事教师职业的原因是什么呢？（　）［单选题］

○A. 兴趣爱好

○B. 工资待遇

○C. 社会地位

○D. 发展空间

○E. 工作辛苦

○F. 其他＿＿＿＿＿＿＿＿＿＿

32. 您认为经过学校的师范教育学习后，您能够有能力很好地胜任今后的教学工作吗？（　）［单选题］

○A. 能够很好胜任

○B. 不太确定，没太大信心

○C. 还有许多需要提高和进步的空间

○D. 不能，能力还很差

问卷到此结束，感谢您的配合！

附录 D　教师专业发展状况及对师范教育满意度调查问卷

尊敬的老师：

　　您好！感谢您抽出宝贵时间参与本次问卷调查！为了深入了解教师专业发展需求及对师范教育的满意度，我们设计并实施此次问卷调查。本问卷采用匿名方式，请您根据您的实际情况放心作答。感谢您在百忙之中抽出时间来配合我们的调查！

　　　　　　　新时代地方本科师范院校改革发展方略研究课题组

一　个人基本信息

1. 您的性别（　　）［单选题］

○A. 男

○B. 女

2. 您所在学校位于（　　）［单选题］

○A. 乡村

○B. 乡镇

○C. 县城

○D. 城乡接合部

○E. 城市

3. 您的年龄（　　）［单选题］

附录 D　教师专业发展状况及对师范教育满意度调查问卷

○A. 25 岁以下

○B. 26—35 岁

○C. 36—45 岁

○D. 46—55 岁

○E. 56 岁及以上

4. 您的教龄（　）［单选题］

○A. 0—3 年

○B. 4—5 年

○C. 6—16 年

○D. 16 年以上

5. 您的入职时间（　）［单选题］

○A. 0—1 年

○B. 1—2 年

○C. 2—3 年

6. 您的学历（　）［单选题］

○A. 中师（中专）

○B. 专科

○C. 本科

○D. 研究生

7. 您所任教的学科（　）［多选题］

○A. 语文

○B. 数学

○C. 英语

○D. 物理

○E. 化学

○F. 生物

○G. 历史

○H. 地理

○I. 政治

○J. 信息技术

○K. 体育

○L. 音乐

○M. 美术

○N. 通用技术

○O. 综合实践

○P. 心理

8. 您所教的学段（　）[单选题]

○A. 小学

○B. 初中

○C. 高中

9. 您是否是师范专业毕业生（　）[单选题]

○A. 是

○B. 否

10. 您是通过哪种途径应聘的（　）[单选题]

○A. 高层次人才招聘会

○B. 省市统一招考

○C. 免费师范生

○D. 学校自主招聘

○E. 其他途径_____

11. 您在入职前，有过什么样的教学经历（　）[多选题]

○A. 毫无教学经验

○B. 实习期短暂代课

○C. 在社会机构代课

○D. 在家庭辅导班代课

○E. 在私立学校代课

○F. 在公办学校代课

12. 您每周课堂教学课时数（课表内的学时，不含兼职工作）（　）[单选题]

○A. 1—5 节

○B. 6—10 节

○C. 11—15 节

○D. 16—20 节

○E. 21 节及以上

二 教师专业发展状况及需求

13. 您是否在工作中使用 Word、Excel、Power Point 等常用办公软件（　　）[单选题]

○A. 经常使用且操作熟练

○B. 能够用这些办公软件处理一些工作中的事务

○C. 在工作中较少使用

○D. 在工作中从不使用

14. 您制作教学课件的能力（　　）[单选题]

○A. 能制作基本的 PPT 课件

○B. 能制作含视音频的 PPT 课件

○C. 能利用 Flash 软件制作课件

○D. 能利用电子白板进行教学

○E. 能制作网络视频课程

○F. 没有制作过

15. 如果您在教学上遇到疑难问题时，通常是（　　）[单选题]

○A. 通过查阅相关的书籍，上网寻找答案

○B. 向其他教师请教

○C. 把问题呈现给学生，让大家一起来解决

○D. 暂时搁置，想到好办法时再处理

○E. 避开问题，大事化小，小事化无

○F. 其他，请注明_____

16. 如果学校不检查，您上完课后的做法是（　　）[单选题]

○A. 经常反思，并写笔记

○B. 经常反思，但不写笔记

○C. 有时反思，也写笔记

○D. 有时反思，但不写笔记

○E. 不要求就不反思，也不写教学笔记

17. 您最欠缺的学科专业领域是（   ）［单选题］

○A. 学科基础知识

○B. 学科核心和难点知识

○C. 学科前沿知识

○D. 学科思维

○E. 学科学习方法

○F. 学科技能及操作知识

○G. 其他_____

18. 您最欠缺的教育专业类知识是（   ）［单选题］

○A. 教育学

○B. 心理学

○C. 教材教法

○D. 教育技术

○E. 教育科研

○F. 教育实验

○G. 教育管理

19. 您认为您最欠缺的能力是（   ）［单选题］

○A. 人际交往能力

○B. 信息吸收能力

○C. 教学研究能力

○D. 多媒体技术运用能力

○E. 表达能力

○F. 组织管理能力

20. 在教学过程中，您认为最难把握的是（   ）［多选题］

○A. 学科知识和技能

○B. 教材分析和把握

○C. 学情分析和把握

○D. 有效的教学方法

○E. 教育机智

21. 您认为教师专业素质应包括（　　）［多选题］

○A. 专业知识

○B. 专业能力

○C. 专业情意

○D. 专业支持

○E. 专业地位

○F. 专业教育

22. 您认为教师职业技能对专业发展的重要程度（　　）［单选题］

○A. 非常重要

○B. 比较重要

○C. 一般

○D. 不重要

23. 您认为如下哪些教师职业技能类别的掌握情况比较重要（　　）［多选题］

○A. 三字一话

○B. 语言表达技能与书面表达技能

○C. 教育技术能力

○D. 教学技能

○E. 班主任工作技能

○F. 教育研究技能

○G. 教学反思

○H. 教师礼仪

24. 您认为前三项重要的教师课堂教学技能是（　　）［多选题］

○A. 课堂管理能力

○B. 导入新课技能

○C. 课堂实施技能

○D. 结课技能

○E. 课堂评价技能

○F. 其他_____

25. 您觉得贵校在教育教学活动中所面临的主要挑战有（ ）[单选题]

○A. 专业知识陈旧，缺乏对新教学方法的了解和运用

○B. 缺乏教育学、心理学知识的支持，缺乏对教育教学活动的调控能力

○C. 缺乏对现代信息技术的了解和使用

○D. 缺乏教学科研意识和方法

○E. 缺乏与家长学生沟通的能力

○F. 缺乏班级管理能力和实施德育能力

○G. 其他_____

26. 您认为中小学师德现状怎么样？（ ）[单选题]

○A. 很好

○B. 一般

○C. 不好

○D. 很糟糕

27. 您认为身边工作的教师责任感是否强烈？（ ）[单选题]

○A. 很强

○B. 较强

○C. 一般

○D. 较差

28. 您认为地方教育行政部门和学校是否重视师德师风建设？（ ）[单选题]

○A. 很重视

○B. 重视

○C. 一般

○D. 不重视

三 师范教育满意度调查

29. 您认为师范生实习的最好时间是（　　）［单选题］

○A. 大三上半学期开始

○B. 大三下半期

○C. 教育实习的过程要贯穿于大学的各个时期

○D. 在打好一定理论基础的大二学期开始

30. 您认为您毕业院校的师范专业课程设置及其结构如何（　　）［单选题］

○A. 非常合理

○B. 比较满足

○C. 一般

○D. 较差

31. 您认为毕业院校开设的课程能否满足培养一线教师专业的需要（　　）［单选题］

○A. 非常满足

○B. 比较满足

○C. 一般

○D. 较差

32. 您认为毕业院校开设的师范生课程是偏重理论还是偏重实践（　　）［单选题］

○A. 理论和实践比例适当

○B. 理论多实践少

○C. 理论多实践也多

○D. 理论少实践少

33. 您认为毕业院校对师范生技能训练的力度如何（　　）［单选题］

○A. 十分重视

○B. 合理

○C. 重视不够

○D. 还需要加强

34. 您认为目前师范生技能薄弱的原因是（　　）[单选题]

○A. 培养模式不合理

○B. 课程设置不合理

○C. 缺乏理论课程支撑

○D. 缺乏实践训练

35. 针对目前师范生的薄弱现状，您认为师范院校可以采取哪些措施？（　　）[单选题]

○A. 增加教育见习

○B. 增加教育实习

○C. 加强技能训练

○D. 开展技能大赛

○E. 其他

36. 您认为有什么好的措施可以提高师范生的技能水平（包括课程设置、授课方式、学院或教师指导等）[填空题]

37. 请您从职后专业发展的角度，谈谈教师职前师范教育应重点关注哪些方面？请举例说明 [填空题]

问卷到此结束，感谢您的配合！

附录 E 访谈提纲

一 教育厅座谈会

能否谈一下贵省师范院校发展的布局规划？

您参加制定与实施了哪些教师教育政策？哪些政策实施的效果好？哪些不好？为什么？

能否谈一下师范生培养保障方面的情况，比如师范生的生均拨款每年是多少？对师范生实训基地建设是怎么进行支持的？

能否谈谈贵省师范院校发展的特色经验？

您认为当前贵省师范院校发展面临的主要困境和问题是什么？

贵省有没有实施免费师范生的招生和培养政策？能否介绍一下实施的情况？

针对师范院校的发展，您对国家和地方政府层面有什么建议？

二 师范院校座谈会

请问贵校的发展目标定位是什么？该目标定位是如何确定的呢？

请介绍一下贵校师范类专业数量及招生层次和人数等概况，师范生每年招生比例占招生总人数的比例是多少？师范生的生源情况怎么样？师范生的性别比例怎么样？

贵校在师范生培养方面有什么创新做法？

贵校是否培养农村小学全科教师或者省级公费师范生？

贵校在师范生实践能力提升方面主要有什么做法？

请问贵校在师范生培养方面面临的最大困难是什么？目前是怎么解决的？

师范类专业和非师范类专业如何实现融合、协同推动发展的？

您认为影响教师教育发挥特色和优势的内在因素是什么？外在因素是什么？

学校是否成立了教师教育学院？如果没有，是否有成立的打算？

学校是否与地方教育行政部门建立了联动协同发展的机制？具体运行情况怎么样？

针对师范院校的发展，您对国家和地方教育行政部门有什么建议呢？

三　师范院校相关职能部门负责人及教师教育学院负责人

1. 能否谈一下贵校的教师教育课程建设情况，比如课程开设的比例，公共基础课程、学科专业课程、教师教育课程的开设比例是什么样的？是否有其他特色课程？

2. 教育实践的安排是什么样的呢？安排在第几学期？时间是多久？采用什么方式进行实习？生均投入的实习经费大概是多少？

3. 能否介绍一下贵校的教师教育师资队伍建设情况，比如教师教育师资学历职称结构和兼职聘任情况。请问教师教育师资队伍拥有基础教育经历的老师比例大概占到多少？对没有基础教育经历的老师，学校是否有特殊政策？其中学科教学论教师有多少位？

4. 教师教育师资在教师教育研究方面取得的成果如何？学校是如何鼓励教师积极从事教师教育研究的？

5. 师范类专业毕业生的就业去向怎么样？就业率是多少？就业最好的前三个师范类专业是什么？就业率相对较低的三个专业是什么？从事教师职业的比例是多少？不同专业的从教比例有差异吗？

6. 您认为教师资格证改革对师范院校带来的影响有哪些？

7. 教师资格证改革政策出台后，学校对师范生的培养有没有做出改革和调整？

8. 能否介绍一下学校教师教育学科建设的情况？您认为教师教育学科是否有力地支撑了师范专业的发展？

四 地方教育局领导、中小学校长

1. 在近年的教师招聘中，师范生占招聘教师总数的比例是多少呢？

2. 您认为当前的教师队伍能否满足本地基础教育的需求？缺口有多大？缺口最多的是哪几个学科？

3. 对于师范类专业毕业的教师和非师范类专业毕业的教师，学校在使用和培养中是否有什么差异？

4. 您认为新任教师最需要提升的素养或者技能是什么呢？

5. 针对师范生培养，您对师范院校有什么建议呢？

参考文献

［英］阿什比：《科技发达时代的大学教育》，腾大春译，人民教育出版社1983年版。

［美］阿特马赫：《国际高等教育的前沿议题》，陈沛译，上海交通大学出版社2014年版。

［美］爱德华·希尔斯：《学术的秩序——当代大学论文集》，李家永译，商务印书馆2007年版。

［英］安迪·格林：《教育与国家形成：英、法、美教育体系起源之比较》，王春华等译，教育科学出版社2004年版。

曹丽君：《地方师范院校的办学定位研究》，学位论文，辽宁师范大学，2014年。

曾鸣、许明：《英国职前教师教育新政策探析——聚焦"教学的重要性"和"培训下一代卓越教师"》，《外国教育研究》2012年第8期。

陈琳：《云南省高等学校教师教育职前培养模式现状研究》，学位论文，云南师范大学，2017年。

陈时见：《教师教育一体化改革与体制创新》，西南大学出版社2017年版。

邓逢光：《广东师范院校教育国际化发展研究》，学位论文，华东师范大学，2018年。

第四届全球教师教育峰会预告：《全球视野下的教学与教师教育：政策、实践与研究》，《教育学报》2020年第1期。

付琳娜：《地方高师院校实践教学的现状与对策研究》，学位论文，长春师范大学，2017年。

邰锦强：《高等师范教育论稿》，安徽大学出版社2004年版。

《国家中长期教育改革和发展规划纲要（2010—2020年）》，人民出版社2010年版。

郝大兵：《省域高等教育布局结构评价研究》，学位论文，云南师范大学，2017年。

郝兆珍：《地方高师院校与中小学合作的实践研究》，学位论文，牡丹江师范学院，2017年。

侯小兵、张继华：《新建地方本科师范院校教师教育特色评价的实证研究》，《教师教育学报》2015年第4期。

华艳娇：《云南师范大学现代教师教育体系构建研究》，学位论文，云南师范大学，2016年。

黄建雄：《转型与提升：地方本科院校教师队伍结构优化研究》，华中师范大学出版社2017年版。

黄蓝紫：《英国伦敦大学教育学院PGCE培养模式研究》，学位论文，湖南师范大学，2017年。

霍东娇：《中国百年师范教育制度变迁研究》，学位论文，东北师范大学，2018年。

贾秀丽：《美国与芬兰师范生教育实践模式的异同及启示》，《高教探索》2019年第2期。

教育部等：《教师教育振兴行动计划（2018—2022年）》，http：//www. moe. gov. cn/jyb_ xwfb/s6052/moe_ 838/201902/t20190223_370859. html。

李梦蝶：《新时期中国教师教育变革的宏观研究（1978—2016）》，学位论文，华东师范大学，2017年。

林浩亮：《地方高等师范院校的改革与发展——基于〈国家中长期教育改革与发展规划纲要〉的分析》，《河北师范大学学报》（教育科学版）2012年第2期。

卢小陶、杜德栎：《新中国 70 年教师教育政策的历史、结构与动力》，《教育科学研究》2019 年第 9 期。

梅新林、杨天平：《教师教育实践与思考》，重庆大学出版社 2008 年版。

孟照海：《制度化与去制度化：世界一流学科建设的内在张力——以美国芝加哥大学社会学为例》，《中国高教研究》2018 年第 5 期。

莫海平、莫柠源、齐岩：《新建地方本科院校教师教育的困境与出路》，《黑龙江高教研究》2011 年第 6 期。

潘懋元：《高等教育大众化的教育质量观》，《中国高教研究》2000 年第 1 期。

饶从满、李广平：《芬兰研究本位教师教育模式：历史考察与特征解析》，《外国教育研究》2016 年第 12 期。

宋发富：《地方新建本科师范院校国际化人才培养研究》，学位论文，华东师范大学，2018 年。

宋萑、冯海洋、李子建：《师范院校合并升格背景下的教师教育者专业困境——以一所地方新建本科院校为例》，《教师教育研究》2018 年第 1 期。

孙翔：《转型时期广西高师院校发展战略研究》，学位论文，广西师范大学，2011 年。

王定华：《美国基础教育：观察与研究》，人民教育出版社 2016 年版。

王健、陆超：《我国高师院校教师教育供给体系建设的若干建议》，《教师教育研究》2016 年第 5 期。

王晓诚、车丽娜、孙宽宁等：《地方高等师范院校的责任与使命——基于山东师范大学教师教育的调研》，《山东师范大学学报》（人文社会科学版）2016 年第 2 期。

西南大学教师教育学院选编：《教师教育改革与实践探索（西南大学教师教育改革研究文选上）》，西南大学出版社 2016 年版。

席梅红：《聚力办好地方师范院校：新中国成立以来中师教育发展启

示录》，《高教探索》2020年第4期。

席梅红：《力求卓越：芬兰教师教育经验借鉴》，《高教探索》2018年第4期。

徐辉：《教师教育研究与评论》，浙江大学出版社2006年版。

薛皓洁：《新建师范院校转型发展：目标取向、行动策略与管理机制》，《黑龙江高等教育研究》2017年第12期。

荀渊：《当前我国教师专业制度与专业教育的冲突及其融合的策略》，《教师教育研究》2018年第2期。

张云晶、刘毅玮、赵夫辰：《师范院校更名与正名博弈论》，《河北师范大学学报》（教育科学版）2018年第3期。

张志勇：《教师是教育的第一资源——准确把握新时代教师队伍建设的战略布局和重点任务》，《中国教育学刊》2018年第4期。

赵士果：《培养研究型教师——芬兰以研究为基础的教师教育探析》，《全球教育展望》2011年第11期。

《中共中央 国务院关于全面深化新时代教师队伍建设改革的意见》，http://www.gov.cn/zhengce/2018-01/31/content_5262659.htm。

中共中央 国务院印发《〈关于加强和改进新形势下高校思想政治工作〉的意见》，http://www.gov.cn/xinwen/2017-02/27/content_5182502.htm。

中共中央宣传部：《习近平新时代中国特色社会主义思想学习纲要》，学习出版社2019年版。

钟启泉：《核心素养十讲》，福建教育出版社2018年版。

周钧、唐义燕、龚爱芋：《我国本科层次教师教育课程设置研究》，《教师教育研究》2011年第4期。

周琴、刘燕红：《美国"临床实践型教师教育"的教育实习模式探析》，《比较教育研究》2011年第11期。

朱旭东、赵英：《"双一流"建设逻辑中师范院校的教师教育学科建设》，《教育发展研究》2018年第9期。

朱旭东：《加快教师教育学科建设，促进教师队伍建设全面深化改革》，《华东师范大学学报》（教育科学版）2018年第4期。

朱旭东：《教师专业发展理论研究》，北京师范大学出版社2013年版。

朱旭东：《再论我国师范院校教师教育存在的问题：认识误区、屏障和矛盾》，《教育发展研究》2016年第2期。

庄严：《新建本科院校发展理论与实践探索》，黑龙江大学出版社2009年版。

Anderson, L. W., Krathwohl, D. R., Airasian, P. W., et al. *A Taxonomy for Learning, Teaching, and Assessing: A Revision of Bloom's Taxonomy of Educational Objectives.* New York: Addison Wesley Longman, Inc., 2001.

Anne Mette Morcke, Tim Dornan, Berit Eika. "Outcome (competency) Based Education: An Exploration of Its Origins, Theoretical Basis, and Empirical Evidence." *Adv. in Health Sci. Educ.*, Issue 18, 2013.

Anthony Smith and Frank Webster. *The Postmodern University—Contest Visions of Higher Education in Society.* Buckinggham: Open University Press, 1997.

Barrett, B. *Globalization and Change in Higher Education: The Political Economy of Policy Reform in Europe.* New York: Palgrave Macmillan. 2017.

Bartley, M. M. "Effective Teaching, Effective Learning: Making the Personality Connection in Your Classroom." *Childhood Education*, Volume 73, 1996.

Borman, G. D., Kimball, S. M. "Teacher Quality and Educational Equality: Do Teachers with Higher Standards—Based Evaluation Ratings Close Student Achievement Gaps?" *The Elementary School Journal*, Volume 106, Issue 1, 2005.

Cobb, S. L., McPherson, M. A., and Molina, D. J., et al. "Teaching Economics to the Masses: The Effects of Student Help Centers on Academic Outcomes." *International Review of Economics Education*, Volume 27, Issue 1, 2018.

Darling-Hammond, L. Lieberman. *A Teacher Education around the World: Changing Policies and Practices.* London and New York: Routledge, 2012.

Fairhurst, A. M., Lisa, L. *Effective Teaching, Effective Learning: Making the Personality Connection in Your Classroom.* Palo Alto: Davies - Black. 1995.

Green, D. *What Is Quality in Higher Education?* SRHE and Open University Press. 1994.

Herkel, M. "Can Academic Autonomy Survive in the Knowledge Society? A Perspective from Britain." *Higher Education Research & Development*, Volume 26, Issue 1, 2007.

Jayasuriya, K. "Constituting Market Citizenship: Regulatory State, Market Making and Higher Education." *Higher Education*, Volume 70, Issue 6, 2015.

Kozar, O. "Towards Better Group Work: Seeing the Difference between Co-operation and Collaboration." *English Teaching Forum.* 2010.

Lee, J. T. "Education Hubs and Talent Development: Policymaking and Implementation Challenges." *Higher Education*, Volume 68, Issue 6, 2014.

Martin Trow. "Problems in Transition from Elite to Mass Higher Education." Conference on Future Structures of Post-secondary Eduaction, Pairs 26th - 29th, 1973.

Mega, C., Ronconi, L. and Beni, R. D. "What Makes a Good Student? How Emotions, Self-regulated Learning and Motivation Contribute to Academic Achievement." *Journal of Educational Psychology*, Volume 106, Issue 1, 2014.

Monica, Z., Codruta. O., Adrian. O. "Graduate Recruitment and Selection? A Linkage between Labor Market and Higher Education." *International Journal of Social Science and Humanity*, Volume 1, Issue 3, 2011.

Murmura, F., Casolani, N., Bravi, L. "Seven Keys for Implementing the Self - evaluation, Periodic Evaluation and Accreditation (AVA) Method, to Improve Quality and Student Satisfaction in the Italian Higher Education System." *Quality in Higher Education*, Volume 22, Issue 2, 2016.

Natalia Palacios. "Why All Teachers Matter: The Relationship between Long-Term Teacher and Classroom Quality and Children's Reading Achievement." *Journal of Research in Childhood Education*, Volume 31, Issue 2, 2017.

Neuman, W. L. *Social Research Methods: Qualitative and Quantitative Approaches.* Allyn & Bacon. 2011.

Nichols, J. O. *The Departmental Guide and Record Book for Student Outcomes Assessment and Institutional Effectiveness.* New York: Agathon, 1991.

OECD. "Preparing Teachers to Deliver 21st-Century Skills." Source OECD Education & Skills, Volume 2012: 26 – 47 (22).

Park, S. W., Kim, C. "The Effects of a Virtual Tutee System on Academic Reading Engagement in a College Classroom." *Educational Technology Research and Development*, 2016, Volume 64, Number 2, pp. 195 – 218.

Peter, H. "The 'Bologna Process' in European Higher Education: Impact of Bachelor's and Master's Degrees on German Medical Education." *Teaching and Learning in Medicine*, 2010, Volume 22, Issue 2, pp. 142 – 147.

Price, H. E., Weatherby, K. "The Global Teaching Profession: How Treating Teachers as Knowledge Workers Improves the Esteem of the Teaching Profession." *School Effectiveness and School Improvement*, 2018, Volume 29, Issue 1, pp. 113 – 149.

Rogers, G. Program Outcomes and Performance Criteria. [2009 – 07 – 17]. http://www.abet.org/_ TrainingCD/data/references/Assessment% 20Links/ Goals_ revised_ Bloo – ms. pdf.

Satty, T. L. *The Analytic Hierarchy Process.* New York: Mc Graw-Hill Company, 1980: 287.

Shippey, Theodore Clive. *Standards and Quality in Higher Education.* Cape Technikon Theses & Dissertations, 1994: 1 – 7.

Singleton, A. D. "The Geodemographics of Educational Progression and

Their Implications for Widening Participation in Higher Education. " Environment and Planning, 2010, Volume 42, Issue 11, pp. 60 – 80.

Spady, W. D. *Outcome-Based Education: Critical Issues and Answers*. Arlington, VA: American Association of School Administrators. 1994: 1 – 10.

Tapper, T., Palfreyman, D. *Understanding Mass Higher Education: Comparative Perspectives*. Francis Group. 2014.

Trow, M. Problems in the Transition from Elite to Mass Higher Education. Pairs: Future Structures of Post-secondary Educaction. 1973.

World Bank. China 2030: Building a Modern, Harmonious, and Creative High-income Society. https://openknowledge.worldbank.org/handle/10986/12925.

Yiannis Nikolaidis, Sotirios G. Dimitriadis. "On the Student Evaluation of University Courses and Faculty Members Teaching Performance. " *European Journal of Operational Research*, 2014, Volume 238, Issue 1, 2014.

Yorke, J., Vidovich, L. Learning Standards and the Assessment of Quality in Higher Education: Contested Policy Trajectories. 2016. http://www.springer.com/series/11212.

Zajda, J, Rust, V. *Globalisation and Higher Education Reforms*. Springer, 2016.

Zeleza, P. T. *The Transformation of Global Higher Education, 1945 – 2015*. New York: Springer Nature. 2016.

后　　记

　　时光荏苒，《新时代地方本科师范院校改革发展方略研究》一书写作已接近尾声，欣喜与期盼萦怀于心。欣喜于能在中国高等教育发展逐渐走向提高教师教育质量之际做相应的研究尝试，期盼能够得到高等教育领域专家学者的首肯以及指正。

　　本书属于综合性研究，包含量化研究和质性研究。新时代地方本科师范院校改革发展问题是关系着高等教育内涵式发展的重要问题。新时代地方本科师范院校改革发展方略研究课题组根据研究计划制定了详细的调研方案，经过多次会议论证和研讨，多渠道查阅文献资料，组织专家编制了我国高等师范院校师范生培养现状调查问卷、教师专业发展状况及对师范教育满意度调查问卷和访谈提纲。通过对我国地方师范院校分布状况的详细了解和分析，按照东北、东南、西南、华南、华北等方位选取了具有代表性的福建、湖南、贵州、吉林、广西、河南六省（区）及其所管辖的12所地方本科师范院校进行了深度调研，与六省（区）教育厅负责同志及有关处室负责人、福建师范大学等12所地方本科师范院校的人员进行了座谈，对10917名在校师范生和11967名中小学教师进行了问卷调查。通过与各师范院校及所属教育厅进行访谈、座谈和发放问卷，详细了解地方师范院校发展的区域性困境和改革发展经验，这为本课题研究提供了丰富的参考资料。在此，感谢福建省教育厅、湖南省教育厅、贵州省教育厅、吉林省教育厅、广西壮族自治区教育厅、河南省教育厅以及福建师范大学、湖南第一师范学院、衡阳师范学院、贵州师范大学、遵义

后　记

师范学院、长春师范大学、白城师范学院、广西师范大学、南宁师范大学及省内兄弟院校为本书完稿所提供的支持与帮助！

　　本书从最初的思考、写作到定稿和付梓，都得到了洛阳师范学院梁留科校长、宋文献副书记、赵海彦副校长、洛阳市教育局梁晓丽副局长以及洛阳师范学院发展研究院刘岸英院长、教育科学学院晋银峰院长的支持与帮助。此外，本书稿写作期间得到了洛阳师范学院孟凡芹博士、李圆老师、陈琛老师、谢山莉老师的支持与帮助。梁晓丽副局长做了大量协调工作，孟凡芹博士协助对书稿进行了审定。他们都付出了诸多努力，本书是集体智慧的结晶。在此，特向他们表示衷心的感谢！与此同时，特别感谢所引参考文献的学者！对参考文献中学者的看法和观点，我尽可能严守学术规范——注明，如有疏忽之处，敬请谅解。

王洪彬
2021 年 6 月于洛阳